DAVID HUME

Eine Untersuchung über die Prinzipien der Moral

ÜBERSETZT UND HERAUSGEGEBEN VON
GERHARD STREMINGER

PHILIPP RECLAM JUN. STUTTGART

Englischer Originaltitel:
An Enquiry concerning the Principles of Morals

Der Übersetzung liegt die Ausgabe zugrunde: Enquiries concerning Human Understanding and concerning the Principles of Morals by David Hume. Reprinted from the posthumous edition of 1777. Edited by L. A. Selby-Bigge. Third Edition with text revised and notes by P. H. Nidditch. Oxford: Clarendon Press, 1975.

Universal-Bibliothek Nr. 8231 [4]

Gesamtherstellung: Reclam, Ditzingen. Printed in Germany 1984
ISBN 3-15-008231-5

Einleitung

> Wenn alle Naturkräfte und Elemente sich verbänden, um einem Menschen zu dienen und zu gehorchen, wenn die Sonne auf seinen Befehl auf- und unterginge, das Meer und die Flüsse nach seinem Belieben fluteten, wenn die Erde freiwillig alles hervorbrächte, was ihm nützlich oder angenehm ist, er würde doch elend sein, bis Ihr ihm wenigstens *einen* Menschen gebt, mit dem er sein Glück teilen und dessen Wertschätzung und Freundschaft er genießen kann.
>
> *David Hume*

David Hume (Home) wurde im Jahre 1711 als jüngster Sohn eines schottischen Landadeligen in Edinburgh geboren. In jungen Jahren galten ihm die Forderungen der calvinistischen Moral als Leitbilder für seine persönliche Entwicklung. Bereits mit zwölf Jahren besuchte er die Universität in Edinburgh und studierte klassische Sprachen, Logik, Ethik und Metaphysik. Wahrscheinlich lernte er schon damals die Grundideen der experimentellen Naturphilosophie Newtons kennen, die außerhalb von Cambridge zuallererst in der schottischen Hauptstadt Anhänger gefunden hatte. Wie bei vielen Gelehrten des 18. Jahrhunderts galt sein eigentliches Interesse jedoch der praktischen Philosophie, und hier im besonderen ethischen Fragestellungen. »Ich kann nicht umhin,« schrieb er in seinem *Traktat über die menschliche Natur*[1], »Verlangen zu tragen nach der Erkenntnis der Grundlagen des moralisch Guten und Schlechten, nach der Erkenntnis des Wesens und der Bedingungen des Staates, nach einer Einsicht in die Ursache der verschiedenen Affekte und Neigungen, die mich bewegen und beherrschen. Es ist mir unbehaglich, zu denken, daß ich eine Sache billige, eine andere mißbillige, ein Ding schön und ein anderes häßlich nenne, über Wahrheit und Unwahrheit, Vernunft und Torheit entscheide, ohne zu wissen, aus was für Gründen ich den Entscheid fälle. Es tut mir leid um die wissenschaftliche Welt, die sich in allen diesen Punkten in so beklagenswerter Unwissenheit befindet. Ich fühle den Ehrgeiz sich in mir regen, zur Belehrung der Menschheit etwas beizutragen und durch Erfindungen und Entdeckungen mir einen Namen zu erwerben. Diese Gedanken kommen mir in der Verfassung, in der ich mich jetzt befinde, von selbst; ich fühle, wenn ich versuchen wollte, mich einer anderen Beschäftigung oder Zerstreuung zuzuwenden und dadurch jene Gedanken zu verbannen, so würde ich eine Einbuße an innerer Befriedigung erleiden. Dies ist der Ursprung meiner Philosophie.« (T_1 349.)

Worin bestand nun die von Hume beabsichtigte »Belehrung« der »in so beklagenswerter Unwissenheit« befindlichen Menschheit? Eine Antwort gibt ein Brief aus dem Jahre 1734; Hume schreibt dort, daß er schon bald erkannt hatte, daß die klassische Moralphilosophie »an derselben Unannehmlichkeit wie die traditionelle Naturphilosophie krankte«, nämlich »gänzlich hypothetisch zu sein und mehr von Erfindungen als von Erfahrungen abzuhängen. Jeder zieht seine Phantasie zu Rate, wenn er Verzeichnisse von Tugenden und von Glückseligkeiten erstellt, ohne die menschliche Natur zu beachten, wovon jede moralische Schlußfolgerung abhängen muß. Ich entschloß mich deshalb, sie zum Hauptgegenstand meiner Forschungen zu machen.«[2] Hume wollte die praktische Philosophie auf ein sicheres Fundament stellen. Diese Aufgabe war seiner Meinung nach nur zu lösen, wenn als erstes die Frage nach der Natur des Menschen beantwortet ist, denn selbst die abstrakteren Wissenschaften »sind in gewissem Maße von der Lehre vom Menschen abhängig; auch sie sind ja doch Gegenstände menschlicher Erkenntnis; das auf sie bezügliche Urteil ist Sache menschlicher Kräfte und Fähigkeiten [...]. Wenn nun Mathematik, Naturwissenschaften und natürliche Religion so von der Lehre vom Menschen abhängen, wie viel mehr muß dies gelten von den anderen Wissenschaften, deren Beziehungen zur menschlichen Natur so viel enger und inniger sind«, also von der »Moral, Ästhetik und Politik«? Eine solche Lehre vom Menschen konnte nach Hume jedoch nur auf *empirischem* Wege gewonnen werden. Die metaphysisch orientierten Philosophen, die die Autorität der empirischen Erfahrung nicht anerkennen wollten, schienen in die Sackgasse endloser Kontroversen geraten zu sein. In ihren Debatten, so meint Hume, »trägt nicht die Vernunft den Sieg davon, sondern die Beredsamkeit, und niemand braucht die Hoffnung aufzugeben, Anhänger auch für die gewagtesten Hypothesen zu finden, wenn er nur Geschicklichkeit genug besitzt, sie in vorteilhaftem Lichte darzustellen. Der Sieg wird nicht von den Bewaffneten gewonnen, die Spieß und Schwert führen, sondern von den Trompetern, Trommlern und Musikanten des Heeres.«[3] Hume wollte die Philosophie erneuern, indem er sie von einer Theorie der menschlichen Natur abhängig machte, die »den eigentlich uns vorgesetzten Lehrer, nämlich die Erfahrung«[4], als Ausgangspunkt und als Kontrollinstanz zur Kenntnis nahm. Er wollte der Newton einer Moralphilosophie werden, die empirisch fundiert war.

Nachdem Hume für mehrere Jahre in völliger Zurückgezogenheit gelebt und an seinem philosophischen Programm gearbeitet hatte, begann im Herbst 1729 eine lange Erschöpfungs- und Depressionsphase, die er schließlich durch ein geselligeres Leben überwinden konnte. Im Frühjahr 1734 verließ er Schottland und arbeitete einige Monate in Bristol als Kaufmann. Noch in demselben Jahr übersiedelte Hume nach Frankreich, wo er in La Flèche, in dessen Jesuitenkloster René Descartes erzogen worden war, seinen *Traktat* schrieb. Diese Arbeit wurde jedoch ein großer Mißerfolg, den Hume mit der bitteren Bemerkung kommentierte, sein Jugendwerk sei *»totgeboren aus der Druckerpresse gefallen,* ohne auch nur die Auszeichnung zu erreichen, ein Murren unter den Zeloten hervorzurufen«[5]. Immerhin war der

Traktat so lebendig, daß er wegen der darin formulierten »Ketzereien« und des darin enthaltenen »Deismus, Skeptizismus und Atheismus« zweimal erfolgreich Humes Bewerbung um eine Professur in Edinburgh und Glasgow verhinderte.[6] Da sein Erbteil unzureichend war, um ihn finanziell unabhängig zu machen, mußte Hume sachfremde berufliche Tätigkeiten annehmen: Zuerst war er Tutor eines geistesgestörten Adeligen, danach Sekretär eines Generals. Mit General James Sinclair befand er sich 1748 gerade auf einer Gesandtschaftsreise an die Höfe in Wien und Turin, als die Neufassung des ersten Buches des *Traktats* erschien: *Eine Untersuchung über den menschlichen Verstand*. Hume hatte sich zu dieser Umarbeitung entschlossen, da er überzeugt war, daß der Mißerfolg seines Jugendwerkes weniger auf den Inhalt des Gesagten als vielmehr auf den Stil der Darstellung zurückzuführen sei.[7] In Wirklichkeit ist die *Untersuchung über den menschlichen Verstand* jedoch nicht bloß eine stilistische Umarbeitung des ersten Buches des *Traktats*. Zwei Punkte seien erwähnt: 1. Die beiden religionsphilosophischen Abschnitte (»Über Wunder«, »Über eine besondere Vorsehung und ein zukünftiges Leben«) sind überhaupt neu hinzugekommen, des weiteren ein Kapitel »Über Freiheit und Notwendigkeit«, das dem zweiten Buch des *Traktats* entnommen ist. Das dort diskutierte Problem der Willensfreiheit ist für jede Moralphilosophie von grundlegender Bedeutung. Denn nur die Handlungen eines Wesens, das auch anders hätte handeln können, unterliegen der moralischen Bewertung, weshalb nicht das Handeln eines Roboters, sondern nur das seines Erbauers lobens- oder tadelnswert sein kann. Jedenfalls kommt Hume in der Frage nach der Freiheit des Menschen zum Ergebnis, daß unter »Freiheit« nicht Zufall zu verstehen sei, weshalb sie nicht der Notwendigkeit, sondern dem Zwang entgegengesetzt ist. 2. Hume hat in der *Untersuchung über den menschlichen Verstand* seinen Empirismus um eine wichtige naturalistische Komponente erweitert: Im *Traktat* war er in seiner berühmten Analyse induktiver Schlüsse zum Ergebnis gekommen, daß selbst unsere alltäglichen Annahmen über die Welt auf Grundlagen beruhen, die durch Erfahrung nicht gerechtfertigt werden können. Die These von der Gleichförmigkeit der Natur beispielsweise, die wir im täglichen Leben wie auch in der Wissenschaft stets voraussetzen, kann überhaupt nicht, also auch nicht empirisch gerechtfertigt werden, da wir sie in allen unseren Rechtfertigungsversuchen bereits als gerechtfertigt voraussetzen müssen. Während aber im *Traktat* diese Einsicht Hume in einen schrankenlosen Skeptizismus und in tiefe Depressionen stürzte, da er darin das Scheitern des Empirismus zu erkennen glaubte, führt er in der *Untersuchung über den menschlichen Verstand* bestimmte Grundwahrheiten, wie eben den Glauben an die Gleichförmigkeit der Natur, als »natürliche Glaubensinhalte« ein, also als eine Art lebensnotwendiger Instinkte, die wir mit den Tieren teilen. Der Glaube, daß die Sonne morgen aufgehen wird, weil sie bisher stets aufgegangen ist, basiert letztlich, falls Hume recht hat, auf einem unbegründbaren Instinkt, womit ein neues Lebensgefühl geschaffen war: Wenn der Physiker Prognosen über die nächsten Sonnenprotuberanzen erstellt, dann ist er von ganz ähnlichen Antrieben geleitet wie der Storch, der im Herbst seinen Weg nach Afrika findet. Diese revolutionäre Theorie der natürlichen Glaubensinhalte, derzufolge einem wesentlichen Teil der nichtkognitiven Prozesse der menschlichen Natur eine weitaus positivere Funktion zukommt, als dies von rationalistischer Seite erkannt worden war, paßte vorzüglich zu jenen Passagen im *Traktat*, wo Hume im Umkreis moralphilosophischer Fragestellungen den Gefühlen (Empfindungen, Instinkten) bereits eine entscheidende Funktion zugeschrieben hatte. Hume war einer der ersten, der mit dem Empirismus in der Ethik ernst gemacht hatte und damit zum Mitbegründer der sogenannten Gefühlsethik wurde, die dann mit Adam Smiths *Theorie der ethischen Gefühle* (1759) einen vorläufigen Abschluß gefunden hat.[8]

Im Spätsommer 1748 kehrte Hume nach London zurück und begann die Arbeit an seiner *Untersuchung über die Prinzipien der Moral*, in die er wesentliche Teile des dritten Buches seines Jugendwerkes einarbeitete. Er hielt diese – hier in neuer Übersetzung vorliegende – Arbeit »von allen seinen Schriften, den historischen, philosophischen und literarischen, für seine unvergleichlich beste«. Sie blieb zunächst jedoch »unbemerkt und unbeachtet«.[9] Bei den meisten Intellektuellen seiner Heimat stieß Hume weiterhin auf Unverständnis und Ablehnung. Erst nach großen Schwierigkeiten wurde er schließlich Bibliothekar an der Juristenfakultät in Edinburgh, deren berühmte Büchersammlung ihm als Quelle für seine *Geschichte Englands* diente, die er zwischen 1754 und 1761 veröffentlichte und die ihm die Feindschaft aller ideologischen Gruppen einbrachte. Sein Versuch, die Geschichte Englands so wertfrei als möglich darzustellen, um sie als ein Ganzes sehen zu können und sichtbar werden zu lassen, ließ ihn bei den engstirnigen Advokaten der verschiedenen Gruppen jedoch als Repräsentanten der jeweils zu bekämpfenden Ideologie erscheinen. Die *Geschichte Englands* wurde dennoch ein großer Verkaufserfolg und machte ihren Verfasser zum bis dahin bestbezahlten Autor Großbritanniens. Nach dem Tode Humes erschienen zumindest 170 Neuauflagen, und noch Winston Churchill erinnert sich in seiner Autobiographie, daß er in der Studienzeit sein historisches Wissen primär aus diesem Buch bezog.[10] Im Jahre 1757 veröffentlichte Hume schließlich die *Vier Abhandlungen* (»Die Naturgeschichte der Religion«, »Über die Gefühle«, »Über die Tragödie«, »Über die Regeln des Geschmacks«). Die Arbeit »Über die Gefühle« verstand er dabei als eine Umarbeitung des zweiten Buches des *Traktats*. Nach der Fertigstellung des Geschichtswerkes verbrachte Hume die folgenden drei Jahre als Sekretär, dann als Chargé d'affaires der britischen Botschaft in Paris. Mit den französischen Aufklärern (d'Alembert, Diderot, Duclos, Buffon, Helvetius,

Holbach und Turgot) verband ihn eine enge Freundschaft. Während dieser Zeit war »le bon David« Mittelpunkt und Attraktion der Pariser Salons und des Hofes in Versailles. Vor allem hatten die *Geschichte Englands* und seine *Essays* in Frankreich weiteste Verbreitung und bei den Enzyklopädisten höchste Anerkennung gefunden. In den sprachlich ausgefeilten Essays, die Hume seit 1741 in verschiedenen Ausgaben publiziert hatte, handelte er politische, ökonomische, sozialphilosophische und historische Themen ab. Humes theoretische Philosophie, eine im Grunde agnostische Weltanschauung, wurde von den überwiegend atheistischen *philosophes* freilich eher belächelt.
Im Jahre 1767 reiste Hume nach London und wurde Unterstaatssekretär im Ministerium für auswärtige Angelegenheiten. Zwei Jahre später zog er sich endgültig nach Edinburgh zurück und vollendete sein Meisterwerk, die *Dialoge über natürliche Religion*. Auf Anraten von Adam Smith wurde diese Arbeit erst postum veröffentlicht. Die Zeit bis zu seinem Tod verbrachte Hume hochgeachtet im Kreis seiner Freunde. Um ihn hatten sich die Vertreter der »schottischen Aufklärung« versammelt, allen voran der große Ökonom Adam Smith, ferner Adam Ferguson und John Millar, die Mitbegründer der modernen Soziologie, William Robertson, neben Edward Gibbon und Hume der bedeutendste englischsprachige Historiker seiner Zeit, James Hutton, der Begründer der modernen Geologie, Joseph Black, Chemiker, Arzt und Gönner von James Watt, der Dichter Thomas Blacklock, der Maler Allan Ramsay, der Architekt Robert Adam, der Philosoph und Jurist Henry Home (Lord Kames), der Polyhistor Benjamin Franklin sowie eine Gruppe gemäßigter Geistlicher, die öfter vor der Aufgabe standen, in der Stadt, in der John Knox gelebt und gelehrt hatte, David Hume gegen die wütenden Angriffe des orthodoxen Flügels im Klerus der Kirche Schottlands zu verteidigen. Seit 1773 litt der Philosoph an einem Darmgeschwür, blieb jedoch zum Erstaunen seiner wenigen Feinde gelassen

und humorvoll. Für seine Freunde gab er am 4. Juli 1776, dem Tag der amerikanischen Unabhängigkeitserklärung, noch ein großes Abschiedsessen. Vergleichbar mit Sokrates und Epikur und in Einklang mit dem Motto der Homes: »True to the End«, starb er am 25. August in vollkommener Ruhe. Ein Jahr nach dem Tode Humes veröffentlichte Adam Smith dessen Autobiographie, dem er eine Darstellung der letzten Tage des Philosophen beifügte. Den Charakter von »Saint David« malte er dabei in den schönsten Farben. »Schon zu Lebzeiten und seit seinem Tod«, so beschloß Adam Smith das Epitaph auf seinen Freund, »habe ich Hume immer für denjenigen gehalten, der sich dem Ideal eines vollkommen weisen und moralischen Menschen so weit näherte, als es die Unvollkommenheit der menschlichen Natur vielleicht überhaupt zuläßt.«[11]
Einige Monate vor seinem Tod hatte Hume in seiner Autobiographie die *Untersuchung über die Prinzipien der Moral* »von allen seinen Schriften« die »unvergleichlich beste« genannt. Er sah in diesem Werk sein Vermächtnis an die Nachwelt. Wenige Tage bevor er starb, schrieb Hume an den Verleger mit dem Ersuchen, noch eine letzte Korrektur an seinen Schriften vorzunehmen. Auch sie bezog sich auf eine Formulierung in der *Untersuchung über die Prinzipien der Moral.*[12]

Zum Verhältnis von »Traktat« und »Untersuchung«

Philosophen und Philosophiehistoriker scheinen in zunehmendem Maße darin übereinzustimmen, daß David Hume der bedeutendste Philosoph ist, der jemals auf englisch geschrieben hat. Allein ein flüchtiger Blick in die Hume-Bibliographie Roland Halls[13] zeigt, daß es in den angelsächsischen Ländern inzwischen beinahe selbstverständlich ist, sich in der Analyse philosophischer Probleme um ein Verständnis der Argumente Humes zu bemühen. Den Reichtum seiner Schriften bezeugt auch Albert Einstein, wenn er meint, sein kritisches Denken wurde »entscheidend gefördert insbesondere durch die Lektüre von David Humes und Ernst Machs philosophischen Schriften«.[14] Zumindest im englischen Sprachraum scheinen heute erstmals seit dem 18. Jahrhundert die Überlegungen Humes die Entwicklung der Philosophie wieder wesentlich zu beeinflussen. Damals waren es (um nur die Bekanntesten zu nennen) Adam Smith, Immanuel Kant, Thomas Reid, Jeremy Bentham und Johann Georg Hamann, die aus den Gedanken des Schotten entscheidende Anregungen erfuhren. Smith beispielsweise nennt in seinem *Reichtum der Nationen* Hume den »weitaus glänzendsten Philosophen und Geschichtsschreiber des gegenwärtigen Zeitalters« und führt darin eines seiner theoretischen Anliegen, nämlich die Wirkung ökonomischer Verhältnisse auf gesellschaftliche Beziehungen aufzuzeigen, ausdrücklich auf Hume zurück.[15] Kant schreibt in seinen *Prolegomena*, daß es »die Erinnerung des David Hume« war, die seinen »dogmatischen Schlummer unterbrach« und seinen »Untersuchungen im Felde der spekulativen Philosophie eine ganz andere Richtung gab«.[16] Reid bemerkt in der Widmung zu seinem *Inquiry into the Human Mind*, daß er »niemals daran gedacht hatte, die allgemein akzeptierten Grundsätze in bezug auf den menschlichen Verstand in Frage zu stellen, bis der ›Treatise of Human Nature‹ im Jahre 1739 veröffentlicht wurde.«[17] Bentham schreibt in seinem *Fragment on Government*, daß es ihm »wie Schuppen von den Augen fiel«, als er zum ersten Mal jene Passagen bei Hume las, wo dargelegt wird, daß »die Grundlage aller *Tugend* in der *Nützlichkeit* liege«.[18] Hamann schreibt in diversen Briefen an Herder und Kant, daß Hume immer schon sein Mann gewesen sei, da dieser »wenigstens das Principium des Glaubens veredelt und in sein System aufgenommen hat«, während »das transcendentale Geschwätz der gesetzlichen und reinen Vernunft [...] am Ende [...] auf Schulfuchserei und leeren Wortkram

hinaus zu laufen [scheint]«.[19] Die Transzendentalphilosophie war ebenso wie die Common-sense-Philosophie als Reaktion auf den Humeschen Zweifel entstanden; Benthams Wertschätzung sicherte Hume einen Ehrenplatz im Utilitarismus und Hamanns Wertschätzung einen solchen im Pantheon des Fideismus und der deutschen Romantik. Lord Byron schließlich hielt den schottischen Philosophen »für den weitaus tiefsten Denker und klarsten Logiker von den vielen Philosophen und Metaphysikern des letzten Jahrhunderts«,[20] und Arthur Schopenhauer meinte, daß aus »jeder Seite von *David Hume* [. . .] mehr zu lernen [sei], als aus Hegels, Herbarts und Schleiermachers sämtlichen philosophischen Werken zusammengenommen.«[21]
Trotz dieser Wertschätzungen, die deutlich den Reichtum des Humeschen Denkens widerspiegeln, blieben (und bleiben) große Teile seines Werkes unbeachtet. Dies trifft vor allem auch für die *Untersuchung über die Prinzipien der Moral* zu. Während der *Traktat* als die bedeutendste Arbeit der englischsprachigen Philosophie gilt, wird in der Sekundärliteratur die Neufassung des dritten Buches seines Jugendwerkes praktisch gänzlich ignoriert.[22] Gegen die *Untersuchung* wird immer wieder vorgebracht, daß in diesem Buch im Vergleich zum *Traktat* wesentliche moralphilosophische Analysen fehlen. So sei vor allem die Unterscheidung zwischen den »natürlichen« und den »künstlichen« Tugenden in der *Untersuchung* weitaus weniger transparent, eine Unterscheidung, die »erst jüngst in ihrer geradezu aufregenden Aktualität für das Unternehmen einer metaphysikfreien Normenbegründung wiederentdeckt [wurde]«[23]. Diese Kritik ist ohne Zweifel zum Teil berechtigt. Eine möglichst objektive Darstellung der Moralphilosophie Humes wird sich kaum auf die *Untersuchung* allein stützen können. Im folgenden soll jedoch gezeigt werden, daß sich ein abgerundetes Bild seiner Moralphilosophie auch nicht aus dem *Traktat* allein gewinnen läßt. Die folgenden Bemerkungen über das Verhältnis von *Traktat* und *Untersu-*

chung sollen darauf hinweisen, daß die moralphilosophischen Schriften Humes im Grunde einander ergänzen, daß sie also weder einander ausschließen, noch die eine die andere überflüssig macht.

Im *Traktat* hatte sich Hume in unvergleichlich stärkerem Maße an einer Kontroverse beteiligt, die spätestens seit dem 17. Jahrhundert die Philosophen intensiv beschäftigt hatte: Es ist eine Tatsache, daß Menschen in einem beträchtlichen Ausmaß moralische Urteile fällen, also das eigene Handeln sowie das ihrer Mitmenschen billigen oder mißbilligen. Nicht nur in unserer Kultur, sondern auch in anderen Kulturen bestimmen Normensysteme das menschliche Zusammenleben. Der Dekalog des Alten Testaments ist ein Beispiel für ein solches Normensystem, das festlegt, welches Verhalten tugendhaft oder lasterhaft ist, was getan oder unterlassen werden soll. Daneben gibt es staatliche Institutionen, wie beispielsweise die Gerichte, denen ausschließlich die Aufgabe zukommt, menschliches Tun nach normativen Gesichtspunkten zu beurteilen, es gegebenenfalls zu belohnen oder zu bestrafen. Schließlich stellt sich für jeden einzelnen, wann immer er in seinem Leben an einem Kreuzungspunkt angelangt ist, mit aller Eindringlichkeit die Frage: *Was soll ich tun?* Die traditionelle Antwort, die in der Geschichte der Menschheit auf diese Frage gegeben wurde, lautet, daß man das tun solle, was gut sei. *Aber was ist »gut«?* Ist es gut, wenn einige wenige auf Kosten vieler oder viele auf Kosten weniger sich ihren subjektiven Interessen widmen? Ist es gut, wenn Raskolnikoff räsoniert, daß es einem außergewöhnlichen Menschen wie ihm erlaubt sei, minderwertiges Leben zu vernichten, um höherwertiges zu erhalten und zu fördern? Also eine alte Wucherin zu töten, um mit dem geraubten Geld das Studium zu finanzieren? Daß diese Fragen Grundprobleme menschlicher Existenz berühren, ist schon daraus abzuleiten, daß sich in den verschiedensten Kulturen Versuche finden, eine Antwort auf diese Frage nach dem moralisch Guten zu geben. Eine

Auswahl aus der Palette möglicher Antworten: gut ist, was mit den bestehenden Normensystemen der Gesellschaft in Einklang steht; gut ist, was mit den Grundsätzen des Humanismus (der Demokratie, des Sozialismus, der Tradition) verträglich ist; gut ist, was die meisten Menschen (oder einige Experten) als »gut« empfinden; gut ist, was angenehm ist; gut ist, was mir (einer bestimmten Minderheit, einer Partei, einer Elite, allen Menschen) nützlich ist; gut ist, was in Einklang mit den Zehn Geboten steht; gut ist, was in Harmonie ist mit der Natur oder dem Willen Gottes. Auch in dem einflußreichsten Buch unserer Kultur, nämlich dem Alten und Neuen Testament, wird schon in der Schöpfungsgeschichte auf die Fundamentalität dieser Frage hingewiesen: Die ersten Menschen werden aus dem Paradies vertrieben, weil sie ein göttliches Gebot übertreten und es gewagt haben, vom »Baum der Erkenntnis des Guten und Bösen« zu essen. Und »Gott der HERR sprach: Siehe, der Mensch ist geworden wie unsereiner und weiß, was gut und böse ist. Nun aber, daß er nur nicht ausstrecke seine Hand und breche auch von dem Baum des Lebens und esse und lebe ewiglich! Da wies ihn Gott der HERR aus dem Garten Eden, daß er die Erde bebaute, von der er genommen war.«[24] Nachdem einige Philosophen die biblische Erklärung, wonach Gott am Berg Sinai den Menschen die ethischen Gebote geoffenbart hatte, nicht mehr plausibel fanden, bemühten sie sich, den Ursprung der Moral auf natürliche Weise zu erklären. Was waren (und sind) die Motive des Menschen, Gebotstafeln zu erstellen, Gesetzesbücher zu verfassen, eine staatliche Institution einzurichten, der die Aufgabe zukommt, gesetzwidriges Verhalten zu bestrafen? Wie ist es dazu gekommen, daß Menschen Normen festlegen? Gibt es überhaupt einen vernünftigen Grund für den einzelnen, moralisch zu sein? Oder ist Moral bloß eine listenreiche Erfindung einer religiösen oder politischen Elite, die mit den Mitteln von Belohnung oder Bestrafung an den Egoismus des einzelnen appelliert?

Thomas Hobbes (und nach ihm Bernard de Mandeville[25]) hatte gelehrt, daß der Mensch im Grunde nur aus egoistischen Antrieben handelt, daß also auch die Motivation, moralisch zu sein, letztlich nur von hier aus zu erklären ist. Die Erwartung eigenen Glücks ist immer der einzige Beweggrund, eine bestimmte Wahl zu treffen. Was den Handelnden bewegt, seine Handlung zu billigen, ist ihre überwiegende Tendenz zu seinem eigenen Glück. Die Billigung der Handlung eines anderen beruht auf der Annahme, daß sie direkt oder indirekt zum Glück dessen beitrage, der sie billigt. Im Naturzustand der Menschheit, so meint Hobbes, prallen die Individuen wie blinde Atome aufeinander, weil die egoistischen Interessen des einen mit den egoistischen Interessen des anderen kollidieren. Die einzige Möglichkeit, die äußere Bedrohung abzuwehren, liegt in der Herrschaft über andere, also im Besitz und in der Ausübung von Macht. Da jedoch ein jeder nach Macht strebt, um nicht beherrscht zu werden, kommt es zu einem unausweichlichen Kampf aller gegen alle. Nun ist aber der Mensch nicht nur ein egoistisches, sondern auch ein rationales Wesen. Ihm wird bewußt, daß ein Kampf aller gegen alle mit großer Wahrscheinlichkeit das Bedürfnis, die eigenen langfristigen Interessen zu befriedigen, vereiteln wird; irgendwann gehört ein jeder zu einer machtlosen Minderheit oder ist äußerst verwundbar, wie beispielsweise während einer Krankheit oder im Schlaf. Der Mensch überlegt sich deshalb Maßnahmen, die die Erfüllung von Langzeitinteressen garantieren sollen, auch wenn deshalb kurzfristige Vorteile geopfert werden müssen. Am Beispiel des Straßenverkehrs läßt sich Hobbes' Überlegung recht plastisch veranschaulichen: Mit ganz wenigen Ausnahmen wollen alle Menschen möglichst gesund von einem bestimmten Ort zu einem anderen gelangen (langfristiges Interesse). Zu Beginn wird jeder, Hobbes' Menschenbild vorausgesetzt, nur das im Auge behalten, was ihm unmittelbar zur Erreichung dieses Zieles als nützlich erscheint. Da ein jeder nur an seine eigenen Interessen denkt, also die Interessen anderer mißachtet, entstehen verschiedenste Konflikte. Aufgrund dieser Erfahrung akzeptiert der einzelne aus rein egoistischen Interessen ein Regelsystem, das derartige Zusammenstöße verhindern kann. Eine Straßenverkehrsordnung wird zwar auch seine eigenen kurzfristigen Interessen beschneiden (zum Beispiel den Wunsch, je nach Eingebung die Straßenseite zu wechseln), dadurch aber die Erfüllung langfristiger Interessen ermöglichen, sofern die Verkehrsregeln von den meisten Beteiligten als notwendig eingesehen und befolgt werden. Aufgrund einer solchen Überlegung, aus Furcht geboren, willigen nach Hobbes im Naturzustand die Individuen in einen Herrschaftsvertrag ein, aus dem ein Staat hervorgeht, der alle Macht vereint und als künstliche Ordnung die destruktive Natur des Menschen bändigt. Der Ursprung der Moral, des Rechts und des Staates beruht nach Hobbes somit auf rein rationalen, egoistischen Interessen. Das Bedürfnis der Menschen, Langzeitinteressen zu befriedigen, etwa der Wunsch, möglichst lange möglichst gut zu leben, sowie die Einsicht, daß dies nur zu verwirklichen ist, wenn jeder einzelne seinen bornierten Egoismus aufgibt, ist der Ursprung von Moral und bestimmt, was lobenswert oder tadelnswert ist: eine Handlungsweise ist lobenswert, wenn sie die Menschheit vor einem Rückfall in den Naturzustand bewahrt, also zum Frieden und zur Ordnung unter den Menschen beiträgt.

Aus der Perspektive eines ganz anderen Menschenbildes kritisierte Shaftesbury (und danach viele andere[26]) die Konzeption Hobbes'. Seiner Meinung nach ist der Mensch ein geselliges Wesen und natürlicherweise bereit, seine Mitmenschen nicht bloß als Mittel zur Befriedigung eigener Bedürfnisse zu gebrauchen. Shaftesbury war überzeugt, daß der Mensch auch im Naturzustand nicht bloß selbstsüchtig, sondern auch wohlwollend ist. Die Erklärung von der Entstehung des Staates, wie Hobbes sie gegeben hatte, erschien ihm deshalb als wenig plausibel. Die Hobbessche These, daß nur ein absoluter Souverän an der Spitze des Staates Frieden und Ordnung garantieren kann, hielt Shaftesbury für unhaltbar. Seiner Meinung nach ist der Mensch dem Menschen nicht nur ein Wolf, weshalb die Aufgaben des Staates begrenzt sind.

Was aber war nun Humes Position? Im *Traktat* nimmt er eine Vermittlerrolle zwischen der Auffassung Hobbes' und jener Shaftesburys ein. Die Hobbesschen Thesen erschienen ihm zwar grundsätzlich als plausibler, doch glaubt er sie zumindest an einer ganz wesentlichen Stelle korrigieren, an einer anderen entscheidend erweitern zu müssen. Zunächst zur Kritik Humes an Hobbes. Hume zufolge herrscht im Naturzustand nicht einfach ein Kampf aller gegen alle. Der natürliche Zustand des Menschen ist zunächst einmal der der Familie (der Großfamilie, des Clans). Der Mensch ist ein soziales Wesen, in einen Sozialverband hineingeboren; in diesem beschränkten Ausmaß hat also die Gesellschaft bereits vor der Gründung des Staates existiert. Anhand empirischer Befunde glaubt Hume zeigen zu können, daß es im Rahmen dieser Primärgruppen eine Fülle altruistischer Verhaltensweisen gibt: eine echte Sorge um die Jungen und Alten, ein uneigennütziges Handeln ohne berechnende Erwartungen. In diesem Nahbereich siedelt Hume »jene Pflichten an, zu deren Erfüllung der Mensch sich schon durch natürlichen Instinkt oder unmittelbare Neigung motiviert fühlt, unabhängig von jeder Pflichtvorstellung und jeder Rücksichtnahme auf privaten oder öffentlichen Nutzen. Hierher gehören Kindesliebe, Dankbarkeit gegenüber Wohltätern und Mitleid mit Unglücklichen.«[27] Kindesliebe, Dankbarkeit gegenüber Wohltätern und Mitleid mit Unglücklichen bleiben nach Hume jedoch auf den Bereich der Primärgruppen beschränkt. Es sind dies jene Verhaltensweisen, die er neben anderen zu den »natürlichen« Tugenden zählt. Sobald der Mensch diesen Nahbereich aber verläßt, überlagern die ebenfalls stets vorhandenen egoistischen Motive das natürliche Wohlwollen. In der *Untersuchung* schreibt Hume, »daß etwas vom Wesen der Taube neben Elementen des Wolfes und der Schlange in unser Gemüt verwoben ist« (S. 199). In der Erklärung des Ursprungs der öffentlichen Moral, also der Moral im Bereich außerhalb des unmittelbaren Sozialverbandes, stimmt Hume mit Hobbes überein. Auch er sieht die Triebfeder dafür ausschließlich im Egoismus des einzelnen: Der Mensch erkennt, daß ihm der Prozeß der Sozialisierung, also das Überschreiten des Nahbereiches, große Vorteile bringt.[28] Hume sieht diesen Vorteil für den einzelnen vor allem in der dadurch möglichen Arbeitsteilung, die schließlich allen Individuen zugute kommt. »Unter allen Tieren, die den Erdball bevölkern«, schreibt er an zentraler Stelle im *Traktat*, »gibt es keines, gegen das die Natur auf den ersten Blick grausam verfahren zu sein scheint; nur gegen den Menschen [scheint sie grausam]. Wie zahllos sind die Bedürfnisse und notwendigen Ansprüche, mit denen sie ihn belastet, und wie gering die Mittel, die sie ihm zur Befriedigung derselben gewährt hat. Bei anderen Geschöpfen hält sich dies beides im allgemeinen das Gleichgewicht [...]. Nur in dem Menschen findet sich die unnatürliche Verbindung von Schwäche und Bedürfnis in vollstem Maße ausgeprägt. Die für seine Erhaltung notwendige Nahrung flieht vor ihm, wenn er sie sucht und sich ihr nähert; oder es bedarf wenigstens der Arbeit zu ihrer Herstellung. Und auch Kleidung und Wohnung muß er besitzen, um sich gegen die Unbill des Wetters zu schützen. Und doch besitzt er, an sich betrachtet, weder Waffen noch Stärke, noch die natürlichen Geschicklichkeiten, die einer solchen Menge von Bedürfnissen entsprächen. Nur durch Vergesellschaftung kann er diesen Mängeln abhelfen und sich zur Gleichheit mit seinen Nebengeschöpfen erheben, ja sogar eine Überlegenheit über dieselben gewinnen. Durch die Gesellschaft wird seine Schwäche ausgeglichen, und wenn auch innerhalb derselben seine Bedürfnisse sich jeden Augenblick vermehren, so nehmen doch seine Fertigkeiten in noch höherem Grade zu. So wird er in jeder Beziehung glücklicher und zufriedener, als er es im Zustande der Wildheit und Vereinsamung jemals hätte werden können. Wenn jeder einzelne Mensch allein und nur für sich arbeitet, so reicht seine Kraft nicht aus, um irgend ein bedeutsames Werk auszuführen; seine Arbeit wird aufgebraucht durch die Beschaffung der mancherlei Dinge, welche die Not des Lebens erfordert; er bringt es in keiner Kunst zur Vollkommenheit. Zudem sind seine Kraft und die Möglichkeiten ihres Gebrauches nicht immer dieselben und der kleinste Ausfall in einem von beiden kann unvermeidlichen Ruin und unvermeidliches Elend nach sich ziehen. Die Gesellschaft aber sorgt für ein Mittel gegen diese *drei* Übelstände. Durch die Vereinigung der Kräfte wird unsere Leistungsfähigkeit vermehrt; durch Teilung der Arbeit wächst unsere Geschicklichkeit, und gegenseitiger Beistand macht uns weniger abhängig von Glück und Zufall. Durch diese Vermehrung von *Kraft, Geschicklichkeit und Sicherheit* wird die Gesellschaft nützlich.«[29] Hume meint also, daß der einzelne im Naturzustand erkennt, daß ihm der Bereich außerhalb der Primärgruppen von Vorteil sein kann; er erkennt nach Hume des weiteren, daß ein Zusammenleben in größeren Sozialverbänden nur durch die Beachtung von Regeln möglich ist. Eine Gemeinschaft von Mördern, soll sie von Bestand sein, muß sich zumindest des Mordens untereinander enthalten. Alle Verhaltensweisen nun, die mit eben jenen Normen übereinstimmen, die von den Menschen zum Schutz der Gesellschaft konventionell eingeführt wurden, nennt Hume die »künstlichen« Tugenden. In die »zweite Klasse der moralischen Pflichten fallen jene, die nicht von einem natürlichen Instinkt getragen, sondern allein aus Pflichtgefühl ausgeführt werden. Dieses Pflichtgefühl entsteht aus der Einsicht in die Bedingungen gesellschaftlichen Zusammenlebens und aus der Erkenntnis, daß sich ein solches Zusammenleben nicht aufrechterhalten ließe, wenn nicht bestimmte Pflichten beachtet würden. Auf diese Weise gewinnen Gerechtigkeit (das heißt die Achtung fremden

Eigentums) und Treue (das heißt die Einhaltung von Versprechen) ihren Verpflichtungscharakter und ihre Autorität für die Menschen. Da jeder sich selbst der Nächste ist, trachtet der einzelne von Natur aus danach, seinen Besitz soweit wie möglich auszudehnen. Allein die Erfahrung, daß Zügellosigkeit auf diesem Gebiet zur völligen Auflösung der gesellschaftlichen Ordnung führen muß, kann ihn zur Mäßigung seiner unmittelbaren Neigungen veranlassen. In diesem Fall verlangt moralische Pflichterfüllung also eine *Kontrolle* ursprünglicher Neigungen und Instinkte - eine Kontrolle durch Reflexion und Beobachtung der mit ihnen verbundenen Konsequenzen.«[30] Immer wenn Hume von den »künstlichen« Tugenden schreibt, also von jenen moralischen Verhaltensweisen, die nicht ursprünglich sind, treffen sich seine Argumente mit jenen Hobbes'. »Gerecht sein«, worunter Hume primär die Achtung fremden Eigentums versteht, ist nicht in der Weise natürlich, wie es natürlich ist, für sich und die Seinen zu sorgen oder für die, die uns nahestehen. Auch gibt es nach Hume keinen natürlichen (nun im Sinne von ›unmittelbaren‹) Grund, die Eigentumsregeln zu akzeptieren. Die Akzeptierung von Regeln entspringt vielmehr der Überlegung der Individuen, daß sie Mängelwesen sind und damit der Gesellschaft bedürfen, daß die Gesellschaft nur funktionieren kann, wenn gewisse Normen befolgt werden, und daß diese Bedingungen im Fall von Eigentumsregeln grundsätzlich erfüllt sind. Aus diesen Gründen führen die Menschen Gerechtigkeit als eine neue, somit »künstliche« Tugend ein. Die Motivation dafür beruht ausschließlich auf einem wohlverstandenen Eigeninteresse, also auf der Überlegung, durch die Befolgung dieser Regeln letztlich besser auszukommen als ohne sie, auch wenn sie die Erfüllung gewisser Kurzzeitinteressen verbieten. Der Wert dieser neu eingeführten Normen basiert auf dem Nutzen für alle, auf daß es uns mit ihnen wohler ergehe als ohne sie. Kann aber gezeigt werden, daß die Eigentumsregeln diesen Zweck, nämlich den Frieden und die Ordnung der Gesellschaft zu gewährleisten, nicht mehr erfüllen, während andere Organisationsformen menschlichen Zusammenlebens dazu imstande sind, dann gibt es nach Hume keinen Grund mehr, sie nicht fallenzulassen. Ein unverbrüchliches, von Gott gegebenes Recht auf Eigentum erschien ihm als bloße Chimäre. Aber während nach Hobbes der große Feind des Menschen der Mitmensch ist, ist es nach Hume primär die Natur. Und während Hume den Vorteil der Vergesellschaftung gerade in der dadurch möglich gewordenen Arbeitsteilung sieht, wird einige Jahrzehnte später der junge Karl Marx, vor sich die Auswirkungen der ersten industriellen Revolution, in dieser Arbeitsteilung geradezu die Ursünde der Menschheit zu erkennen glauben.

Nun zur entscheidenden Erweiterung, die Hume an der Position von Hobbes vornimmt, und damit zum m. E. wesentlichen Unterschied zwischen dem *Traktat* und der *Untersuchung*. Im Gegensatz zu Hobbes gibt Hume sich nicht damit zufrieden, den Ursprung von Normensystemen aus der Funktionsweise der Selbstliebe herzuleiten. Vielmehr stellt er sich zudem die Frage, welche Auswirkungen dieser Übergang in den Fernbereich auf die menschliche Psyche hatte, kurz: ob und in welcher Weise der nun erweiterte soziale Kontakt den Charakter der Menschen beeinflußt hat. Wenn »die Menschen aus Erfahrung gelernt haben, daß es unmöglich ist, ohne Gesellschaft zu bestehen, und daß es ebenso unmöglich ist, die Gesellschaft zu erhalten, solange sie ihren Begehrungen freien Lauf lassen, so zügelt ein so wichtiges Interesse sehr schnell ihre Handlungen und zwingt sie, jene Regeln zu befolgen, die wir die *Rechtsnormen* nennen. Es bleibt aber nicht bei dieser verpflichtenden Kraft des Interesses; sondern im *notwendigen Fortgang der Affekte und Gefühle* [Hervorhebung des Herausgebers] entsteht aus ihr die sittliche Verbindlichkeit der Pflicht. Wir *billigen* solche Handlungen, die auf den Frieden der Gesellschaft abzielen, und mißbilligen solche, die ihr Störungen verursachen.«[31] In diesem Punkt der Entwicklung unserer »Affekte und Gefühle« war Hume viel eher als Hobbes Aufklärer, teilte also, wenn auch mit wichtigen skeptischen Anmerkungen, die Auffassung, daß Menschen im Laufe der Zeit moralisch reifer werden. Das »eigentliche Lebensgefühl der Aufklärung« war in Hume »noch fast ungebrochen, jenes Lebensgefühl eines Gipfeldaseins der Menschheit«[32]. Dieser Glaube an einen Zuwachs moralischen Bewußtseins aus einem Zustand der Barbarei war relativ naheliegend, wenn man das chaotische, blutige 17. Jahrhundert in England mit der relativ friedlichen ersten Hälfte des 18. Jahrhunderts verglich. Hobbes sah sich noch viel direkter mit einer Subjektivität konfrontiert, in der die Subjektivität anderer ignoriert wird; er erlebte noch viel unmittelbarer eine Herrschaft der Willkür, während Hume zumindest in einigen wichtigen Belangen eine solche des Rechts erlebte. Welche Auswirkungen hatte also der Übergang von der familiären zur öffentlichen Moral auf unsere »natürlichen und der Kultur vorangehenden Vorstellungen von Sittlichkeit« ($T_2$232; »natural uncultivated ideas of morality«)? Humes herausfordernde Antwort: Das zunächst auf Primärgruppen begrenzte Wohlwollen hat in beträchtlichem Maße zugenommen. Seiner Meinung nach ist es zu einer Internalisierung sozialer Verhaltensweisen gekommen, die ursprünglich auf den Bereich der unmittelbaren Bezugsgruppen beschränkt waren. Sowohl im *Traktat* als auch in der *Untersuchung* kommt Hume auf diese These vom »notwendigen Fortgang der Affekte und Gefühle« zu sprechen. Während aber im *Traktat* das Problem des Ursprungs der Moral im Vordergrund steht, ist es in der *Untersuchung* gerade diese Frage nach den Auswirkungen des sozialen Kontaktes auf das tatsächliche Wertempfinden. Die zentrale Problemstellung des moralphilosophischen Abschnitts im *Traktat* ist eine psychologische: Was war das Motiv des einzelnen, die Moral zu akzeptieren? Das Wesen der menschlichen Natur, wie es Hume verstand, diente dabei als Explanans, als Erklärungsgrund. Die fundamentale Problemstellung der

Untersuchung ist hingegen eine soziologische: Welche Auswirkungen hat der gesellschaftliche Kontakt mit zunächst fremden Menschen auf das tatsächliche Empfinden des einzelnen? In dieser Hinsicht wird in der *Untersuchung* die Natur des Menschen erst zum Problem. Sie ist nicht mehr das Explanans, sondern wird zum *Explanandum*, zu dem zu Erklärenden. Und die Auswirkungen des sozialen Kontaktes sieht Hume darin, nun ganz als Aufklärer des 18. Jahrhunderts urteilend, daß sich inzwischen zumindest ansatzweise ein universelles Wohlwollen entwickelt hat. Seiner Meinung nach läßt sich dies daran erkennen, und das ist in der *Untersuchung* Humes genialer Ausgangspunkt, *wie die Menschen die Handlungen anderer beurteilen*: Aus der Art und Weise, wie wir Handlungen anderer faktisch bewerten, läßt sich nach Hume erschließen, daß Menschen im allgemeinen von der Basis eines universellen Wohlwollens aus urteilen und somit auch die Interessen derer beachten, die uns ferne stehen und keine Stimme haben. Ob und in welcher Weise es Hume gelingt, diese These zu begründen, mag dann die Lektüre des Textes zeigen.

Aus diesen Gründen sind die Ausführungen in der *Untersuchung* in vieler Hinsicht verschieden von jenen im *Traktat*. Während Hume sich in seinem Jugendwerk auf das Problem konzentrierte, was der Ursprung der Moral sei, stellt er sich in der *Untersuchung* die Frage, wie wir faktisch urteilen. Bereits ein kurzer Textvergleich weist auf diese Schwerpunktverschiebung hin: Das Kapitel »Der Ursprung von Rechtsordnung und Eigentum«, das im *Traktat* sechzehn Seiten einnimmt, ist in der *Untersuchung* um zwei Drittel gekürzt; die fundamentale Frage, ob Gerechtigkeit eine künstliche oder natürliche Tugend sei, ist von ursprünglich sieben Seiten auf einer Seite zusammengefaßt; die Frage nach dem »Ursprung der Regierung« und den »Quellen der Untertanenpflicht« ist von ursprünglich fünfzehn Seiten ebenfalls auf einer einzigen Seite zusammengefaßt;[33] während Hume im *Traktat* mit einer Kritik am Rationalismus beginnt, verschiebt er dies in der *Untersuchung* auf einen Anhang, was auch damit zusammenhängen mag, daß Hume in seiner späteren Arbeit eine andere Zielgruppe ansprechen wollte, nämlich den »gebildeten Laien«, der normalerweise rationalistische Ethiken nicht studiert hat; andererseits beginnt die *Untersuchung* mit einem Kapitel über Wohlwollen, welches im *Traktat* im Rahmen der natürlichen Tugenden erst zum Schluß erwähnt wird; die im *Traktat* im Abschnitt »Vom Ursprung der natürlichen Tugenden und Laster« nur recht nebenbei angeführten Eigenschaften, die wir bei »üblichen Lobpreisungen großer Männer ins Auge fassen« (T_2 340), werden hingegen in der *Untersuchung* mit einer Ausnahme zu Kapitelüberschriften: »Eigenschaften, die uns selbst nützlich sind«, »Eigenschaften, die uns selbst unmittelbar angenehm sind«, »Eigenschaften, die anderen unmittelbar angenehm sind« und »Eigenschaften, die anderen nützlich sind«. Weshalb diese Problemverschiebung? Die Antwort dürfte einfach sein: Hume glaubte, die Frage nach dem Ursprung der öffentlichen Moral zufriedenstellend beantwortet zu haben. Überall dort, wo er in der *Untersuchung* darauf zu sprechen kommt, läßt sich *keine* grundsätzliche Abweichung von den Thesen des Jugendwerkes erkennen. Darüber hinaus hatte er in dem Essay »Vom Gesellschaftsvertrag« (Erstveröffentlichung: 1748) eine brillante Zusammenfassung seiner Thesen zu diesem Thema geleistet. So heißt es dort beispielsweise in einer der vielen bedenkenswerten Passagen: »Verfolgt man die Staatsgewalt bis auf ihre ersten Ursprünge in Urwald und Wüste zurück, so erweisen sich die Menschen selbst als Quelle allen Rechts und aller Macht. Im Interesse von Frieden und Ordnung haben sie sich Gesetze gegeben und dadurch freiwillig ihre angeborene Freiheit aufgegeben.«[34] Vor allem aber eröffnete die *Geschichte Englands* Hume die Möglichkeit, die These von der Entwicklung des moralischen Bewußtseins anhand zahlreicher Beispiele zu erläutern und zu begründen. Das der

Geschichte Englands zugrundeliegende Thema ist der Versuch, den Ursprung der bürgerlichen Gesellschaft als das Ergebnis eines Ineinandergreifens politischer, sozialer, religiöser und ökonomischer Faktoren zu erklären, die England aus einem Zustand der Barbarei in den der Zivilisation geführt hatten. Die englische Geschichte wird »aufgefaßt als ein langsam und spät, unter Blut und Tränen sich klärender Wirrwarr. Aus gotisch-feudaler Inkonsistenz der staatlichen Gewalten, aus Mischung von Autorität und Anarchie kommt es schließlich zur rechten Mischung von Autorität und Freiheit.«[35] Aus allen diesen Gründen konnte sich Hume in der *Untersuchung* auf eine Fragestellung konzentrieren, die im Jugendwerk noch wesentlich nebensächlicher gestellt war.[36]

Wenn es aber richtig ist, daß die *Untersuchung*, wie hier zu zeigen versucht wurde, durchaus eine eigenständige moralphilosophische Abhandlung ist, warum wird sie, verglichen mit dem *Traktat*, so geringgeschätzt? Mehrere Gründe dürften hier ausschlaggebend sein: Zum einen scheint der Stil dieser Arbeit philosophischen Reflexionen wenig förderlich zu sein. Die *Untersuchung* gehört zu den Höhepunkten englischer Prosa; Beispiele aus der Antike, Gedankenexperimente, eigene Beobachtungen und philosophische Reflexionen sind so kunstvoll miteinander verwoben, daß man sich leicht von der Sprache verführen und sich vom phasenweise mitreißenden Stil über den Inhalt des Gesagten hinwegtragen läßt. Des weiteren ist der Aufbau der Schrift eher verwirrend. Hume geht streng induktiv vor, steigt also allmählich von Einzelbeobachtungen zu allgemeinen Sätzen auf, wodurch sich seine Gedanken wie bei vielen englischen Autoren gleichsam aus einer Plauderei heraus entwickeln; die abstrakteren Gedanken werden erst spät in mehreren Anhängen zusammengefaßt. Ein solcher Aufbau hat jedoch zur Folge, daß man bei erstmaliger Lektüre leicht den Faden aus den Augen verliert, der sich durch diese Beispielfülle hindurchzieht. Aus diesen Gründen soll im nächsten Abschnitt eine Inhaltsangabe folgen, in der versucht wird, die wichtigste Gedankenlinie der *Untersuchung* herauszuarbeiten und kurz zu kommentieren: Daß im tatsächlichen Text die Dinge um einiges vielschichtiger sind, kann ohne Schwierigkeiten schon aus dem Sachregister ersehen werden. Schließlich ein letzter Grund, weshalb Humes *Untersuchung über die Prinzipien der Moral* bisher so wenig Interesse entgegengebracht wurde: Die Situation in der gegenwärtigen Hume-Forschung ist nicht unähnlich der Zeit vor der Veröffentlichung von Antony Flews *Hume's Philosophy of Belief* (London 1961). Bis dahin hatte man in der *Untersuchung über den menschlichen Verstand* nur eine verkürzte Umformulierung des ersten Buches, im besten Fall ein Anhängsel zu Humes Jugendwerk gesehen. Flew ist es gelungen zu zeigen, daß es sich bei Humes späterer erkenntnistheoretischer Arbeit um ein eigenständiges Werk handelt. Leider ist »Humes Theorie der Tugend« noch nicht geschrieben.

Zum Aufbau von Humes Arbeit

Im Ersten Abschnitt der *Untersuchung*, betitelt »Über die allgemeinen Prinzipien der Moral«, beschreibt Hume das Problem, mit dem er sich beschäftigen wird. Es betrifft die »allgemeine Grundlegung der Moral: ob diese aus dem Verstand oder aus dem Gefühl herzuleiten sei« (S. 88). Mit dieser Frage nach dem Fundament unseres moralischen Verstehens beteiligte sich Hume an einer Kontroverse, welche die Philosophen der Neuzeit sehr intensiv beschäftigt hatte: Basiert unser Wissen, und hier im besonderen auch unser moralisches Bewußtsein, letztlich auf irgendwelchen Einsichten, die der Gefühlsebene, oder auf Erkenntnissen, die der Verstandesebene zuzuordnen sind? Wurzelt der Baum der Erkenntnis dessen, was gut und böse ist, im Emotionalen oder im Rationalen? Von allem Anfang an läßt Hume keine Zweifel darüber aufkommen, daß er eine mögliche

Lösung dieser Frage nur in einer ausgewogenen Verknüpfung unserer Erkenntnisfähigkeiten sieht, wenn also »*Verstand* und *Gefühl* bei nahezu allen moralischen Entscheidungen und Schlüssen zusammenwirken. Es ist wahrscheinlich, daß das endgültige Urteil, das Charaktere für liebens- und hassenswert, für lobens- und tadelnswert erklärt, das sie mit dem Stempel des Ehrenhaften oder Unehrenhaften, der Billigung oder Mißbilligung versieht, das die moralische Gesinnung zu einem aktiven Prinzip erhebt, die Tugend zu unserem Glück, das Laster zu unserem Unglück macht; es ist wahrscheinlich, sage ich, daß dieses endgültige Urteil von einem inneren Sinn oder Gefühl abhängt, das allen Menschen von Natur aus gemeinsam ist. Denn was sonst könnte einen derartigen Einfluß ausüben? Um aber einer solchen Empfindung den Weg zu ebnen und von ihrem Gegenstand eine korrekte Beschreibung zu geben, ist es häufig notwendig, wie sich zeigt, daß viele Überlegungen vorangehen, feine Unterscheidungen gemacht, richtige Schlüsse gezogen, entfernte Vergleiche angestellt, verwickelte Beziehungen untersucht und allgemeine Tatsachen ermittelt und genau bestimmt werden.« (S. 91.) Auch wenn Hume schließlich zur Auffassung kommen wird, daß in der Moral letztlich Gefühle ausschlaggebend sind, so betont er doch immer wieder, daß es sich dabei um eine ganz bestimmte Gruppe von Empfindungen handelt, zu deren Entwicklung Verstandesprozesse notwendig sind. Hume zufolge kann ein moralischer Mensch weder gefühllos noch kopflos sein und darf sich die Moralphilosophie weder über die Köpfe noch über die Herzen hinwegsetzen. Eine Ethik, die in der bloßen Sinnlichkeit die Werte erkennen will, wäre seiner Meinung nach leer; eine Ethik, die ausschließlich im Verstand nach dem Guten und Schönen sucht, blind.

Worin sieht aber nun Hume konkret die Rolle des Verstandes und des Gefühls im moralischen Bereich? Hume glaubt, eine Antwort über den folgenden Weg, mit Hilfe einer »sehr einfachen Methode« (S. 92) finden zu können: Er geht von faktischen moralischen Urteilen aus und analysiert den »Komplex charakterlicher Eigenschaften«, der »das ausmacht, was wir gemeinhin persönliches Ansehen nennen« (S. 92). Unter anderem wird Hume dabei zum Ergebnis kommen, daß gewöhnlich ein wohlwollendes und gerechtes Handeln geschätzt wird. In einem zweiten Schritt versucht er dann »die Umstände aufzudecken, die diesen Eigenschaften gemeinsam sind« (S. 93), sich also die Frage zu stellen, warum wir ein wohlwollendes und gerechtes Verhalten billigen. Eines der Ergebnisse wird lauten, daß bei moralischen Beurteilungen auch Nützlichkeitserwägungen eine wichtige Rolle spielen. In einem dritten Schritt stellt sich Hume schließlich die Frage nach der Grundlage der Moral und versucht »jene universellen Prinzipien zu finden, von welchen letztlich jeder Tadel und jede Billigung hergeleitet wird« (S. 93). Worin wurzeln nun etwa solche Nützlichkeitsüberlegungen? Wurzeln sie im Gefühl oder im Verstand? Dabei ist es nicht so, daß Hume zunächst einmal den ersten Punkt seiner Methode erschöpfend behandelt und dann zum nächsten übergeht. Vielmehr gehen die in den drei Punkten dargelegten Fragestellungen zumeist Hand in Hand. Ausgangspunkt sind aber stets empirisch vorliegende moralische Urteile.

Humes Vorgehensweise birgt jedoch von allem Anfang an folgendes Problem in sich, das sich bei der Lektüre des Textes immer wieder aufdrängt: Mit Hilfe seiner Methode kann Hume bestenfalls zum Ergebnis kommen, *wie* Menschen moralisch urteilen. Er kann erkennen, welche Erkenntnisfähigkeiten dafür verantwortlich sind, daß wir eine bestimmte Handlungsweise billigen oder mißbilligen. Aber mit Hilfe einer Methode der empirischen Verallgemeinerung kann Hume nicht ermitteln, ob die Art und Weise, wie Menschen urteilen, gut oder schlecht ist, ob also gebilligt oder getadelt werden *soll*, wie wir billigen oder tadeln. Selbst wenn es richtig wäre, daß alle Menschen den Genuß von Menschenfleisch verurteilten, so ist daraus nicht automatisch abzuleiten, daß es *gut* ist, daß alle Menschen den Kannibalismus verurteilen und daß wir unser Handeln danach einrichten *sollen*. Erst wenn wir wissen, daß tatsächlich schlecht ist, was alle (oder doch die meisten) Menschen als schlecht empfinden, kann man aus den empirischen Informationen ableiten, daß beispielsweise der Kannibalismus moralisch verwerflich ist. Aber woher stammt dieses Wissen, was *tatsächlich* gut ist? Die empirischen Informationen schweigen darüber. Sie berichten uns nur, was der Fall ist, aber sie beinhalten keine Informationen, was gut ist. Die Wissenschaft erzählt uns bestenfalls, wie es eigentlich gewesen, aber sie erzählt uns nicht, was zu tun oder zu unterlassen sei. Selbst wenn wir uns die Frage stellen, ob es überhaupt eine Wissenschaft geben *soll*, kann dies nicht allein mit wissenschaftlichen Methoden entschieden werden. Zwischen dem Bereich der Tatsachen und dem Reich der Werte besteht eine Kluft, weshalb die Arbeit des Richters mit der des Detektivs wenig gemeinsam hat. Eine direkte Ableitung des Sollens aus dem Sein ist nicht möglich. Die Frage nach den faktischen moralischen Urteilen, also der Entwurf einer deskriptiven Ethik, ist verschieden vom Entwurf einer normativen Ethik, denn bei allen Erkenntnissen darüber, wie wir urteilen, bleibt immer noch die Frage offen, ob es gut ist, daß wir so urteilen, wie wir es tun. Nun war sich Hume wie kein anderer ebendieses Problems bewußt. Er gilt zu Recht als der Entdecker der sogenannten Sein-Sollen-Dichotomie, worin dieser Unterschied zwischen dem Bereich der Tatsachen und dem Reich der Werte erstmals klar formuliert ist. Die schönste Zusammenfassung findet sich im *Traktat*, und sie hat als »Humesches Gesetz« inzwischen Eingang in die Hörsäle gefunden. »Ich kann nicht umhin, diesen Betrachtungen eine Bemerkung hinzuzufügen, der man vielleicht einige Wichtigkeit nicht absprechen wird. In jedem Moralsystem, das mir bisher vorkam, habe ich immer bemerkt, daß der Verfasser eine Zeitlang in der gewöhnlichen Betrachtungsweise vorgeht, das Dasein Gottes feststellt oder

Beobachtungen über menschliche Dinge vorbringt. Plötzlich werde ich damit überrascht, daß mir anstatt der üblichen Verbindungen von Worten mit ›*ist*‹ und ›*ist nicht*‹ kein Satz mehr begegnet, in dem nicht ein ›*sollte*‹ oder ›*sollte nicht*‹ sich fände. Dieser Wechsel vollzieht sich unmerklich; aber er ist von größter Wichtigkeit. Dies *sollte* oder *sollte nicht* drückt eine neue Beziehung oder Behauptung aus, muß also notwendigerweise beachtet und erklärt werden. Gleichzeitig muß ein Grund angegeben werden für etwas, das sonst ganz unbegreiflich scheint, nämlich dafür, wie diese neue Beziehung zurückgeführt werden kann auf andere, die von ihr ganz verschieden sind. Da die Schriftsteller diese Vorsicht meistens nicht gebrauchen, so erlaube ich mir, sie meinen Lesern zu empfehlen; ich bin überzeugt, daß dieser kleine Akt der Aufmerksamkeit alle gewöhnlichen Moralsysteme umwerfen und zeigen würde, daß die Unterscheidung von Laster und Tugend nicht in der bloßen Beziehung der Gegenstände begründet ist, und nicht durch die Vernunft erkannt wird.«[37] Hume schreibt im ersten Abschnitt der *Untersuchung*, daß er ausgehend von faktischen moralischen Urteilen zu einer Grundlage der Moral kommen möchte. Ein entscheidendes Kriterium zur Beurteilung der *Untersuchung* wird die Frage sein, ob und inwieweit Hume die »Beobachtungen über menschliche Dinge« mit der Frage verknüpft, welches Verhalten gut und welches schlecht, was zu tun und was zu unterlassen sei. Wie verknüpft Hume die faktischen Wertschätzungen mit dem tatsächlichen Wert menschlichen Verhaltens?

Den Zweiten Abschnitt (»Über das Wohlwollen«) beginnt Hume mit der These, daß die »wohlwollenderen oder sanfteren Gefühle schätzenswert sind und die Zustimmung und Freundlichkeit aller Menschen gewinnen, wo immer sie zum Vorschein kommen« (S. 94). Er spricht vom »Zauber der sozialen Tugenden« (S. 95) und versucht diesen anhand zahlreicher Beispiele, in diesem wie auch in den folgenden Abschnitten, zu belegen. Da seine Beispiele für sich selbst sprechen, besteht keine Notwendigkeit, sie hier zu wiederholen. Bemerkenswert ist jedoch, daß sich einige Passagen so lesen, als gäbe es für Hume keine Menschen, die *nicht* vom Zauber der sozialen Tugenden ergriffen wären; erst viel später erfährt man, daß auch Hume Ausnahmen zuläßt. Schon im zweiten Teil dieses Abschnitts stellt er sich die Frage nach dem Grund unserer Wertschätzung wohlwollenden Verhaltens. (Hume kommt also zu Punkt zwei der zuvor erwähnten methodischen Vorgehensweise.) Seine Antwort lautet, daß »der Nutzen, der aus den sozialen Tugenden erwächst, zumindest einen *Teil* ihres Wertes ausmacht und daß er *eine* Quelle jener Billigung und Achtung ist, die man ihnen so allgemein entgegenbringt« (S. 97). Hume hatte zunächst empirisch festgestellt, daß ein wohlwollendes Verhalten geschätzt wird und einen Teil des persönlichen Ansehens ausmacht. Er stellt sich nun die Frage, worauf diese Wertschätzung beruht, und kommt zum Ergebnis, daß ein wohlwollendes Verhalten auch wegen des damit verbundenen allgemeinen Nutzens geschätzt wird. Wiederum gibt er eine Fülle von Beispielen, aus welchen ersichtlich werden soll, daß unsere Beurteilungen entscheidend davon abhängen, inwieweit die wohlwollende Handlung für die Gesellschaft nützlich ist oder nicht. In alten Zeiten wurde der Tyrannenmord »hoch gepriesen, denn er befreite die Menschheit von vielen dieser Ungeheuer und schien den anderen, die das Schwert und der Dolch nicht erreichen konnte, Furcht einzuflößen. Aber da Geschichte und Erfahrung uns seitdem überzeugt haben, daß eine solche Gewohnheit den Argwohn und die Grausamkeit der Fürsten vergrößert, gelten heute ein Timoleon und ein Brutus [. . .] als höchst ungeeignete Beispiele zur Nachahmung« (S. 99).

Im Dritten Abschnitt (»Über die Gerechtigkeit«) diskutiert Hume die Tugend der Gerechtigkeit, seiner Meinung nach neben dem Wohlwollen eine zweite soziale Tugend. Unter »Gerechtigkeit« versteht er ganz allgemein die grundsätzliche Achtung gesellschaftlicher Normensysteme, im besonderen die Achtung von Eigentumsregeln, wobei Hume noch nicht zwischen dem Eigentum an Gebrauchsmitteln und dem Eigentum an Produktionsmitteln unterscheidet. Seine These lautet hier, daß der »öffentliche Nutzen der *alleinige* Ursprung von Gerechtigkeit ist und daß Erwägungen über die wohltätigen Folgen dieser Tugend die *alleinige* Grundlage ihres Wertes sind« (S. 101). Hume hält sich streng an seine Methode und geht von faktischen Urteilen aus. Er beobachtet, daß in der Gesellschaft, in der er lebt, im allgemeinen ein Verhalten gebilligt wird, das gesellschaftliche Regelsysteme grundsätzlich anerkennt. Allerdings gibt es dazu eine Reihe von Ausnahmen, also von Situationen, in welchen wir gegenüber einem gerechten Verhalten indifferent sind, es unter Umständen sogar mißbilligen. Steht beispielsweise ein nützlicher Gegenstand unbegrenzt zur Verfügung, wie es Luft und Wasser zu Humes Zeiten in Großbritannien noch waren, dann scheint es keinen Grund für ein gerechtes Verhalten zu geben. »Weshalb eine Aufteilung der Güter, wenn jeder schon mehr als genug hat? Warum das Eigentum einführen, wenn ein Zuwiderhandeln ohnedies nicht möglich ist? Warum einen Gegenstand *mein* nennen, wenn ich, sobald ein anderer ihn sich aneignet, nur meine Hand auszustrecken brauche, um mir etwas zu verschaffen, das gleich wertvoll ist? Gerechtigkeit wäre in diesem Fall, weil völlig nutzlos, ein leeres Zeremoniell und könnte wahrscheinlich niemals einen Platz im Verzeichnis der Tugenden finden« (S. 102). Dasselbe gilt für den Fall eines unbegrenzten Altruismus. Der »Nutzen der Gerechtigkeit« würde durch ein »so umfassendes Wohlwollen aufgehoben«, und es wäre »niemals an die Trennungen und Schranken von Eigentum und Verpflichtung« gedacht worden. »Warum sollte ich jemand anderen durch einen Vertrag oder durch ein Versprechen binden, mir einen guten Dienst zu erweisen, wenn ich weiß, daß er ohnedies schon von der intensivsten Neigung bewegt wird, mein Glück zu fördern und den gewünschten Dienst von sich aus zu leisten?« (S. 103) Darüber hinaus gibt es sogar Situationen, in welchen ein ungerechtes Verhalten moralisch gebilligt wird, wie etwa nach einem Schiffbruch, wenn die Betroffenen versuchen, sich »jedes erreichbaren Rettungsmittels oder Werkzeugs zu bemächtigen, ohne Beachtung früherer Eigentumsgrenzen« (S. 104). Herrscht eine Hungersnot, so glaubt Hume beobachten zu können, dann billigen die Menschen ein Verhalten, das eine »Gleichverteilung von Brot« zum Ziel hat, »auch wenn mit Macht und sogar Gewalt durchgesetzt« (S. 105). Robin Hood dürfte bei diesem Beispiel Pate gestanden haben. Ähnliches gilt für den Fall, daß von Gesetzes wegen ein Verbrecher mit einer Einbuße an Eigentum bestraft wird, wodurch eine ungerechte Handlung moralisch gebilligt wird. Welche Moral zieht nun Hume aus allen diesen (und noch einigen weiteren[38]) Beispielen? Was ist der Grund dafür, so fragt er sich, daß Menschen die Beachtung von Eigentumsregeln in bestimmten Situationen billigen, in anderen mißbilligen? Seine Antwort: Wir orientieren uns in unserem Urteilen danach, ob die Handlung (das Verhalten, die Charaktereigenschaft) für die Gesellschaft nützlich ist oder nicht; dient sie dem Gemeinwohl, dann billigen wir sie, andernfalls mißbilligen wir sie. So »hängen also die Regeln der Fairneß oder Gerechtigkeit vollständig von dem besonderen Zustand und der Lage ab, worin sich die Menschen befinden; und ihren Ursprung und ihre Existenz verdanken sie gerade jenem *Nutzen*, der dem Gemeinwesen aus ihrer strengen und regelmäßigen Befolgung erwächst. Verändere in irgendeinem bedeutenden Umstand die Lage der Menschen; erzeuge äußersten Überfluß oder äußerste Not; pflanze in ihr Herz vollkommene Bescheidenheit und Menschlichkeit oder vollkommene Habgier und Bosheit; indem man auf diese Weise die Gerechtigkeit gänzlich *nutzlos* macht, vernichtet man zugleich vollkommen ihr Wesen und hebt ihre Verbindlichkeit für die Menschen auf« (S. 106 f.). Wenn die Situation der Menschen irgendwo in der Mitte zwischen diesen Extremen liegt, billigen wir ein gerechtes Verhalten, da es für die Gesellschaft nützlich zu sein scheint. In den folgenden Absätzen kommt Hume auch noch auf den Ursprung der Gerechtigkeit im Naturzustand zu sprechen, wie er es im *Traktat* weitaus ausführlicher getan hatte und wie bereits kurz erwähnt wurde. Im zweiten Teil des dritten Abschnitts diskutiert er jene besonderen Gesetze, »durch welche die Gerechtigkeit gehandhabt und das Eigentum bestimmt wird« (S. 112). Auch hier ist seiner Meinung nach das Ergebnis dasselbe: »Das Wohl der Menschheit ist das alleinige Ziel aller dieser Gesetze und Vorschriften« (ebd.). Hume bespricht hier auch recht ausführlich die Theorie von der Gleichverteilung des Eigentums, die üblicherweise mit dem Anspruch verknüpft wird, daß eine solche Gleichverteilung der Gesellschaft am nützlichsten wäre. Humes Auffassung dazu ist, daß »immer dort, wo von dieser Gleichheit abgegangen wird, wir den Armen mehr an Bedürfnisbefriedigung rauben, als wir den Reichen hinzufügen« (S. 113), daß jedoch völlige Gleichverteilung direkt in die Tyrannei führen muß und sich damit selbst ad absurdum führt. Denn völlige Gleichverteilung erfordert äußerste Kontrolle; Kontrolle ist aber nur durch Ungleichheit möglich. Den letzten Rechtfertigungsgrund für alle diese Regeln und Normensysteme sieht Hume im »Wohl und im Bedürfnis der Menschheit«, im »Interesse und Glück der menschlichen Gesellschaft«. Die »Sicherheit des Volkes ist das oberste Gesetz« (S. 116). Von diesem Blickwinkel bauen wir unsere Gerechtigkeitsregeln auf und bestimmen, wem wann was gehören soll. Die Motivation dafür basiert auf der Einsicht, daß in der üblichen Situation der Menschen Gerechtigkeit »für das Wohl der Menschheit und für den Bestand der Gesellschaft unumgänglich notwendig ist« (S. 120). Diese Einsicht wurzelt nach Hume in keinem Instinkt, sondern entsteht erst aufgrund von Reflexionen über die konkrete Situation und die Natur des Menschen. Zwar bewirkt die Erziehung, daß wir uns im einzelnen solcher Überlegungen über die künftigen,

vorteilhaften Konsequenzen der Gerechtigkeit nicht mehr bewußt sind und somit nicht aufgrund von Nützlichkeitserwägungen, sondern aufgrund von Gewohnheiten urteilen. Jedoch besteht kein Grund, daß wir »nicht auch im gewöhnlichen Leben jederzeit auf das Prinzip des öffentlichen Nutzens zurückgreifen und uns fragen könnten: *Was müßte aus der Welt werden, wenn solche Handlungsweisen überhandnehmen? Wie könnte die Gesellschaft bei einer solchen Unordnung weiterbestehen*? [...] Die Notwendigkeit von Gerechtigkeit für den Bestand der Gesellschaft ist die alleinige Grundlage dieser Tugend; und da kein moralischer Vorzug höher geschätzt wird, können wir schließen, daß dieses Moment der Nützlichkeit im allgemeinen den stärksten Einfluß hat und auf unsere Gefühle eine uneingeschränkte Macht ausübt« (S. 125).
Nun ist es aber so, und damit beginnt der Vierte Abschnitt (»Über die staatliche Gesellschaft«), daß kaum alle Menschen genügend Klugheit besitzen, »jederzeit das starke Interesse wahrzunehmen«, das sie »zur Beachtung von Gerechtigkeit und Fairneß verpflichtet«, oder genügend Willensstärke, »beständig in der Verfolgung eines allgemeinen und fernliegenden Interesses zu beharren, anstatt den Verlockungen gegenwärtigen Vergnügens und Vorteils nachzugeben« (S. 126). Aus diesen Gründen billigen wir eine Institution, die die Befolgung von Gerechtigkeitsregeln »überwacht«, also die staatliche Gesellschaft (positives Recht, Behörden, Regierung, Kontrollorgane). Hume ging davon aus, daß im allgemeinen ein wohlwollendes Verhalten geschätzt wird. Warum? Weil es auch nützlich für die Gesellschaft ist. Gerechtigkeit wird nur in ganz bestimmten Situationen geschätzt. Wann? Wenn die gerechte Handlung für die Gesellschaft nützlich ist. Nun gibt es in der Gesellschaft noch eine ganze Reihe anderer Regelsysteme, vor allem auch solche, die die Einhaltung gerechten Verhaltens kontrollieren. Wann werden sie geschätzt? Wenn sie nützlich für die Gesellschaft sind und damit »Frieden und Ord-

nung unter den Menschen erhalten bleiben« (S. 126). Aber warum wird die Nützlichkeit geschätzt?
Im Fünften Abschnitt (»Warum die Nützlichkeit gefällt«) kommt Hume darauf zu sprechen. Seine Überlegung ist die folgende: Die meisten Menschen billigen soziale Tugenden. Diese haben die Tendenz, der Gesellschaft zu nützen. Da wir aber ein Mittel nur schätzen, wenn wir auch den Zweck schätzen, »auf dessen Förderung es gerichtet ist«, so folgt, daß uns der Zweck nicht gänzlich gleichgültig ist. Er muß uns »irgendwie angenehm sein und sich irgendeiner natürlichen Neigung bemächtigen« (S. 136). Das Ziel von Wohlwollen und Gerechtigkeit ist aber das Wohl der Gesellschaft; also kann uns das Wohl der Gesellschaft nicht gleichgültig sein. Aber ist uns das Gemeinwohl »aus Erwägungen des Eigeninteresses heraus« nicht gleichgültig oder »aufgrund von edleren Motiven« (ebd.)? Basiert die moralisch genannte Wertschätzung des öffentlichen Nutzens auf Eigenliebe, einfach deshalb, weil jeder Mensch in einer engen Beziehung zur Gesellschaft steht und die Unmöglichkeit seiner Existenz als einzelner erkennt? Und ist der einzelne den sozialen Tugenden nicht deshalb gewogen, weil sie die Ordnung und den Frieden in der Gesellschaft fördern und ihm damit den ungestörten Besitz eines so unschätzbaren Gutes sichern? Hume glaubt, daß diese naheliegende Erklärung nicht zutreffend ist, daß »die Stimmen der Natur und der Erfahrung [...] der Theorie vom Egoismus deutlich zu widersprechen [scheinen]« (S. 137). Sein Hauptargument gegen die These, daß unsere moralischen Empfindungen auf diesen egoistischen Ursprung zurückzuführen sind, leitet er wiederum aus den tatsächlichen Urteilen ab: Menschen, so beobachtet er, loben tugendhafte Handlungen aus längst vergangenen Zeiten und Ländern, ohne auch nur einen Anschein von Eigeninteresse daraus ableiten zu können; wir erkennen großzügige, mutige, edle Taten an, auch wenn sie von einem Gegner vollbracht werden und wir wissen, daß sie in ihren Konsequenzen unserem persönlichen Interesse

möglicherweise schaden werden; wir können in anderen eine Anteilnahme an einem bestimmten Schicksal wecken, ohne uns bemühen zu müssen, sie davon zu überzeugen, daß sie irgendeinen Vorteil aus den Handlungen ziehen werden, die wir ihrer Zustimmung und Anerkennung empfehlen. Humes Folgerung aus diesen Beobachtungen, die er dann später *experimenta crucis* nennt: Der Mensch ist natürlich auch auf die Erfüllung eigener Interessen bedacht (wobei unklar bleibt, wo Hume hier die Grenzen zieht); darüber hinaus ist der Mensch jedoch imstande und gewillt, von diesem Eigeninteresse Abstand zu nehmen und Dinge zu billigen, die entweder nicht von persönlichem Nutzen sind oder diesem sogar widersprechen. Faktische moralische Beurteilungen sind häufig nicht mit dem Hinweis auf Selbstliebe zu erklären, sie zeigen vielmehr, daß eine unparteiische Betrachtungsweise zu existieren scheint, in der sich der Urteilende vom unmittelbaren Eigeninteresse distanziert. Aus allen diesen Überlegungen schließt Hume, daß es ein »allgemeines Interesse für die Gesellschaft« gibt oder ein »uneigennütziges Gefühl für das Wohlergehen oder die ungerechte Behandlung anderer« (S. 140). Durch »diese Beispiele gezwungen, müssen wir die Theorie zurückweisen, die jedes moralische Gefühl aus dem Prinzip der Selbstliebe erklärt. Wir müssen eine eher auf die Allgemeinheit bezogene Neigung einführen und zugestehen, daß uns die Interessen der Gesellschaft, sogar um ihrer selbst willen, nicht gänzlich gleichgültig sind« (S. 141). Hume glaubt, daß es eine spontane Anteilnahme am Glück oder Unglück anderer gibt, etwa wenn wir mit Stotternden mitleiden, daß wir »Menschlichkeit oder ein Mitgefühl für andere besitzen«, daß uns der »bloße Anblick von Glück, Freude und Wohlstand Vergnügen bereitet« (S. 142); schließlich: daß es eine »natürliche Menschenliebe« (S. 150) gibt. Seine Antwort auf die Frage, warum Nützlichkeit geschätzt wird, faßt Hume so zusammen: »Nützlichkeit ist angenehm und gewinnt unsere Zustimmung. Das ist eine durch tägliche Beobachtung bestätigte Tatsache. Aber *nützlich*? Wofür? Für jemandes Interesse, sicherlich. Wessen Interesse also? Nicht unser eigenes allein; denn unsere Anerkennung erstreckt sich oft weiter. Es muß mithin das Interesse derer sein, denen durch den Charakter oder die Handlung, die wir billigen, ein Dienst erwiesen wird; und diese Menschen, so dürfen wir schließen, sind uns nicht gänzlich gleichgültig, mögen sie uns auch noch so fern stehen« (S. 139 f.).

In den weiteren Absätzen dieses fünften Abschnitts vertieft Hume den Gedanken, daß es eine spontane Anteilnahme am Glück oder Unglück anderer gibt. Wie ist es überhaupt zu diesem »sozialen Mitempfinden« (S. 146) gekommen? Humes Antwort: Der Mensch ist nicht nur ein egoistisches, sondern vor allem auch ein *soziales Wesen*. Mit dieser Behauptung, die für die gesamte schottische Schule bestimmend war[39], meint er zumindest zweierlei: 1. Der Mensch ist in der Regel emotional nicht autonom, vielmehr in seinem Gefühlshaushalt von der jeweiligen Umgebung abhängig oder zumindest dafür sensibel. »Das Antlitz des Menschen«, so zitiert er Horaz, »leiht sich das Lächeln und die Tränen vom Antlitz des Menschen« (S. 142). Im *Traktat* schreibt Hume: »Ein gutmütiger Mensch teilt sofort die Stimmung seiner Umgebung; und selbst die Stolzesten und Grämlichsten werden in diesem Punkte einigermaßen durch ihre Landsleute und Bekannten beeinflußt. Ein fröhliches Gesicht versetzt mein Gemüt in fühlbare Freude und Heiterkeit; ein ärgerliches oder betrübtes wirft einen plötzlichen Schatten darauf« (T_2 48). Dieser Mechanismus des gegenseitigen Austausches von Empfindungen liegt der Solidarität ebenso zugrunde wie »Volksaufruhr, Parteieneifer« und dem »hingebungsvollen Gehorsam gegen Parteiführer« (S. 146). Der Mensch ist nach Hume imstande, sich in die Gefühlslage des anderen einzustimmen. In dieser emotionalen Kommunikation identifizieren und imitieren sich die Mitglieder einer Gesellschaft wechselseitig. Hume nennt dieses dem Egoismus entgegenwirkende, gesellschaftsstiftende Einfühlungsvermögen *sym-*

pathy.[40] 2. Ein weiterer Aspekt der These von der Sozietät des Menschen ist der folgende: Der Mensch erlebt sich als Mängelwesen und strebt nach sozialem Kontakt. Kommunikation ist jedoch nur möglich, wenn jeder von seiner rein subjektiven Betrachtungsweise absieht, also versucht, sich mit »allgemeinen Bevorzugungen und Unterscheidungen« (S. 151) vertraut zu machen. Wir müssen die »Bezeichnungen von Lob und Tadel in Übereinstimmung mit den Gefühlen festsetzen, die in den gemeinsamen Interessen der Gesellschaft wurzeln« (S. 152). Das Bedürfnis nach Kommunikation ist nach Hume nicht nur der Ursprung allgemeinerer Werturteile, sondern überhaupt der Ursprung von Sprache: Um einen Gedankenaustausch erst zu ermöglichen, sprechen wir von *dem* Tisch und abstrahieren von konkreten, »wechselnden Beziehungen«, die eine »beständige Veränderung der Objekte hervorrufen« (S. 151). Analoges gilt für Werturteile: »Mitgefühl ist, wie wir zugeben wollen, weit schwächer als unser Eigeninteresse; und das Mitgefühl mit Personen, die uns fernstehen, ist viel schwächer als mit Personen, die nahe sind und uns nahestehen; aber genau aus diesem Grund ist es für uns notwendig, in unseren ruhigen Urteilen und Gesprächen über die Charaktere der Menschen alle diese Unterschiede zu vernachlässigen und unsere Gefühle allgemeiner und sozialer zu machen. Abgesehen davon, daß wir selbst unseren Standpunkt in dieser Hinsicht häufig ändern, treffen wir jeden Tag Menschen, deren Situation sich von der unseren unterscheidet und für die eine Verständigung mit uns unmöglich wäre, würden wir ständig auf jenem Standpunkt und auf der uns eigenen Betrachtungsweise beharren. Der Austausch von Gefühlen in Gesellschaft und Gespräch bewirkt daher, daß wir einen allgemeinen, unveränderlichen Maßstab formen, nach welchem wir Charaktere und Sitten gutheißen und ablehnen können. Und obwohl unser Herz an diesen allgemeinen Begriffen nicht vollständig Anteil nimmt und auch nicht seine Liebes- und Haßgefühle ohne Rücksicht auf das eigene

Selbst oder auf uns näherstehende Personen nach den universellen, abstrakten Unterschieden von Tugend und Laster ausrichtet, so haben diese moralischen Unterscheidungen dennoch einen bedeutenden Einfluß und dienen, da sie zumindest für das Gespräch genügen, allen unseren Zwekken in der Gesellschaft, auf der Kanzel, im Theater und in den Schulen« (S. 152f.). Im Laufe der Zeit wird es dann beinahe selbstverständlich, andere auch aus der Perspektive der Unparteilichkeit zu beurteilen. Anfangs mögen wir überrascht gewesen sein, überall Menschen zu treffen; das »Prinzip des Mitgefühls« erhebt uns jedoch »so weit über uns selbst«, daß wir »dem Charakter anderer gegenüber ein Behagen oder Unbehagen empfinden, als ob derselbe eine Tendenz auf unseren eigenen Vorteil oder Schaden hätte« (T_2 332). Endlich erwähnt Hume, daß diese Beobachtungen wohl kaum für alle Menschen zutreffen. Nur dort, »wo nicht Interesse, Rachsucht oder Neid unsere Disposition ins Gegenteil verkehren«, sind wir geneigt, »dem Glück der Gesellschaft und folglich der Tugend vor ihrem Gegenteil den Vorzug zu geben« (S. 150). Diese Passage ist eine erste Relativierung der von Hume zunächst unreflektiert angenommenen Konformität menschlichen Wertens. Obwohl er im Laufe der *Untersuchung* immer konkreter Unterschiede zuläßt, so scheint er in seiner Moralphilosophie doch wie so viele andere Aufklärer auch von den Gesetzen Newtons gefesselt gewesen zu sein, die immer und überall zu gelten schienen.

In den folgenden Abschnitten diskutiert Hume die für seine Sichtweise zentrale These, daß wir Dinge billigen, die wenig mit unseren Eigeninteressen zu tun haben, ihnen manchmal sogar entgegenstehen. Im Sechsten Abschnitt (»Über Eigenschaften, die uns selbst nützlich sind«) analysiert er das Phänomen, daß wir Charaktereigenschaften schätzen, die ihrem Besitzer nützlich sind, *gleichgültig wer die Person ist, die diese Eigenschaft besitzt.* Als Beispiele nennt Hume: Fleiß, Beständigkeit, Besonnenheit, Ordnungssinn, Anpassungsfähigkeit, Geduld, Liebenswürdigkeit, rasche Auffassungsgabe, Unternehmungsgeist, Sparsamkeit und vieles andere. Er liefert hier beinahe eine kurze Geschichte der Sitten und Gewohnheiten seiner Zeit, wobei seine Darstellungen unschwer einige Breviere füllen könnten. Ist es aber richtig, daß die oben erwähnten Charaktermerkmale primär ihrem Besitzer nützen, und daß sie unabhängig davon geschätzt werden, wer sie besitzt, dann können wir nach Hume »nicht länger zögern«, an »uneigennütziges Wohlwollen, an Patriotismus und an Menschlichkeit zu glauben« (S. 168). Denn »nachdem Eigenschaften, die nur auf den Nutzen ihres Besitzers hinzielen, ohne jeden Bezug auf uns oder die Gemeinschaft, dennoch geachtet und geschätzt werden: Mit Hilfe welcher Theorie oder welchen Systems können wir dieses Gefühl aus der Selbstliebe erklären oder es aus dieser so gern benutzten Quelle herleiten? Hier scheint es notwendig zu sein, zuzugeben, daß das Glück und Elend anderer für uns kein gänzlich gleichgültiges Schauspiel ist, sondern daß der Anblick von Glück, sei es in seinen Ursachen oder Wirkungen, ähnlich wie der Sonnenschein oder die Aussicht auf wohlbestellte Felder [...] eine stille Freude und Befriedigung vermittelt und das Bild von Elend wie eine drohende Wolke oder eine unfruchtbare Landschaft einen düsteren Schatten auf unsere Phantasie wirft« (S. 169). Das Glück ist uns an sich angenehm, unabhängig davon, ob uns die glückliche Person bekannt ist oder wir einen Nutzen daraus ziehen. Es ist uns angenehm »ohne irgendwelche Art von berechnender Erwartung« (S. 172). Der sechste Abschnitt endet mit einer kurzen Diskussion von Reichtum, wobei Hume u. a. bemerkt, daß ein Mensch, der sich von »allen lächerlichen Vorurteilen befreit hat [...] den Grad seiner Achtung nicht nach dem Zinseinkommen seiner Bekannten [bemißt]« (S. 174).

Neben diesen Eigenschaften, die eine Person besitzt und die ihr selbst nützlich sind (wie rasche Auffassungsgabe), gibt es Charaktereigenschaften, die ihr unmittelbar angenehm sind und ebenfalls allgemein geschätzt werden. Im Siebten Abschnitt (»Über Eigenschaften, die uns selbst unmittelbar angenehm sind«) gibt Hume Beispiele für solche Charaktermerkmale, die der Person weniger nützlich als vielmehr unmittelbar angenehm sind: Heiterkeit, Selbstwertgefühl, Mut, philosophische Ruhe, vor allem aber Wohlwollen. Als ein herrliches Beispiel und einen »sicheren Beweis dafür, daß nicht der gesamte Wert des Wohlwollens auf seiner Nützlichkeit beruht«, führt Hume an, daß man »im Sinne eines freundlichen Vorwurfs von jemandem sagen kann, er sei *zu gut*« oder »*zu hochherzig, zu unerschrocken, zu gleichgültig gegenüber Geld*« (S. 185). Hume meint, und damit faßt er die Überlegungen dieses Abschnitts zusammen, daß dies »einige Beispiele für die verschiedenen Arten von Wert [sind], die um des unmittelbaren Vergnügens willen geschätzt werden, welches sie der Person bereiten, die sie besitzt« (S. 187). Schließlich gibt es noch Eigenschaften, die anderen unmittelbar angenehm sind »ganz abgesehen von irgendeiner Erwägung der Nützlichkeit oder vorteilhafter Tendenzen« (S. 188). Diese sind Gegenstand des folgenden Achten Abschnitts (»Über Eigenschaften, die anderen unmittelbar angenehm sind«). Hume erwähnt hier Höflichkeit, Witz, Scharfsinn, Beredsamkeit, Talente, gesunden Verstand und gesundes Urteilsvermögen. Eitelkeit wiederum ist für Hume ein Charakterzug, der anderen unmittelbar unangenehm ist, da er einen Eingriff in deren Ehrgeiz und geheime Eitelkeit bedeutet. Außerdem ist Eitelkeit »ein sicheres Zeichen für den Mangel an echter Würde und Seelengröße, die eine so hohe Zierde jeden Charakters ist. Denn wozu dieses ungeduldige Verlangen nach Anerkennung, als ob du darauf keinen gerechten Anspruch hättest und nicht mit gutem Grund damit rechnen könntest, daß sie dir immer zukommen wird? Warum so eifrig die vornehme Gesellschaft erwähnen, mit der du Umgang gehabt hast, die schmeichelhaften Worte, die du zu hören bekommen hast, die Ehrungen und Auszeichnungen, die dir zuteil wurden, als ob das nicht selbstverständliche Dinge wären, die wir uns leicht selbst hätten ausdenken können, ohne daß sie uns erzählt worden wären?« (S. 193f.) Nach Hume ist es auch eine Form von Eitelkeit, daß wir uns »eines jeden in unserer Freundschaft oder Verwandtschaft [schämen], der in gedrückter Lage lebt oder arm ist. Aus diesem Grunde entfernen wir die Armen so weit als möglich von uns« (T_2 38). Seine empirischen Analysen beendet er schließlich mit der Beobachtung, daß es noch charakterliche Eigenschaften gibt, die den Wert einer Person ausmachen, die aber mit den Kategorien des Angenehmen oder Nützlichen nicht zu erfassen sind. Es gibt etwas Geheimnisvolles, eine Grazie, Leichtigkeit, Vornehmheit, ein »gewisses Etwas«; wir lieben es an anderen, und es ist uns wertvoll, aber es entzieht sich jeder Begrifflichkeit.

Im Neunten Abschnitt, dem Schlußkapitel, bringt Hume zunächst einmal eine Zusammenfassung jener Eigenschaften, die seiner Meinung nach das Ansehen einer Person ausmachen, sofern Menschen »mit ihrem natürlichen, unvoreingenommenen Verstand urteilen« (S. 198). Charaktereigenschaften, die dann gebilligt werden, fallen in zwei Gruppen: *erstens* in solche Charaktermerkmale, die ihrem Besitzer oder anderen unmittelbar angenehm sind, und *zweitens* in solche, die ihrem Besitzer oder anderen nützlich, also auf längere Sicht hin angenehm sind. Während Gerechtigkeit eine soziale Tugend ist, deren Wert sich nur aus dem längerfristigen Nutzen für die gesamte Gesellschaft bestimmen läßt, ist Wohlwollen eine Charaktereigenschaft, die mittel- und unmittelbar angenehm ist. Aber kann es nicht zu einem Konflikt kommen zwischen Wohlwollen und Gerechtigkeit, zwischen Charaktereigenschaften, die mir nützlich aber anderen unangenehm sind? Zur Frage nach der Lösung von Wertkonflikten äußert sich Hume erst später, allerdings präzisiert er an dieser Stelle der *Untersuchung* zwei Gedanken, die in den vorangegangenen Abschnitten schon die ganze Zeit hindurch eine wichtige Rolle spielten: 1. Der

»natürliche, unvoreingenommene Verstand« wird als ein Verstand charakterisiert, der nicht von »trügerischen Auslegungen des Aberglaubens und der falschen Religion« (S. 198) betrogen ist. Jene Weltanschauungen, die die »mönchischen Tugenden« (wie Zölibat, Fasten, Kasteiungen, Buße, Selbstverleugnung, Erniedrigung, Schweigen, Einsamkeit) empfehlen, durchkreuzen nach Hume alle wünschenswerten Ziele, sie stumpfen den Verstand ab, verhärten das Herz, verdüstern die Phantasie und verbittern das Gemüt. Ein »düsterer, verrückter Schwärmer mag vielleicht nach seinem Tod eine Stelle im Kalender finden; aber bei Lebzeiten wird er kaum jemals zu vertrautem Umgang und zur Gesellschaft zugelassen werden, es sei denn von jenen, die ebenso wahnsinnig und bedrückend sind wie er« (S. 198 f.). Humes Argument: Die mönchischen Tugenden sind ohne jeden Nutzen für die Gesellschaft. Sie fördern nicht das Glück der Menschen, befähigen sie nicht zu geselliger Unterhaltung und vergrößern auch nicht die Gabe, an sich selbst Gefallen zu finden. Abgesehen davon, daß diese Bemerkungen zumindest diskutabel sind, so bleibt bei diesen Überlegungen immer noch die Grundschwierigkeit seines aposteriorischen Ansatzes bestehen: Selbst wenn es richtig wäre, was Hume hier behauptet, so hat er noch keinen hinreichenden Grund geliefert, warum ein Handeln abzulehnen ist, das gesellschaftlich nutzlos ist. Erst wenn er gezeigt hat, daß ein solches Verhalten tatsächlich moralisch schlecht ist, könnte er es ablehnen. Bisher hat er aber nur ausgeführt, daß viele Menschen, vor allem Aufklärer, so denken. Ob es jedoch auch wirklich gut ist, was sie für gut halten, bleibt weiterhin offen. 2. Einen ersten Ansatz zur Beantwortung dieser Frage beinhalten aber sogleich die folgenden Passagen, in welchen Hume von der »Sprache der Moral« schreibt, die er von der »Sprache der Selbstliebe« abgrenzen will. Hume glaubte erkannt zu haben, daß in der Art und Weise, wie wir moralische Urteile fällen, zum Ausdruck kommt, daß diese in irgendwelchen humanitären Empfindungen wurzeln und von dort ihren Ausgang nehmen. Wollen wir an dieser Sphäre des Moralischen teilnehmen, dann müssen wir von der Sichtweise der Menschlichkeit aus urteilen: »Wenn jemand einen anderen seinen *Feind*, seinen *Rivalen*, seinen *Widersacher*, seinen *Gegner* nennt, so meint man, daß er die Sprache der Selbstliebe spricht und daß er Gefühle ausdrückt, die ihm eigen sind und die auf seinen besonderen Umständen und seiner besonderen Lage beruhen. Aber wenn er irgend jemanden als *lasterhaft*, *hassenswert* und *verdorben* bezeichnet, dann spricht er eine andere Sprache und drückt Gefühle aus, von denen er erwartet, daß alle seine Zuhörer darin mit ihm übereinstimmen. Er muß daher in diesem Fall von seiner privaten und besonderen Situation absehen und einen Standpunkt wählen, den er mit anderen gemeinsam hat; er muß auf ein allgemeines Prinzip der menschlichen Natur einwirken und eine Saite anschlagen, die bei allen Menschen harmonisch widerklingt« (S. 200 f.). Dieses generelle Wohlwollen formt »die *Partei* der Menschheit gegen Laster und Unordnung, ihren gemeinsamen Feind« (S. 204). Will man wissen, was gut und schlecht ist, dann muß man sich nach Hume auf einen Standpunkt stellen, von dem aus der Gegenstand unparteiisch beleuchtet werden kann. So allein entsteht »jenes eigenartige innere Erlebnis oder Gefühl, welches die sittlichen Unterscheidungen bestimmt« (T_2 345). Aber warum sollte ich mich überhaupt in die Position eines wohlwollenden Betrachters versetzen (wollen)? In der Beantwortung dieser Frage greift Hume wiederum auf die wahrscheinlich entscheidende Prämisse seiner Moralphilosophie zurück, daß nämlich jeder Mensch im Innersten ein soziales Wesen ist. Es ist einfach der faktische zwischenmenschliche Kontakt, die tatsächlich vorhandene Sympathie mit anderen, die uns an diesem moralischen Diskurs teilnehmen läßt: Weil »das wohlwollende Interesse für andere in einem größeren oder geringeren Maß allen Menschen gemeinsam und in allen dasselbe ist, so ist es häufiger Gegenstand der Diskussion und wird von der

Gesellschaft und in der Unterhaltung begünstigt; und die hieraus folgende Mißbilligung und Billigung werden dadurch aus jener Lethargie geweckt, in die sie wahrscheinlich im einsamen und unzivilisierten Naturzustand versinken« (S. 204 f.). Zudem erachten wir es jedoch aus einer »Liebe zum Ruhm« und aus einem »Streben nach Ansehen« für notwendig, »unser schwankendes Urteil auf die entsprechende Billigung der Menschen zu stützen« (S. 205 f.). Aber wenn dem moralischen Urteilen eine Liebe zum Ruhm zugrunde liegt, bedeutet dies nicht, daß nicht nur der Ursprung der »künstlichen Tugenden«, sondern auch der Ursprung moralischen Wertens letztlich einem Streben nach der Befriedigung individueller Bedürfnisse entspringt? Wird damit ein moralisches Verhalten nicht zu einem »bloßen Tun aus Klugheit«, zu einem Handeln aus Berechnung?

Humes Kritik an der Theorie des Egoismus

Humes Ausführungen zum Problem des Egoismus sind einigermaßen verwirrend. Zwei Gesichtspunkte scheinen miteinander zu konfligieren: *Auf der einen Seite* ist es Hume ein Anliegen, den Nachweis zu erbringen, daß die meisten Menschen zumindest dann, wenn sie das Handeln anderer beurteilen, durchaus bereit sind, deren Interessen in den Mittelpunkt ihrer Überlegungen zu stellen. Hume wollte zeigen, daß es eine spontane Freude an der Freude anderer gibt, daß uns der Schmerz, das Leid und die Sorge unserer Mitmenschen Unbehagen bereiten, daß die Annahme, daß der Mensch in diesem Sinne »gut« ist, nicht nur eine gutmütige Voraussetzung einiger Philanthropen ist; Hume wollte beweisen, daß es einfach nicht stimmt, daß ein jeder Mensch sich selbst die ganze Welt ist und die Vorgänge um sich nur so interpretiert, wie er sie zur Realisierung eigener Bedürfnisse verwerten kann. Gewöhnlich, so beobachtet er des weiteren, verknüpfen wir das Prädikat »moralisch« sehr eng mit einer Einstellung, in der die Interessen anderer um ihrer selbst willen geachtet werden. Die Sprache der Moral nimmt gerade jene Interessen zum Ausgangspunkt, die das Gemeinwohl im Auge haben. Alle diese Beobachtungen scheinen der Theorie des Egoismus zu widersprechen, auch wenn nach Hume in die Natur des Menschen bestimmt kein unbegrenztes Wohlwollen gepflanzt ist, das Gerechtigkeitsregeln oder institutionalisierte Kontrollmechanismen überflüssig machen würde. Der Zweite Anhang (»Über die Selbstliebe«), der bis zur vorletzten Ausgabe der *Untersuchung* den ersten Teil des Zweiten Abschnitts »Über das Wohlwollen« bildete, beinhaltet noch einige wichtige Gedanken Humes zu diesem Thema. Der Theorie des Egoismus schreibt er dabei die beiden folgenden Grundsätze zu: 1. »Alles *Wohlwollen* ist bloße Heuchelei, Freundschaft ist Betrug, Gemeinsinn eine Posse, Treue eine Falle, um Glauben und Vertrauen zu gewinnen; und während wir alle im Grunde nur unsere persönlichen Interessen verfolgen, tragen wir diese schönen Masken, um die anderen in Sicherheit zu wiegen und sie dann um so eher unseren Tücken und Machenschaften auszusetzen« (S. 227); 2. »daß, wieviel Zuneigung für andere man empfinden möge oder zu empfinden glaube, doch keine Neigung jemals uneigennützig sein könne; daß die edelste Freundschaft, so aufrichtig sie auch sein mag, nur eine Modifikation der Selbstliebe sei; und daß wir, ohne uns selbst dessen bewußt zu sein, nur unsere eigene Befriedigung suchen, während wir ganz von Plänen für die Freiheit und das Glück der Menschheit erfüllt zu sein scheinen. Infolge eines Spiels der Einbildungskraft, einer spitzfindigen Reflexion und eines enthusiastischen Gefühls meinen wir, am Interesse anderer Anteil zu nehmen, und bilden uns ein, von allen egoistischen Erwägungen frei zu sein; aber im Grunde nehmen der hochherzigste Patriot und der schäbigste Geizhals, der tapferste Held und der verachtungswürdigste Feigling bei jeder Handlung die gleiche Rücksicht auf ihr eigenes Glück und Wohlergehen« (S. 228).

Neben jenen Gesichtspunkten, die Hume bereits an anderer Stelle wiederholt erwähnt hatte, um diese Grundsätze des Egoismus zu widerlegen, führt er in diesem Anhang noch einige weitere an. So bringt er das Beispiel von dem, der um seinen Freund trauert, welcher seiner Gunst und Hilfe bedurfte; oder von den Tieren, die der beinahe bedingungslosen Zuneigung zu ihresgleichen und zu uns Menschen fähig sind; oder von der Liebe zwischen den Geschlechtern und der Zärtlichkeit gegenüber den Nachkommen, die die »stärksten Motive der Selbstliebe aufwiegen«; oder von der Mutter, die durch die »unablässige Pflege ihres kranken Kindes ihre Gesundheit einbüßt, die später dahinsiecht und aus Kummer stirbt, wenn sie durch dessen Tod von der Sklaverei dieser Pflege befreit wird« (S. 233); oder von der Rache, der wir uns so völlig hingeben können, daß wir »wissentlich jede Rücksicht auf Bequemlichkeit, Interesse oder Sicherheit vernachlässigen und wie einige rachsüchtige Tiere unsere ganze Seele in die Wunden legen, die wir einem Feind schlagen; und was für eine böswillige Philosophie muß das sein, die der Menschlichkeit und Freundschaft nicht dieselben Vorrechte zugestehen will, die sie den finsteren Leidenschaften der Feindschaft und des Hasses widerspruchslos zuerkennt?« (S. 235.) Alle diese »und tausend andere Fälle sind Beweise eines allgemeinen Wohlwollens in der menschlichen Natur, auch ohne daß uns ein *wirkliches* Interesse mit dem Gegenüber verbindet« (S. 233). In allen diesen Passagen versucht Hume ganz offensichtlich zu zeigen, daß Menschen rücksichtsvoll sind, daß sie im allgemeinen einem an der Gesellschaft orientierten Interesse nicht gleichgültig gegenüberstehen.

Auf der anderen Seite findet sich in der *Untersuchung* (und im *Traktat*) eine Reihe von Formulierungen, aus welchen eindeutig hervorgeht, daß nach Hume der Mensch letztlich aus egoistischen Motiven, also nur aufgrund der Aussicht auf die Realisierung eigener Bedürfnisse moralisch handelt. Der Mensch erkennt, daß er ein Mängelwesen ist, weshalb er den sozialen Kontakt sucht, der wiederum nur möglich ist, wenn er sich innerhalb der Gesellschaft ein moralisches Verhalten angewöhnt. Dieser Gedanke, daß hinter dem Phänomen der Moralität ein verborgener Egoismus steckt, taucht überaus massiv im zweiten Teil des Schlußabschnittes auf, wo sich Hume die Frage vorlegt, »die uns vom Eigeninteresse gebotene *Verpflichtung* zur Tugendhaftigkeit zu erörtern und uns zu fragen, ob nicht jeder Mensch, der sein eigenes Glück und Wohl im Auge hat, durch Ausübung aller moralischen Pflichten sich am besten seine Erwartungen erfüllt« (S. 208). Seine These lautet, daß es im »wahren Interesse eines jeden Individuums« liegt, moralisch zu sein, und daß der Vorzug seines ethischen Systems gerade darin liegt, »daß es die geeigneten Mittel für diesen Zweck liefert« (S. 210). Humes Begründung: Der Mensch strebt von Natur aus nach dem, was ihm angenehm ist. Nun ist das »unmittelbare Gefühl des Wohlwollens und der Freundschaft, der Menschlichkeit und der Güte lieblich, wohltuend, zart und angenehm, unabhängig von allen Glücks- und Unglücksfällen. Diese Tugenden sind außerdem noch von einem angenehmen Bewußtsein oder einer angenehmen Erinnerung begleitet und halten uns in guter Laune mit uns selbst und mit anderen, solange uns der angenehme Gedanke bleibt, gegenüber der Menschheit und der Gesellschaft unseren Anteil geleistet zu haben« (S. 212). Solange wir auf den »Pfaden der Tugend« wandeln, erleben wir so viele Freuden, die wir ansonsten niemals erleben könnten: einen guten Ruf, einen inneren Seelenfrieden, ein Bewußtsein eigener Integrität, einen befriedigenden Rückblick auf unser eigenes Verhalten und wenigstens vor uns selbst die unschätzbare Freude, tugendhaft zu sein. »Welcher Vergleich, sage ich, zwischen diesen und den fieberhaften, leeren Vergnügungen des Luxus und Aufwands? Diese natürlichen Freuden sind wahrlich ohne Preis, denn so wie sie durch nichts erkauft werden können, so ist ihr Genuß über jeden Preis erhaben« (S. 214).

Während es also über weite Strecken der Schrift Humes Intention gewesen war, die herausfordernde These zu begründen, daß es ein zwischenmenschliches Verhalten gibt, das sich gerade dadurch auszeichnet, daß es *nicht* berechnend und als genuin moralisch zu bewerten ist, so kommt er im Schlußkapitel zum Ergebnis, daß ein solches Verhalten im wahren Interesse jedes einzelnen ist. Aber bedeutet dies nicht, daß der Mensch nach Hume nur deshalb moralisch ist, weil er seine individuellen Interessen realisieren und »vor sich selbst gut dastehen möchte«? Sind wir bloß aus Eigeninteresse heraus altruistisch? Und gibt es demnach überhaupt ein Handeln, das nicht berechnend ist? Eine weitgehende Versöhnung der Überlegungen Humes zum Problem des Egoismus ist jedoch möglich, wenn man sich erinnert, daß er stets zwei verschiedene Gesichtspunkte im Auge hat: 1. den Ursprung der Moral, zumeist in die psychologische Fragestellung gekleidet, was die Motivation des einzelnen sein könne, moralisch zu sein. Was motiviert den Gerechten, gerecht zu sein? In der Beantwortung dieser Frage greift Hume, zumindest wenn er versucht, den Übergang in den Fernbereich zu erklären, immer wieder auf die Thesen des Egoismus zurück. So auch hier: Die Motivation, moralisch zu sein, basiert ursprünglich auf bestimmten Berechnungen, also auf der Einsicht, daß es in meinem ureigensten Interesse liegt, moralisch zu sein. 2. Der zweite Gesichtspunkt ist der Einfluß der Moral auf die Psyche des Menschen. Auch wenn Menschen ursprünglich aufgrund einer Kosten-Nutzen-Rechnung die öffentliche Moral einführten und akzeptierten, so hat der dadurch möglich gewordene soziale Kontakt bewirkt, daß sich ein echtes altruistisches Bedürfnis entwikkelte, also der Wunsch, am Schicksal anderer teilzuhaben oder andere daran teilnehmen zu lassen. Geteiltes Leid ist halbes Leid und, so könnte man hinzufügen, geteilte Freude ist doppelte Freude. Wir handeln im allgemeinen nicht bloß selbstbezogen, sondern auch so, daß die Interessen anderer im Mittelpunkt unserer Interessen stehen. Aber, so lautete die oben gestellte Frage, vielleicht tun wir dies nur deshalb, weil wir uns »gut vorkommen wollen«, weil wir es genießen wollen, als ein moralischer Mensch zu gelten? Hume würde dies bestreiten. Er würde wohl die These teilen, daß immer dann, wenn wir außerhalb der Gesellschaft stehen, nur egoistische Interessen uns motivieren können, die Regeln der Gesellschaft zu akzeptieren, etwa die Aussicht auf die Realisierung von Bedürfnissen, die nur innerhalb der Gesellschaft möglich sind. Er würde des weiteren jedoch die These verteidigen, daß sich durch die Zunahme des sozialen Kontaktes innerhalb der Gesellschaft Verhaltensformen entwikkeln, die *nicht* auf etwaigen Berechnungen basieren, sondern davon frei sind: »moralisch sein« wird gleichsam zu einer zweiten Natur. Daß moralische Handlungen uns selbst Befriedigungen verschiedenster Art gewähren, ist vielleicht Ausdruck einer gewissen Harmonie des Daseins. Nach Hume sind die beiden Forderungen »Erkenne dich selbst!« und »Tue Gutes!« keinesfalls unüberbrückbare Gegensätze. In moralisch entwickelten Gesellschaften scheinen Einzelinteressen und Allgemeininteressen miteinander zu harmonieren, individueller und allgemeiner Nutzen zu konvergieren. Dem englischen Bürgertum diente diese Theorie der Interessen-Harmonie als Rückversicherung, daß ihr Tun letztlich dem Wohl aller diente. Für die Moralphilosophen eröffnete sie die Möglichkeit, eine Ethik aufzubauen, die grundsätzlich auf das Diesseits orientiert war, zumal der Mensch auch ohne Hoffnung auf den Himmel und ohne Furcht vor der Hölle genügend Motive zu haben scheint, moralisch zu sein. Tugend ist angenehm. Wenn wir andere um ihrer selbst willen achten, dann stehen die Empfindungen, die einem solchen moralischen Verhalten folgen, nicht im Vordergrund, sondern sind ein angenehmer Nebeneffekt; sie folgen uns wie ein Schatten, aber es ist nicht dieser Schatten, um dessentwillen wir moralisch sind. In diesem Sinne gibt es für Hume in der Tat ein Verhalten, das nicht berechnend ist, weshalb ihm ein moralphilosophischer Ansatz, der moralisches Handeln nur im individuellen Interesse lokalisieren möchte, als verfehlt schien.

Dies ist jedoch nicht das letzte Wort Humes zu diesem Thema. In dem bereits erwähnten Brief an seinen Verleger, den er 13 Tage vor seinem Tod verfaßt hatte, schrieb er, daß aus seiner *Untersuchung* die Worte zu streichen seien, *daß es in der menschlichen Natur eine solche Empfindung wie Wohlwollen gebe.*[41] Mit dieser Korrektur stellte Hume die Gesamtkonzeption der von ihm so sehr geschätzten Arbeit neuerlich in Frage. Was könnte dafür ausschlaggebend gewesen sein? Wenn man seinen Freunden und auch wenigen Feinden glauben darf, dann wird man hinter dieser Bemerkung Humes keine Verbitterung sehen können. Auch seine letzten Tage verbrachte er in vollkommener Seelenruhe. Wenn es somit ziemlich rätselhaft ist, warum Hume diese Korrektur gemacht hat, so ist es doch eine Aufforderung an die Leser, die Grundprämisse der *Untersuchung* neu zu überdenken. Vor dem Hintergrund der Ereignisse der letzten 200 Jahre wird man seine Korrektur wahrscheinlich ernster nehmen müssen als viele Passagen in der *Untersuchung*, wo Hume ein so liebenswürdiges Bild vom Wesen des Menschen entwirft. Seine Ausführungen zum Phänomen einer Interessen-Harmonie erscheinen zumindest als modifikationsbedürftig. Will man sich aber vergewissern, daß Menschen *auch* wohlwollend sein können, dann gibt es wahrscheinlich keine überzeugendere moralphilosophische Abhandlung als Humes *Untersuchung über die Prinzipien der Moral.*[42]

Humes Kritik am Rationalismus

Im Ersten Anhang (»Über das moralische Gefühl«) nimmt Hume die anfangs gestellte Frage nach den allgemeinen Grundlagen der Moral wieder auf: Wurzelt unser moralisches Bewußtsein im *Gefühl* oder im *Verstand*? Die Analyse faktischer Urteile hat nach Hume ergeben, daß ein Hauptgrund für moralisches Lob in der Nützlichkeit einer Charaktereigenschaft oder Handlung für das Wohl der Gemeinschaft liegt. Da aber nur der Verstand, auf empirischen Informationen aufbauend, uns über die »Tendenzen von Eigenschaften und Handlungen informieren und uns auf ihre vorteilhaften Konsequenzen für die Gesellschaft oder ihren Besitzer aufmerksam machen kann« (S. 215), gesteht Hume dem Verstand im Rahmen der Moral eine entscheidende Rolle zu. Er führt diesen Gedanken am Beispiel gerechten Verhaltens näher aus. Ein gerechtes Verhalten ist nach Hume ein solches, das die gesellschaftlichen Regeln, und hier im besonderen die Eigentumsgesetze, achtet, sofern diese für die Gesellschaft von Vorteil sind. Nun ist es aber so, daß nicht jeder Akt der Gerechtigkeit in seiner »ersten und unmittelbaren Tendenz« (S. 216) der Gesellschaft nützlich ist. Der Vorteil erwächst der Gesellschaft »erst aus der Beachtung der allgemeinen Regel« sowie »dem Zusammenwirken und Zusammenschluß verschiedener Individuen zu demselben rechtlichen Verhalten« (ebd.). Was Hume damit meint, erklärt er im Dritten Anhang (»Einige weitere Überlegungen zur Frage der Gerechtigkeit«). Er bringt dort das Beispiel, daß Eigentumsgesetze zuweilen »ohne Bedenken einen wohltätigen Menschen seines gesamten Besitzes« berauben, falls dieser »irrtümlich, ohne einen Rechtsanspruch erworben wurde, um es einem selbstsüchtigen Geizhals zu übertragen, der schon ungeheure Mengen überflüssigen Reichtums angehäuft hat« (S. 238). Ein solcher Vorfall wird wahrscheinlich eine spontane Mißbilligung auslösen, die aber nach einigem Nachdenken eine Korrektur erfahren dürfte: Der Besitz, so können wir überlegen, wurde rechtswidrig erworben. Die Gesetze des Rechts haben die Aufgabe, das gesellschaftliche Zusammenleben zu ermöglichen, was wiederum jedem einzelnen auf längere Sicht zugute kommt. Sofern *erstens* die Eigentumsgesetze, die im oben angeführten Beispiel maßgebend waren, tatsächlich den

Anspruch erfüllen, der gesamten Gesellschaft von Nutzen zu sein (was allerdings ernsthaft bezweifelt werden kann), sofern *zweitens* die Mitglieder der Gesellschaft sich tatsächlich daran halten, ist ein Verhalten, das mit den bestehenden Gesetzen in Einklang ist, ein tugendhaftes Verhalten, selbst wenn es einzelnen Mitgliedern der Gesellschaft kurzfristig eher einen Nachteil als einen Vorteil bringt. Hume vergleicht deshalb das Glück, das auf den »sozialen Tugenden der Gerechtigkeit und ihren Unterarten beruht« mit einem Gewölbebau, »wo jeder einzelne Stein, für sich allein, zu Boden fallen würde und wo die ganze Konstruktion nur durch die gegenseitige Stützung und Verbindung ihrer entsprechenden Teile erhalten wird« (S. 238). Nur mit Hilfe von Denken und Reflexion können wir diese fernen Konsequenzen moralischen Verhaltens im Auge behalten sowie alle jene Mittel ausfindig machen, die die Bedingung erfüllen, nützlich für die Gesellschaft zu sein. Den »ganzen Plan oder Entwurf im Auge behalten« (S. 239) ist die wichtigste Aufgabe, die Hume dem Verstand im Rahmen der Moral zugesteht. In allen anderen wesentlichen Punkten will er jedoch zeigen, daß der Verstand »ohne Mitwirkung des Gefühls« (S. 217) unfähig ist, die wichtigsten Forderungen, die an eine Ethik gestellt werden, zu erfüllen. Seiner Meinung nach ist das Konzept einer rationalistischen Moral aus den folgenden Gründen verfehlt, wobei die unter (1) und (3) erwähnten Argumente im *Traktat* noch fehlen.

1. Der Verstand informiert uns zwar über die möglichen, mit Hilfe historischer Informationen vielleicht sogar über die wahrscheinlichen Wirkungen bestimmter Handlungen, aber er liefert uns keine Antwort auf die Frage, welche der Ziele, worauf sich die Handlungen richten, gut oder schlecht sind. Wenn wir also, wie Hume meint, ein Verhalten billigen, das der Gesellschaft von Vorteil ist, so muß dies auf einer »Sympathie mit dem Glück der Menschheit« und auf einer »Empörung über ihr Elend« (S. 216) basieren. Der Verstand gibt uns »Aufschluß über die verschiedenen Ten-

denzen der Handlungen, und die *Menschlichkeit* macht eine Unterscheidung zugunsten derjenigen, die nützlich und wohltätig sind« (S. 217). Der Verstand informiert uns, welche Mittel zu welchem Zweck führen, aber er informiert uns nicht, welche dieser Zwecke anderen vorzuziehen sind. Wenn wir also versuchen, uns über die »letzten Ziele menschlichen Handelns« Rechenschaft abzulegen, dann müssen wir uns den »Gefühlen und Neigungen der Menschen überlassen» (S. 224). Als Erklärung bringt Hume das folgende Beispiel: Man frage jemanden, warum er Gymnastik macht, und er wird wahrscheinlich antworten, weil er seine Gesundheit erhalten will. Wenn man dann fragt, warum er Gesundheit anstrebt, wird er antworten, weil Krankheit schmerzhaft ist. Fragt man nun, warum ihm Schmerzen unangenehm sind und er Unangenehmes meidet, so wird man wahrscheinlich nur noch auf eine Trotzreaktion stoßen. Ein Fortschreiten in infinitum, um auf jede weitere Warum-Frage eine Antwort zu geben, ist praktisch unmöglich. Es »kann nicht immer ein Ding der Grund sein, warum ein anderes gewünscht wird. Irgend etwas muß um seiner selbst willen und wegen seiner unmittelbaren Harmonie und Übereinstimmung mit dem menschlichen Gefühl und menschlicher Neigung erstrebenswert sein« (S. 225). Das, was nach Hume um seiner selbst willen erstrebt wird, sind angenehme Empfindungen, die entstehen, wenn sich Dinge erfüllen, die wir erhoffen, wozu auch der Wunsch gehört, daß es unseren Mitmenschen wohl ergeht. Die Erfüllung der Interessen aller ist das Ziel der Moral aufgrund dieser tief empfundenen Sympathie. Sie ist die Triebfeder, nach Mitteln zu suchen, die diesem Ziel förderlich sind.

2. Hume hat, so wie alle Empiristen, einen engen Begriff von den Fähigkeiten des Verstandes. Im wesentlichen sieht er darin dic Kunst des Folgerns. Nun gab es auch zu seiner Zeit zwei Formen des ethischen Rationalismus, die er grundsätzlich für verfehlt hielt. Die eine Position ist die der »ethischen Logizisten«, denenzufolge moralische Zusam-

menhänge »vom Verstand in derselben Weise entdeckt werden, wie wir durch den Verstand geometrische und algebraische Wahrheiten entdecken« (S. 218). Diese Philosophen wollten ethische Grundsätze vom Reißbrett aus begründen. Die zweite Form des ethischen Rationalismus ist der »Naturalismus«, demzufolge moralische Unterscheidungen aus empirischen Tatsachen deduzierbar sind. Die ethischen Logizisten wollten am Vorbild der Mathematik eine apriorische Ethik aufbauen, während sich die Naturalisten an der Methode der empirischen Wissenschaft orientierten.[43] Dem Naturalismus begegnet Hume mit dem Argument, daß in der Empirie keine Werte aufweisbar sind. Denken wir an den Fall von Undankbarkeit. Auf der einen Seite können wir Wohlwollen und gute Dienste beobachten, auf der anderen Seite Übelwollen oder Gleichgültigkeit. »Man zergliedere alle diese Umstände und untersuche allein mit Hilfe des Verstandes, worin das Unrecht oder der Tadel besteht. Niemals wird man zu irgendeinem Ergebnis oder einer Entscheidung kommen.« (S. 217.) Wir mögen ein Gefühl der Billigung oder Mißbilligung verspüren, während wir dieses Beispiel empirisch untersuchen. Aber mit Hilfe unserer äußeren Sinne können wir nur Motive, Zustände, Vorfälle, Biographien, etc. analysieren, nicht aber erkennen, ob Undankbarkeit in diesem oder in irgendeinem anderen Fall moralisch verwerflich ist oder nicht. Tatsachenfeststellungen und Bewertungen scheinen, wie bereits ausgeführt, zwei verschiedenen Erkenntnisprovinzen anzugehören. Nach Hume ist der ethische Logizismus ebensowenig plausibel. Nehmen wir wiederum das Beispiel von Undankbarkeit. In diesem Fall, so meint er, besteht eine Relation der *Gegensätzlichkeit*. Dem Wohlwollen des einen ist das Übelwollen des anderen entgegengesetzt. Liegt aber das Vergehen einfach in dieser Relation? Offenbar nicht, denn umgekehrt könnte man sagen, daß dem Übelwollen des einen das Wohlwollen des anderen entgegengesetzt ist. In diesem Fall bestünde dieselbe Relation der Gegensätzlichkeit, und doch wäre das wohlwollende Verhalten kaum als ein Laster zu interpretieren. Aus diesem Grund können moralische Zusammenhänge nicht ›in derselben Weise entdeckt werden, wie wir durch den Verstand geometrische und algebraische Wahrheiten entdecken‹. Ein wahrscheinlich wirkungsvolleres Argument gegen den ethischen Rationalismus entwickelt Hume im Anschluß an diese Überlegungen. Er plädiert nämlich für eine bestimmte Form eines Holismus in der Ethik, also für die These, daß Einzelphänomene nur aus einem Gesamtzusammenhang heraus zu verstehen und ethisch zu bewerten sind. Man wird in diesen Ausführungen den wichtigsten normativen Teil seiner Moralphilosophie sehen können, also den Versuch Humes, eine Antwort auf die Frage zu geben, was zu billigen und in Konfliktsituationen zu tun sei. Ganz allgemein scheinen holistische Gedanken gerade in den Wissenschaften, nämlich in der Medizin und in der Ökologie, zunehmend an Aktualität zu gewinnen.

3. Hume geht von einem Interessen-Konflikt aus. Angenommen, jemand überlegt sich, ob es in einem besonderen Notfall besser wäre, dem Bruder oder dem Wohltäter zu helfen. Auf dieses Problem gibt Hume keine konkrete Antwort. Er gibt jedoch eine »Methode« an, wie seiner Meinung nach Konfliktsituationen gelöst werden könnten: Um die »höhere Pflicht und Verbindlichkeit zu ermitteln«, muß man »alle Umstände und Situationen der beteiligten Personen in Erwägung ziehen« (S. 220). Dieser Gedanke, daß moralisches Urteilen stets das Ganze im Auge behalten sollte, kehrt in den folgenden Passagen dieses Abschnitts immer wieder. So schreibt er: Bei »moralischen Untersuchungen müssen wir von vornherein mit sämtlichen Objekten und allen ihren Beziehungen untereinander bekannt sein und aus einem Vergleich des Ganzen unsere Wahl treffen oder ein Urteil der Zustimmung fällen. Keine neue Tatsache ist zu ermitteln; keine neue Relation ist zu entdecken. Es wird vorausgesetzt, daß uns alle Einzelheiten des Falles vorliegen, ehe

wir ein Urteil des Tadels oder der Zustimmung aussprechen können. Wenn irgendein wesentlicher Umstand noch unbekannt oder zweifelhaft ist, müssen wir als erstes Nachforschungen anstellen oder unsere intellektuellen Fähigkeiten bemühen, um uns darüber Klarheit zu verschaffen; und wir müssen uns in dieser Zeit jeder moralischen Entscheidung oder Empfindung enthalten« (S. 220f.). Die methodische Vorgehensweise, die Hume hier empfiehlt, ist klar: Zunächst einmal müssen wir wissen, was tatsächlich geschehen ist. Dies ist nicht zuletzt die Aufgabe des Verstandes, und Gefühle sind dabei soweit als möglich auszuschalten. Die Beantwortung der Frage, wie es eigentlich gewesen, sollte so wertfrei als möglich vor sich gehen. Wenn aber die Informationen zur Gänze vorliegen, dann bleibt dem Verstand keine Aufgabe mehr: Alles, was gefolgert werden kann, wurde gefolgert. Der eigentliche Akt des Wertens besteht nicht, wie die Rationalisten dachten, darin, daß nun der moralische Wert irgendwie aus der Informationsmenge *erschlossen*, sondern daß er *erlebt* wird: Dann, »wenn dieses komplizierte Gebilde von einem verständnisvollen, für jene feineren Empfindungen empfänglichen Geist wahrgenommen wird« (S. 223). Diesen zentralen Kritikpunkt am Rationalismus in der Ethik präzisiert Hume mit folgendem Beispiel: »Solange wir nicht wissen, ob jemand der Angreifende war oder nicht, wie können wir entscheiden, ob die Person, die ihn getötet hat, schuldig oder unschuldig ist? Aber wenn jede Einzelheit und jede Beziehung bekannt ist, dann hat der Verstand keinen Wirkungsbereich und auch kein Objekt mehr, an dem er sich betätigen könnte. Die Zustimmung oder Mißbilligung, die dann folgt, kann nicht das Werk der Urteilskraft, sondern nur das des Herzens sein; und sie ist keine spekulative Aussage oder Behauptung, sondern ein aktives Gefühl oder Empfinden. Bei rationalen Untersuchungen schließen wir aus bekannten Umständen und Beziehungen auf neue und uns unbekannte. Bei moralischen Entscheidungen müssen alle Umstände und Beziehungen zuvor bekannt sein; und die Seele empfindet infolge der Betrachtung des Ganzen einen neuen Eindruck der Zuneigung oder Abneigung, der Achtung oder Verachtung, der Zustimmung oder Mißbilligung« (S. 221). Die genuin moralischen Gefühle sind die eines wohlinformierten, unparteiischen, zudem noch wohlwollenden Betrachters. »Gut« ist, was dieser billigt.[44]

Um die These (daß weder von mathematischen noch von naturwissenschaftlichen Methoden ein Wissen ums Gute zu erwarten ist) noch einsichtiger zu machen, vergleicht Hume die »moralische Schönheit« mit der natürlichen. Euklid hat »alle Eigenschaften des Kreises vollkommen erklärt; aber in keinem Lehrsatz hat er ein Wort über seine Schönheit verloren. Der Grund liegt auf der Hand. Die Schönheit ist keine Eigenschaft des Kreises; sie liegt in keinem der Punkte der Linie, deren Teile von einem gemeinsamen Mittelpunkt gleich weit entfernt sind. Sie ist nur die Wirkung, die diese Figur auf den Geist ausübt, dessen besondere Art und Beschaffenheit ihn für solche Empfindungen fähig macht. Vergeblich würde man sie am Kreis suchen oder sie, sei es durch die Sinne, sei es durch mathematisches Schließen, in all den Eigenschaften dieser Figur entdecken wollen« (S. 222 f.). Dies gilt auch für eine griechische Säule. Ihre Schönheit ist nicht »in irgendeinem Teil oder Stück derselben enthalten«, sondern ergibt sich »aus dem Ganzen« ebenso wie die »moralische Häßlichkeit« sich »aus der Betrachtung des Ganzen ergibt« (S. 223). Eine »abstrakte Theorie der Moral« kann nach Hume deshalb nicht befriedigend sein, da »das Verbrechen oder die Immoralität keine spezielle Tatsache oder Relation ist, die das Objekt des Verstandes sein kann, sondern ausschließlich auf dem Gefühl der Mißbilligung beruht, das wir aufgrund der Beschaffenheit der menschlichen Natur unvermeidlich bei der Wahrnehmung von Barbarei oder Verrat empfinden« (S. 224). Das Allgemeine ist ohne das Besondere nicht zu verstehen; und das Besondere ist nur aus dem Allgemeinen heraus zu bewerten.

Auch wenn man Hume darin folgt, daß der Verstand zwar ein notwendiger, aber kein hinreichender Bestandteil einer Moralphilosophie ist, so beinhaltet sein eigener holistischer Ansatz einige grundsätzliche Schwierigkeiten. Denn wie ist es konkret zu verstehen, daß man in Konfliktsituationen, bei moralischen Beurteilungen, immer dann, wenn die Frage auftaucht, was gut ist, das *Ganze* berücksichtigen soll? Humes Position ist insoweit plausibel, als weder eine ausschließlich gesinnungsorientierte noch eine ausschließlich folgenorientierte Ethik dem tatsächlichen moralischen Empfinden gerecht zu werden scheint. Eine Ethik, derzufolge der Wert einer Handlung (oder Regel) nur in deren Konsequenzen liegt, sieht sich zumindest mit zwei Problemen konfrontiert: Würde der Wert einer Handlung nicht auch von der Gesinnung des Handelnden abhängen, so bestünde kein Unterschied zwischen Mord und Totschlag (vgl. T_2 220). Und wie sind tatsächlich die Folgen einer Handlung zu erkennen? Welche Auswirkung wird eine Handlung in der Zukunft haben: für die unmittelbar Betroffenen, die Gesellschaft, die Kultur, die Gesamtheit gegenwärtiger und künftiger Generationen? Diese Frage stellt sich jedoch auch für das Erkennen der Gesinnung, denn wir können nicht in andere »hineinschauen«, die Welt wohl nur in Ausnahmefällen mit den Augen anderer sehen. Gerade diese Schwierigkeit hat mit dazu beigetragen, daß in moralischen Urteilen die Erwägung der Gesinnung überhaupt aufgegeben wurde und Moralphilosophen sich nur noch auf die Konsequenzen einer Handlung konzentrierten. Aber wenn das Ganze zu bedenken ist, dann ist es auch die Gesinnung, und Hume hat mit seiner Theorie der Sympathie immerhin den Hinweis gegeben, daß es in bestimmten Situationen möglich ist, unmittelbar an der Gefühlswelt anderer teilzuhaben. Nun ist aber die Gesinnung häufig von Notwendigkeiten und Zwängen abhängig, die familiär, gesellschaftlich, kulturell usw. bedingt sind. Die Frage, wer der Täter ist, ist nicht identisch mit der Frage, wer eigentlich der Verbrecher ist. In einem

Extremfall könnte die handelnde Person überhaupt unter Hypnose gestanden haben. Hume scheint recht zu haben, wenn er meint, daß in der Moral nichts ausgeschlossen werden dürfe: weder die äußeren Umstände, die gerecht oder ungerecht sein können, noch die Gesinnung, die gut oder schlecht sein kann, noch die Konsequenzen, die wünschenswert sind oder nicht. *Nur*: wie sollte es möglich sein, dies alles zu berücksichtigen? Menschen sind begrenzte Wesen mit begrenzten Fähigkeiten. Sie sind keine Mitwisser der Schöpfung und auch keine Hellseher, die zurück bis in graue Vorzeit und voraus bis in alle Ewigkeit schauen könnten. Dazu wäre höchstens Gott imstande. Aber gewiß hat Hume dies auch gar nicht so gemeint. Seine Ausführungen sind wohl so zu verstehen, daß seiner Meinung nach in moralischen Belangen *möglichst* das Ganze beachtet werden sollte. Hinter seinen Überlegungen verbirgt sich das kosmopolitische Ideal der Aufklärung[45] und die sokratische Idee, daß bei grundsätzlich werturteilsfreien Menschen ein Bemühen ums Ganze mit einem Zuwachs an moralischem Wissen einhergeht. Wenn wir aber begrenzte Wesen sind, dann müssen wir eine Auswahl treffen, also die Informationsflut um uns reduzieren (was wir ja auch stets tun): auf der Ebene des Empirischen, also auf der Ebene dessen, was wir sehen, hören, riechen, betasten, schmecken können; auf der Ebene des Denkens, denn wir können niemals die unendliche Menge unendlich vieler Möglichkeiten durchschauen; auf der Ebene der Phantasie, mit deren Hilfe wir uns in die Situation anderer versetzen können; auch sie kommt niemals zu einem Ende. Wenn wir aber auswählen müssen, nach welchem Kriterium sollen wir auswählen? Die Antwort kann nur lauten: nach dem bestmöglichen. Damit stehen wir aber in der Frage nach der begründeten Auswahl vor folgendem Problem: Humes Programm lautete, daß das Wissen ums Gute das Wissen ums Ganze voraussetzt. Wir können aber niemals das Ganze wissen, sondern müssen auswählen. Aber müssen wir dann nicht von allem Anfang an irgendwie wissen, was gut ist, um eine gute Auswahl zu treffen? Ist das Wissen ums Gute (Nützliche) nicht eine Bedingung der Möglichkeit, überhaupt mit der Aufarbeitung rationalen Wissens beginnen zu können?

Hume würde auf diese Schwierigkeit, sollte sie überhaupt eine sein, wohl die folgende Antwort geben: So wie empirisches Denken letztlich auf lebensnotwendigen Instinkten basiert, so gibt es auch in der Suche nach dem moralisch Guten ein instinktives Element, einen »natürlichen Glaubensinhalt«, der unser Raten leitet. Ganz allgemein betont jedoch der große Skeptiker in der *Untersuchung* immer wieder, daß abstrakte moralphilosophische Problemstellungen, wie eben die oben gestellte Frage nach der Letztbegründung von Auswahlkriterien, das natürliche Empfinden eher verschütten als freilegen. Im *Traktat* hatte die rationalistische Suche nach dem archimedischen Punkt Hume in einen unendlichen Zweifel gestürzt. Jedes weitere Argument beinhaltete neuerlich den Spaltpilz der Skepsis, weshalb alle ethischen Positionen als gleichwertig erschienen. »Es läuft der Vernunft nicht zuwider«, schrieb Hume in seinem Jugendwerk, »wenn ich lieber die Zerstörung der ganzen Welt will, als einen Ritz an meinem Finger. Es widerspricht nicht der Vernunft, wenn ich meinen vollständigen Ruin auf mich nehme, um das kleinste Unbehagen eines Indianers oder einer mir gänzlich unbekannten Person zu verhindern. Es verstößt ebensowenig gegen die Vernunft, wenn ich das erkanntermaßen für mich weniger Gute dem Besseren vorziehe und zu dem Ersteren größere Neigung empfinde, als für das Letztere« (T_2 154). Solange Hume den Satz vom Widerspruch als hinreichendes Kriterium für die Gültigkeit einer ethischen Position angenommen hatte, erschienen ihm die meisten Standpunkte als gleichwertig. In der *Untersuchung* ist es deshalb sein Anliegen, dieses Kriterium der Widerspruchsfreiheit durch die Idee der »Zusammenstimmung zu einem Ganzen« zu erweitern. Konkret gesprochen bedeutet dies, daß nach Hume ein moralisches Leben nicht im Spekulativen verbleiben, sondern sich immer um das Konkrete bemühen und an der Praxis orientieren sollte.[46]

4. Humes letztes Argument gegen den Rationalismus lautet so: »Der Verstand, weil kühl und gleichgültig, liefert kein Handlungsmotiv und weist nur dem von Begierde oder Neigung empfangenen Impuls den Weg, indem er uns die Mittel zur Erreichung des Glücks und Vermeidung des Unglücks zeigt« (S. 225 f.). Hinter dieser Bemerkung verbirgt sich Humes Handlungstheorie, die im *Traktat* viel umfassender ausgearbeitet ist. Der Grundgedanke ist einfach der, daß rationale Kenntnisse allein *nicht* handlungsmotivierend sind: Auch wenn ich weiß, welche Auswirkungen der Zigarettenkonsum auf die Gesundheit hat, was in Hiroschima geschehen ist, oder daß im Nebenzimmer eine Wassermelone liegt, so ist es nicht dieses Wissen, das mich in Bewegung setzt und mein Handeln auslöst. Die Motive unseres Tuns werden nicht mit den empirischen Informationen mitgeliefert, sondern stammen aus einer anderen Quelle, nämlich aus der Welt der Gefühle. Natürlich können rationale Einsichten zu Handlungen führen, sie beeinflussen oder ändern. Aber sie können dies nur, wenn irgendwelche Emotionen im Hintergrund stehen, beispielsweise diese, sich in seinem Handeln von rationalen Einsichten leiten zu lassen; nur wer gewillt ist, aus dem Verstand zu lernen, wird daraus lernen. Humes Handlungstheorie hat zwei entscheidende Konsequenzen: 1. Da der Verstand allein nicht handlungsmotivierend ist, kann es zu dem von Rationalisten so häufig beschworenen Kampf zwischen der »Vernunft« und den »Affekten« überhaupt nicht kommen; dieser vielbesprochene Widerstreit spielt sich laut Hume ausschließlich auf emotionaler Ebene ab, nämlich zwischen »heftigen« und »ruhigen« Gefühlen, wobei er die genuin moralischen Empfindungen zu den ruhigen Gefühlen zählt. 2. Da Verstandesgründe handlungsineffizient sind, kann keine Ethik, die einen ihrer Zwecke erfüllen will, nämlich handlungsmotivierend zu sein, allein auf rationalen Einsichten basieren.

»Unterdrücke alle herzlichen Gefühle und alle tugendhaften Neigungen, wie auch allen Ekel und jede Abscheu vor dem Laster; mache die Menschen völlig gleichgültig gegen diese Unterschiede – und moralische Gesinnung ist nicht mehr Gegenstand eines praktischen Anliegens und tendiert auch nicht mehr dazu, unser Leben und Handeln zu bestimmen« (S. 90 f.).[47]

Humes Moralphilosophie Objektivistisch? Subjektivistisch? Intersubjektivistisch?

Aus ontologischer Sicht kann man Humes Kritik am ethischen Naturalismus so verstehen, daß er die These aufstellt, daß Werte keine primären, sondern sekundäre Eigenschaften der Objekte sind. Diese Unterscheidung zwischen primären und sekundären Eigenschaften wurde zuerst von Demokrit gemacht, von Galilei wiederbelebt, von Descartes und Newton akzeptiert und fand bei Locke ihre klassische Formulierung. Worin besteht sie, und welche Überlegung hat zu dieser Unterscheidung Anlaß gegeben? In seinem Hauptwerk, dem *Essay über den menschlichen Verstand*, schreibt Locke, daß es erstens »*ursprüngliche* oder *primäre Qualitäten* der Körper« gibt wie »Festigkeit, Ausdehnung, Gestalt, Bewegung oder Ruhe und Zahl. *Zweitens*, solche Qualitäten, die in Wahrheit in den Objekten selbst nichts sind als die Kräfte«, die »mannigfache Sinneswahrnehmungen, wie Farben, Töne, Geschmäcke usw. in uns hervorbringen. Diese nenne ich *sekundäre Qualitäten*« (II,8,9 f.). Während also nach Locke die Form eines Gegenstandes eine Eigenschaft an sich ist, ist seine Röte nur eine Eigenschaft für uns, präziser: für Lebewesen, die imstande sind, bestimmte Wellenlängen des Lichts als »rot« zu empfinden (wie beispielsweise gewisse Farbenblinde und die Bienen es nicht können). Die Eigenschaft der Röte des Gegenstandes ist nicht objektiv gegeben, sondern eine Zutat des betrachtenden Subjekts, das imstande ist, in bestimmter Weise zu sehen und zu hören.

Nachdem bereits die griechischen Atomisten mit Nachdruck auf diesen Unterschied aufmerksam gemacht hatten, waren die Naturphilosophen des 17. Jahrhunderts zu einem ähnlichen Ergebnis gelangt: Gegenstände werden mit Eigenschaften wahrgenommen, die ihnen in Wirklichkeit gar nicht zukommen. Wir erleben sie als »rot« oder »lärmend«, aber außerhalb unseres Bewußtseins gibt es nur Materie und ihre Bewegungen. Ob man die Auffassung Huygens' teilte, daß sich das Licht als vibrierende Wellen eines materiellen Äthers ausbreitet, oder jene Newtons, wonach das Licht durch die Bewegung winziger Materieteilchen übertragen wird – in einem entscheidenden Punkt stimmen beide Theorien überein, nämlich darin, daß es in der Natur nur verschiedene Bewegungen von Materie gibt, aber keine Farben oder Töne. Trifft das Licht auf die Netzhaut, so ist dies wiederum bloß eine Bewegung von Materie, wenn unsere Nerven davon affiziert werden, ebenso. Die Gegenstände der Natur genießen ein hohes Ansehen: die Rose für ihren Geruch, die Nachtigall für ihren Gesang, die Sonne für ihr Licht. Aber die Dichter irren. Sie sollten sich in ihrer Lyrik mit sich selbst beschäftigen und ihre Oden der Vortrefflichkeit des menschlichen Geistes widmen. Die Natur ist eine dumpfe Angelegenheit: ohne Klang, ohne Geruch, ohne Farbe. Sie ist bloß ein Umhertasten von Materie, ohne Ziel und ohne Sinn; ein riesiges Universum aus Materie in Bewegung. Alfred N. Whitehead, dessen *Science and the Modern World* diese letzten Sätze entnommen sind, schreibt als Abschluß dieses Gedankens: »However you disguise it, this is the practical outcome of the characteristic scientific philosophy which closed the seventeenth century.«[48]

Was war nun Humes Auffassung? Die Einsicht in die projektiven Leistungen des betrachtenden Subjekts erschien ihm als fundamental. Im *Traktat* schreibt er, daß man oft beobachtet, daß »der Geist große Neigung besitzt, sich selbst in die Gegenstände der Außenwelt zu projizieren« (T_1 226). Man wird eines der wichtigsten Anliegen Humes sogar darin sehen können, diese Zutaten des Geistes in den verschiedenen Zweigen menschlichen Wissens herauszuarbeiten.[49] So kommt er in seiner berühmten Kausalanalyse zum Ergebnis, daß wir in der empirischen Welt nur einen Ablauf von Ereignissen erkennen können. Es war eine seiner großen Entdeckungen, daß die kausale Verknüpfung dieser Ereignisse eine assoziative Leistung der menschlichen Einbildungskraft ist, die aus dem wiederholten Ablauf einen Wirkungszusammenhang konstruiert. Ebenso eindrucksvoll ist Humes Kritik am religiösen Anthropomorphismus. In seinen *Dialogen über natürliche Religion* diskutiert er die Grundthese des wissenschaftlichen Theismus, demzufolge es möglich sein soll, aus der Existenz und Beschaffenheit dieser Welt auf die Existenz eines mit christlichen Attributen ausgestatteten Gottes zu schließen. Obwohl er in diesem Dialog nicht als eigener Gesprächspartner auftritt und seine kritischen Argumente zumindest auf zwei seiner Dialogfiguren aufteilt, ist aus dem Gesamtwerk zu erschließen, daß Hume die Ansprüche der natürlichen Religion für nicht einlösbar hält: Aus der Beschaffenheit der Welt, Menschen mit eingeschlossen, ist nicht ableitbar, daß sie von einem allgütigen, allmächtigen und allgegenwärtigen Gott erschaffen wurde. Das Theodizee-Problem (Wenn es einen Gott gibt, woher dann das Übel?) bleibt seiner Meinung nach weiterhin unbeantwortet. Die Behauptung, daß sich Gott in dem offenbart, was wir empirisch wahrnehmen können, hielt er für eine unbegründete Projektion des Menschen. Allerdings erklärt sich Philo, der Skeptiker, im letzten Teil der Dialoge mit dem Theismus einverstanden, falls dem Welturheber nicht mehr als eine Intelligenz zugeschrieben wird, die der menschlichen »entfernt ähnlich« ist, und falls aus dieser Zuschreibung keine praktischen Folgerungen gezogen werden; Moral und Religion bleiben streng getrennt. Eine ganz ähnliche Form menschlicher Projektionen wie im Theismus glaubt Hume im ethischen Naturalismus zu erkennen. Auch hier werden aus der empirischen Welt Dinge gefolgert, die in Wirklichkeit gar nicht gegeben sind, wie eben moralische und ästhetische Werte. »Ich denke etwa an den absichtlichen Mord. Betrachtet denselben von allen Seiten und seht zu, ob Ihr das tatsächliche oder realiter Existierende finden könnt, was Ihr *Laster* nennt. Wie Ihr das Ding auch ansehen möget, Ihr findet nur gewisse Affekte, Motive, Willensentschließungen und Gedanken [...]. Das ›Laster‹ entgeht Euch gänzlich, solange Ihr nur den Gegenstand betrachtet. Ihr könnt es nie finden, wofern Ihr nicht Euer Augenmerk auf Euer eigenes Innere richtet, und dort ein Gefühl von Mißbilligung entdeckt, das in Euch angesichts dieser Handlung entsteht. Auch dies ist [gewiß] eine Tatsache, aber dieselbe ist Gegenstand des Gefühls, nicht der Vernunft. Sie liegt in Euch selbst, nicht in dem Gegenstand [...]. Laster und Tugend können insofern mit Tönen, Farben, Wärme und Kälte verglichen werden. Diese sind ja nach der neuen Philosophie gleichfalls keine Eigenschaften der Gegenstände, sondern Perzeptionen des Geistes.«[50] Hume will hier und in seiner Sein-Sollen-Dichotomie zeigen, daß die Naturalisten unrecht haben, wenn sie glauben, daß Werte primäre Eigenschaften der Objekte sind. Werte sind nicht *objektiv*, sondern *subjektiv*. Es gibt sie nur, weil es Menschen gibt. Wollen wir den Ursprung der Werte erkennen, so müssen wir in uns selbst blicken und auf die Empfindungen des Richtigen oder Unrichtigen achten. An einer der vielen Stellen drückt Hume in der *Untersuchung* diese Einsicht so aus: »Die Hypothese, die wir annehmen, ist einfach; sie behauptet, Moralität werde durch das Gefühl bestimmt. Sie versteht unter Tugend *jede geistige Tätigkeit oder Eigenschaft, die einem Betrachter das angenehme Gefühl der Zustimmung gibt*; und unter Laster das Gegenteil« (S. 220). Aber auch wenn der Wert eines Gegenstandes keine empirische Eigenschaft des Gegenstandes ist, so beeinflussen die empirischen Eigenschaften des Gegenstandes doch seinen Wert. In seinem Essay »Über die Regel des Geschmacks« schreibt Hume: »Wenn es auch gewiß ist, daß Schönheit und Häßlichkeit noch weniger als Süße und Bitterkeit Eigenschaften der Gegenstände sind, [...] muß man doch zugeben, daß die Gegenstände bestimmte Eigenschaften haben, die ihrer Natur nach geeignet sind, jene besonderen Empfindungen zu erzeugen.«[51] Fakten sind notwendig, um werten zu können, aber Werte sind nicht darauf reduzierbar. Man wird Humes Sein-Sollen-Dichotomie schon aufgrund seines holistischen Ansatzes nicht so interpretieren dürfen, als bestünde zwischen dem Bereich der Tatsachen und dem Reich der Werte keine Brücke. Auch wenn die Arbeit des Richters mit der des Detektivs wenig gemeinsam hat, so setzt seine Arbeit doch die des Detektivs voraus und wird von ihr beeinflußt. Ein Richter ohne empirische Fakten ist wie ein General ohne Armee. Vor diesem Hintergrund ist nun auch die oben (S. 28 ff.) gestellte Frage nach dem Zusammenhang von faktischer Wertschätzung und tatsächlichem Wert menschlichen Handelns etwa so zu beantworten: Nach Hume löst das Wissen um die faktische Wertschätzung im wohlwollenden und unparteiischen Betrachter eine Billigung oder Mißbilligung aus. Dieses Gefühl der Zustimmung oder Ablehnung bestimmt den Wert menschlichen Tuns.

Ontologisch gesehen, also vor dem Hintergrund der Frage nach dem Sein der Werte, ist Hume eindeutig *Subjektivist*. Werte haben kein Sein außerhalb menschlichen Bewußtseins. Obwohl Humes Kritik an jener naturalistischen Variante des ethischen Objektivismus überzeugend zu sein scheint, so führt er gegen andere Formen des ethischen Objektivismus keine expliziten Argumente an. Wie zumeist übersehen wird, wäre nämlich die in der Sein-Sollen-Dichotomie formulierte Überlegung durchaus mit einem Platonismus verträglich, ebenso mit einer Lebensform, die ihre letzte Rechtfertigung sittlichen Verhaltens nicht von »dieser« Welt herleitet. Allerdings glaubt Hume, daß es möglich

sei, eine Ethik aufzubauen, die darauf verzichten kann, die Existenz von Wesenheiten (z. B. platonischen Ideen) anzunehmen, die neben den empirischen Eigenschaften noch irgendwie in der Objektwelt subsistieren. Eine Ethik, die rein vom Boden des Empirischen ausgeht und die Werte als eine Resultierende menschlicher Bedürfnisse auffaßt, sieht sich seiner Meinung nach nicht der Schwierigkeit ausgesetzt, erklären zu müssen, wo diese Wesenheiten existieren und wie sie zu erkennen seien. Freilich würde von platonischer Seite argumentiert werden, daß eine Ethik, die Werte als menschliche Erfindungen verstehen will, gerade am Wesen des Moralischen vorbeizielt.
Hume ist in der Frage nach dem Sein der Werte Subjektivist. Werte sind seiner Meinung nach keine empirischen oder nicht-empirischen Eigenschaften der Objekte, sondern Ausdruck menschlichen Bewußtseins, das mit Handlungen, Personen, Charaktereigenschaften, Umständen usw. konfrontiert ist. Aber die ontologische Fragestellung ist von der erkenntnistheoretischen Frage zu unterscheiden, ob das moralische Bewußtsein, das moralische Empfinden des einzelnen, *bloß von subjektiver Geltung ist oder nicht.* Selbst wenn die Werte ihren Ursprung nur in der Natur des Menschen haben, so ist daraus nicht zu folgern, daß es so viele moralische Maßstäbe gibt, wie Menschen existieren. Auch wenn es die Röte nur gibt, weil es Wesen gibt, die Rotempfindungen haben, so folgt nicht, daß meine Rotempfindung ein Erlebnis von rein privater Geltung ist. Ist Hume also ein erkenntnistheoretischer Subjektivist oder Intersubjektivist? Hume wäre ein ethischer Intersubjektivist, wenn er begründen wollte, daß bestimmte Urteile von intersubjektiver Geltung sind, etwa aufgrund der Ähnlichkeit der menschlichen Natur. Nun war es über weite Strecken der *Untersuchung* gerade Humes Anliegen, den Nachweis zu erbringen, daß menschliche Urteile einander ähnlich sind (nicht zuletzt wegen der Ähnlichkeit der Bedürfnisse, die auch der Moral zugrunde liegen). Im Vierten Anhang (»Über

einige Wortstreitigkeiten«) kommt Hume nochmals darauf zu sprechen und versucht zu zeigen, daß Handlungen, die dem Wohlwollen entspringen und dem Gemeinwohl dienen, im allgemeinen als »moralisch« gebilligt werden: »daß wir dann, wenn jemand *tugendhaft* genannt wird oder als ein tugendhafter Mensch bezeichnet wird, doch hauptsächlich seine sozialen Eigenschaften berücksichtigen, die tatsächlich die wertvollsten sind« (S. 247). Auch würden seiner Meinung nach »die meisten Menschen [. . .] ganz von selbst und ohne lange zu überlegen« folgender Definition zustimmen: »Tugend (denn bloße Gutmütigkeit ist Narrheit) / ist Verstand und Geist vereint mit Menschlichkeit« (S. 251). Aber ist Hume in seiner Begründung der Intersubjektivität in der Ethik zu folgen? Sicherlich sieht er, was vielleicht aus seiner Biographie zu erklären wäre, in der Moralphilosophie das Gemeinsame vor dem Trennenden. Aber dadurch entgehen ihm doch wesentliche Unterschiede in den menschlichen Werthierarchien, in dem, was Menschen als wichtig empfinden. So scheint er auf die These von der Sozietät des Menschen geradezu fixiert und für Lebensformen, die »außerhalb« der Gesellschaft stehen, wenig sensibel zu sein. Hume erwähnt nicht, daß man in der Gesellschaft auch verarmen kann. Aber selbst wenn man in diesem Punkt Humes Ansatz erweitern müßte, so bleibt doch die Frage, ob die vielerorts gegenwärtig so plausibel scheinende These von der Subjektivität und Relativität der Werthaltungen nicht überzogen ist. In vielem sind die Bedürfnisse und Interessen der Menschen einander ähnlich, und wer würde sich tatsächlich nicht entrüsten, wenn er mit der Situation konfrontiert wäre, daß jemand einem Kind mit einem Bleistift einfach so das Auge auskratzte?[52] Aber selbst bei einem so drastischen Beispiel stimmten, woran uns die Geschichte immer wieder erinnert, nicht alle Menschen in ihrer moralischen Entrüstung überein. Was ist die Ursache dafür, daß nun doch nicht alle Menschen in ihrem moralischen Empfinden übereinstimmen? Und wie ist zu entscheiden, wer recht hat? Die erste Frage diskutiert Hume im »Dialog«. In dem überaus kunstvoll komponierten letzten Teil der *Untersuchung* nimmt Hume mehrere voneinander verschiedene Wertsysteme an und versucht zu zeigen, daß sie im Grunde einander viel ähnlicher sind als eine oberflächliche Betrachtungsweise vermuten ließe. »Der Rhein fließt nach Norden, die Rhône nach Süden; und doch entspringen beide aus *demselben* Berg und werden auch, in ihren verschiedenen Richtungen, von *demselben* Prinzip der Schwerkraft in Bewegung gesetzt. Die verschiedenen Neigungen des Bodens, auf dem sie fließen, verursachen den ganzen Unterschied ihres Laufes« (S. 269). Die Griechen setzten einige ihrer Kinder aus; aber die Rechtfertigung, die sic dafür gaben, ist nicht unähnlich jener, die wir auf die Frage geben, warum wir sie nicht aussetzen. Auch ihre Begründung handelte von dem, was »*nützlich* oder *angenehm* für einen Menschen *selbst* oder für *andere* ist. Denn welcher andere Grund kann jemals für Lob oder Zustimmung angegeben werden? Oder wo wäre der Sinn, einen *guten* Charakter oder eine *gute* Handlung zu rühmen, von denen gleichzeitig zugegeben wird, daß sie *für nichts gut* sind? Daher können alle Unterschiede in der Moral auf diesen einen allgemeinen Grundsatz reduziert und aus den verschiedenen Standpunkten erklärt werden, die die Menschen gegenüber diesen Umständen einnehmen« (S. 272). Wenn aber die Standpunkte, die die Menschen gegenüber diesen Umständen einnehmen, verschieden sind, wer hat denn nun recht? Auf den letzten Seiten, also an exponierter Stelle, kommt Hume nochmals auf eine Unterscheidung zu sprechen, die unterschwellig schon die ganze Zeit hindurch eine wesentliche Rolle gespielt hatte. Er unterscheidet nämlich, auch hierin ganz Aufklärer des 18. Jahrhunderts, eine *künstliche* Lebensweise von einer *natürlichen*. Der Unterschied zwischen diesen beiden Lebensformen besteht seiner Meinung nach darin, welcher Stellenwert der Religion oder religiösen Phänomenen in der jeweiligen Lebensform zukommt. Während

»die Religion in alten Zeiten sehr wenig Einfluß auf das tägliche Leben hatte« und »die Menschen, nachdem sie ihre Pflicht durch Opfer und Gebete im Tempel erfüllt hatten, der Meinung waren, daß ihnen die Götter ihr übriges Verhalten selbst überließen« (S. 278), ist der Einfluß der Religion im christlichen Zeitalter der Menschheit unvergleichlich größer. Die christliche Religion prüft »unser gesamtes Verhalten«, schreibt »eine universelle Regel für unsere Handlungen, für unsere Worte, ja sogar für unsere Gedanken und Neigungen« vor; eine »um so strengere Vorschrift, als sie durch unendliche, obwohl weit entfernte Belohnungen und Bestrafungen überwacht wird; und kein Verstoß dagegen kann jemals verborgen oder verschleiert werden« (S. 279). Die Lebensform der Alten, die Religion des Polytheismus, ist nach Hume eine natürlichere Lebensform als der Theismus, auch wenn sie philosophischen Ansprüchen nicht genügen kann. Die *Untersuchung* endet mit den Worten: »Wenn die Menschen von den Grundsätzen des gesunden Menschenverstandes abweichen und diese *künstliche* Lebensweise [...] annehmen, dann kann niemand wissen, was ihnen gefallen oder mißfallen wird. Sie befinden sich in einer anderen Sphäre als der Rest der Menschheit; und die natürlichen Prinzipien ihres Geistes arbeiten nicht mit derselben Regelmäßigkeit, als wenn sie sich selbst überlassen wären, frei von den Illusionen des religiösen Aberglaubens und des philosophischen Enthusiasmus« (S. 280).

In der *Naturgeschichte der Religion*, den *Dialogen über natürliche Religion* und dem Essay »Über Aberglauben und Enthusiasmus« (Erstveröffentlichung: 1741) arbeitet Hume diese religionskritischen Gedanken weiter aus, wobei er immer die werthaften Zielvorstellungen im Auge zu haben scheint, die er mit Demokrit teilte: Das moralische Bewußtsein ist dann am vertrauenswürdigsten, wenn »die Seele sich in einem Zustand der Ruhe und Ausgewogenheit befindet, in dem sie durch keine Furcht, keine abergläubische Regung und keinerlei andere Leidenschaft beunruhigt wird«.[53] Aus diesem Grund erachtete es Hume als notwendig, Religionskritik zu treiben. Aber inwieweit hat er mit seiner Charakterisierung einer »künstlichen« Lebensform recht sowie mit dem Anspruch, die Grundsätze des gesunden Menschenverstandes dargelegt zu haben? Wie bei allen derartigen Fragen wird man, bleibt man auf dem Boden der Humeschen Philosophie, versuchen müssen, das Ganze zu bedenken. In gewissem Sinne kann man tatsächlich sagen, daß Aberglaube und Enthusiasmus diese Bedingung, den Gesamtkontext des Seienden zu berücksichtigen, in entscheidender Weise nicht erfüllen. Beide sind wohl so zu charakterisieren, daß Einzelerlebnisse verabsolutiert, Gegenbeispiele unberücksichtigt gelassen werden. Denken wir etwa an den für beide religiösen Formen zentralen Begriff des Wunders, mit dem besondere Erlebnisse als solche ausgezeichnet werden: ein Wunder verdient nur dann diesen Namen, wenn Erfahrungen dagegen sprechen, wenn es also ein Verstoß gegen ein Naturgesetz ist. Die Verwandlung von Wasser in Wein verdient nur dann den Namen »Wunder«, wenn es üblich ist, daß sich Wasser nicht in Wein verwandelt. Das aber bedeutet, daß *notwendigerweise* eine Fülle von Beobachtungen *gegen* die Existenz von Wundern spricht.[54] Ist aber das Wissen ums Gute eine Resultierende aus dem Wissen um die Welt, dann wird man alle diese Ausnahmen mitbedenken müssen. Man würde jedoch die Dinge in gleicher Weise besinnungslos durch Vorurteile hindurch sehen, wollte man die Möglichkeit der Existenz von Wundern a priori ausschließen. Aber warum sollte man sich bemühen, das Ganze zu sehen, und sein Leben nicht auf einige dieser außergewöhnlichen Erlebnisse setzen und damit die Suche abkürzen? Auf diese Frage wird Hume im letzten keine Antwort mehr geben können, sondern auf eine Wertintuition zurückgreifen.

Zur Übersetzung

Soweit mir bekannt ist, existieren von Humes *Enquiry concerning the Principles of Morals* drei deutsche Übersetzungen. Die erste erschien 1756, also noch zu Lebzeiten des Autors: *Herrn David Hume Esqv. SITTENLEHRE DER GESELLSCHAFT. Als dessen vermischter Schriften dritter Teil.* Der Übersetzer war möglicherweise Johann Georg Sulzer, der bekannte Ästhetiker. In der Vorrede schreibt der Herausgeber der vierbändigen Ausgabe der Schriften Humes (die auch die *Untersuchung über den menschlichen Verstand* enthielt): »Die Übersetzung ist mir von guter Hand zugekommen, und ich habe eine sehr genaue und scharfe Prüfung derselben nach der Urschrift vorgenommen. Diese setzet mich in Stand, den Leser auf gute Treu und Glauben zu versichern, daß er hier die Gedanken des Herrn Hume genau und deutlich wird ausgedruckt finden, so daß er alles, was er hier finden wird, sicher auf die Rechnung des Engländers setzen kann, dem der Übersetzer nicht einen einzigen Gedanken weder geborgt noch benommen hat.« Tatsächlich handelt es sich dabei um eine durchaus gediegene Übersetzung, die auf das deutsche Geistesleben einigen Einfluß ausgeübt haben dürfte (was allerdings im konkreten historisch bisher noch nicht untersucht wurde). Abgesehen von der Tatsache, daß eine Reihe von Korrekturen, die Hume später gemacht hat, in dieser Übersetzung noch nicht berücksichtigt werden konnte, schien bereits im 19. Jahrhundert die Sprache der Übersetzung als so antiquiert, daß sich Thomas G. Masaryk entschloß, eine Neuübersetzung anzufertigen. Sie erschien genau vor einem Jahrhundert in Wien. Masaryk, der spätere Präsident der tschechoslowakischen Republik, war damals Professor für Philosophie in Prag. In seinem Buch *Die Weltrevolution. Erinnerungen und Betrachtungen 1914–1918* (Berlin 1925) kommt er auch mehrmals auf Hume zu sprechen. Zwei Passagen seien zitiert: »Von englischen Philosophen fesselte mich am meisten Hume – das große Problem der modernen Skepsis, das Hume noetisch und am stärksten formuliert hat; der Vergleich mit Comte[55] war dadurch gegeben, daß Comte von Hume ausgeht (wie Kant). Aber welch ein Unterschied zwischen beiden: der Franzose kehrt zum Fetischismus zurück und sucht die Erlösung in altneuer Religion, der Engländer (Schotte!) entgeht der eigenen Skepsis durch die Ethik der Humanität (nicht durch die Religion der Humanität wie Comte!). [. . .] Der Humanitismus ist kein Sentimentalismus; auch Jesus verlangt, den Nächsten wie sich selbst zu lieben. Der Mensch ist gewiß von Natur aus ein Egoist; aber man fragt sich, ob er nur ein Egoist ist oder ob er für den Nächsten auch ein Gefühl der Sympathie oder Liebe empfindet, und zwar ein unmittelbares, direktes Gefühl, nicht wieder eines aus egoistischen Gründen. Die psychologische Analyse belehrt mich, daß der Mensch zum Nächsten unmittelbare, uneigennützige, unegoistische Liebe empfindet. (Ich habe Humes Ethik übersetzt, gerade sie zur Stärkung dieser Erkenntnis.) Der Egoismus ist vielleicht stärker; daraus ergibt sich die Forderung, die angeborene Liebe zu den Menschen bewußt zu kräftigen und zu veredeln. Die Erfahrung lehrt uns, daß die Liebe zu den Menschen sich am Ende bezahlt macht (ein egoistischer Grund); die Liebe und die daraus sich ergebende Gesellschaftsordnung des Normalmenschen befriedigt am besten« (S. 110, 492). Im Jahre 1929 erschien schließlich in Leipzig eine weitere Übersetzung. Sie wurde von Carl Winckler angefertigt, dem Übersetzer von Lockes *Essay concerning Human Understanding*. Vergleicht man die beiden neueren Übersetzungen miteinander, so fällt zunächst einmal auf, daß beide den »Dialog« nicht ins Deutsche übertragen haben, was eigentlich kaum verständlich ist. Abgesehen von den systematischen Zusammenhängen, in welchen der »Dialog« mit den übrigen Ausführungen Humes steht, war er von der ersten Ausgabe an ein Teil der *Untersuchung* und wurde von Hume auch ganz besonders geschätzt.[56] Inhaltlich gesehen wird man meines Erachtens der Übertragung von Masaryk den Vorzug geben müssen. Zwar finden sich auch in der Übersetzung von Winckler eine Reihe treffender Formulierungen, die Gesamtkonzeption der Übertragung von Humes Gedanken scheint bei Masaryk jedoch ungleich besser gelungen zu sein. Über weite Strecken hat man bei Winckler den Eindruck, als sei die Übersetzung in erster Linie weniger unter dem Gesichtspunkt geschehen, alle Gedanken Humes so wörtlich als möglich und so frei als notwendig wiederzugeben, sondern sich von der Übertragung Masaryks abzugrenzen. Während jedoch der tschechische Philosoph überhaupt auf eine Einleitung verzichtete, bleibt jene Wincklers weiterhin lesbar und eine willkommene Hilfe für einen Einstieg in Humes Werk.

Abschließend möchte ich mich bei Norbert Hoerster, Peter Koller, Karl Prenner, Heiner Rutte und Werner Sauer für wertvolle Hinweise sowie bei Frau Evelyn Neugebauer für ihre Hilfe bei der Übersetzung sehr herzlich bedanken. Für verbliebene Ungenauigkeiten bin ich selbstverständlich ganz allein verantwortlich.

Graz, Juli 1982 *Gerhard Streminger*

Anmerkungen

1 Nähere bibliographische Angaben zu den Schriften Humes finden sich im Literaturverzeichnis, ebenso Erläuterungen zur Zitierweise.
2 *Letters* I,16.
3 Diese Passagen sind der Einleitung des *Traktats* entnommen.
4 I. Kant, *Kritik der reinen Vernunft*, A 470 (B 498).
5 *Works* III,2.
6 *Letters* I,57.165. Gegen diese von orthodoxer Seite erhobenen Vorwürfe verteidigte sich Hume in seinem *Letter from a Gentleman to his Friend in Edinburgh*.

7 *Works* III,3.
8 Zu Humes Naturalismus: N. Kemp Smith, *The Philosophy of David Hume. A critical study of its origins and central doctrines*, London 1941. Zur These, daß sich der Skeptizismus des *Traktats* von dem der *Untersuchung* unterscheidet: J. Immerwahr, »A Skeptic's Progress: Hume's Preference for ›Enquiry I‹«, in: D. F. Norton, N. Capaldi, W. L. Robison: *McGill Hume Studies*, San Diego 1979, S. 227–238. Zu Humes Analyse der Gleichförmigkeitsthese im Rahmen seiner erkenntnistheoretischen Überlegungen: G. Streminger, »Die Kausalanalyse David Humes vor dem Hintergrund seiner Erkenntnistheorie«, in: G. Posch, *Kausalität. Neue Texte*, Stuttgart 1981, S. 162 bis 189.
9 *Works* III,4; *Letters* I,175.
10 W. Churchill, *My Early Life*, London [3]1948, S. 108 f.
11 *Works* III,14.
12 Die grundlegende Darstellung von Humes Leben ist E. C. Mossners *The Life of David Hume*, Oxford [2]1980.
13 R. Hall, *Fifty Years of Hume Scholarship. A Bibliographical Guide*, Edinburgh 1978. Die neueste Literatur zu Hume findet sich immer in der Herbstnummer der *Hume Studies*.
14 A. Einstein, »Autobiographisches«, in: P. A. Schilpp (Hrsg.), *Albert Einstein: Philosopher-Scientist*, Evanston 1949, S. 52.
15 A. Smith, *Eine Untersuchung über Natur und Wesen des Volkswohlstandes* (1776), Gießen 1973, Bd. 1, S. 548.
16 I. Kant, *Prolegomena zu einer künftigen Metaphysik, die als Wissenschaft wird auftreten können* (1783), Hamburg 1969, S. 6 f. Zum Verhältnis der beiden Philosophen: W. Farr (Hrsg.), *Hume und Kant*, Freiburg/München 1982. (Enthält Aufsätze von Beck, Cassirer, Cohen, Hönigswald, Hoppe, Husserl, Mall, Murphy, Riehl, Stegmüller, Williams.)
17 Th. Reid, *An Inquiry into the Human Mind, on the Principles of Common Sense* (1764), London [3]1769, S. V.
18 J. Bentham, *A Fragment on Government* (1776), Oxford 1948, S. 50.
19 J. G. Hamann, in: G. H. Gildemeister (Hrsg.), *Johann Georg Hamann's, des Magus im Norden, Leben und Schriften*, Gotha 1875, Bd. 2, S. 371, 373.
20 Lord Byron, in: E. J. Lovell, *His very Self and Voice. Collected Conversations of Lord Byron*, New York 1954, S. 418.

21 A. Schopenhauer, *Die Welt als Wille und Vorstellung*, Leipzig 1892, Bd. 2, S. 685.
22 Eine Ausnahme ist die Darstellung der Moralphilosophie Humes von C. D. Broad (*Five Types of Ethical Theory*, London ^{9}1967, S. 84–115), wo überhaupt nur die *Untersuchung* Berücksichtigung findet.
23 N. Hoerster, Nachwort zu: David Hume, *Dialoge über natürliche Religion*, Stuttgart 1981 (Reclams Universal-Bibliothek, Nr. 7692 [2]), S. 148. Hoerster bezieht sich hier auf J. L. Mackie, *Hume's Moral Theory*, London 1980. In diesem Buch, der wahrscheinlich wichtigsten Sekundärliteratur zu Humes Moralphilosophie, wird besonderes Gewicht auf dessen Unterscheidung zwischen »natürlichen« und »künstlichen« Tugenden gelegt.
24 Genesis 2,17; 3,22 f.
25 B. de Mandeville, *The Fable of the Bees, or Private vices publick benefits. Containing several discourses to demonstrate that human frailties [...] may be turned to the advantage of the civil society*, 1714 (dt. *Die Bienenfabel*); Th. Hobbes, *Leviathan, or the Matter, Form and Power of a Commonwealth*, London 1651 (dt. *Leviathan*). Die wichtigsten Texte der britischen Moralphilosophie sind leicht zugänglich in den Sammlungen von L. A. Selby-Bigge, *British Moralists*, 2 Bde., New York 1965 (Oxford 1897); D. D. Raphael, *British Moralists 1650–1800*, 2 Bde., Oxford 1969; P. H. Monro, *A Guide to the British Moralists*, London 1972.
26 Hier sind vor allem Joseph Butler (*Fifteen Sermons preached at the Rolls Chapel*, London 1726, und *The Analogy of Religion*, London 1736) sowie Francis Hutcheson (*An Inquiry into the Original of our Ideas of Beauty and Virtue*, London 1725, und *An Essay on the Nature and Conduct of the Passions and Affections. With Illustrations on the Moral Sense*, London 1728) zu erwähnen. Die wichtigsten Arbeiten Shaftesburys sind: *An Inquiry concerning Virtue*, London 1699, und *Characteristics of Men, Manners, Opinions, and Times*, London 1711. Alle diese Abhandlungen waren für die Entwicklung der Moralphilosophie Humes mit entscheidend. Siehe auch T. A. Roberts, *The Concept of Benevolence. Aspects of Eighteenth-Century Moral Philosophy*, London 1973.
27 D. Hume, »Die wertlose Fiktion vom Gesellschaftsvertrag«

(1748), in: N. Hoerster, *Klassische Texte der Staatsphilosophie*, München 1976, S. 172.

28 Siehe T_2 230 f., 235 f., 278, 294.

29 T_2 228 f. Vgl. Platon, *Protagoras* 320d–323a.

30 Hume (Anm. 27) S. 173.

31 T_2 321. »*So ist Eigennutz das ursprüngliche Motiv* zur Festsetzung *der* Rechtsordnung, *aber* Sympathie *für das Allgemeinwohl ist die Quelle der* sittlichen Anerkennung, *die dieser Tugend gezollt wird.*« (T_2 243 f.)

32 F. Meinecke, *Die Entstehung des Historismus*, München/Berlin 1936, Bd. 1, S. 212. Siehe auch C. N. Stockton, »Economics and the Mechanism of Historical Progress in Hume's ›History‹«, in: D. W. Livingston / J. T. King, *Hume. A Re-evaluation*, New York 1976, S. 296–320 (bes. S. 313–316). Interessant ist in diesem Zusammenhang auch die Fabel von den Troglodyten in Montesquieus *Persischen Briefen* (1721), die sich in einem bestimmten Stadium ihrer Geschichte aus einem Hobbesschen Naturzustand zu einer Republik der Tugend entwickeln. Montesquieu und Hume standen seit 1748 in brieflichem Kontakt. Neben seiner Konzeption eines »natürlichen Systems der Geisteswissenschaften« (E. Troeltsch, *Gesammelte Schriften*, Bd. 4 [1925], Nachdr. Aalen 1966, S. 405) ist dieser Gedanke einer Kultivierung unserer moralischen Empfindungen vielleicht das charakteristischste Merkmal der praktischen Philosophie Humes.

33 Einen genauen Textvergleich zwischen dem *Traktat* und der *Untersuchung* gibt Selby-Bigge in seiner Ausgabe der *Enquiries* (S. XXXVIII–XL).

34 Hume (Anm. 27) S. 165.

35 Meinecke (Anm. 32) S. 236.

36 Aufschlußreich ist hier ein Brief Humes an Hutcheson vom 17. September 1739 (*Letters* I,32–35). Hume hatte, nachdem die beiden ersten Bände des *Traktats* erschienen waren, an dem moralphilosophischen Teil gearbeitet und das Manuskript an Hutcheson zur Begutachtung gesandt. Hutcheson war zu dieser Zeit Professor für Moralphilosophie in Glasgow und genoß als Lehrer einen ganz außergewöhnlichen Ruf; nicht nur Adam Smith war einer seiner Schüler, sondern sogar aus Rußland waren Studenten gekommen, um ihn zu hören. In einem Antwortbrief meinte nun Hutcheson, daß Humes Darstellung der Tugend »eine gewisse Wärme« fehle, worauf Hume erwiderte,

daß dies bloß eine Sache der Methode sei. Er meint, daß man den Charakter des Menschen entweder aus der Warte des »Anatomen« oder aus der des »Malers« sehen könne; daß man entweder die »verborgensten Ursprünge und Prinzipien entdecken oder die Würde und Schönheit menschlichen Handelns beschreiben« könne. So wie der Anatom dem Maler von Nutzen sein könne, so könne der »Metaphysiker« von Nutzen für den »Moralisten« sein, aber in ein und demselben Werk seien aus ästhetischen Gründen beide Sichtweisen nicht zu vereinen, da inmitten abstrakter Überlegungen die Zeichnungen des Malers »schwülstig« klingen würden. Ästhetische Erwägungen seien jedoch gerade auch in moralphilosophischen Abhandlungen wichtig. Schließlich schreibt Hume, daß er die Absicht habe, einen neuen Versuch zu machen, »falls es möglich« sei, »den Moralisten und den Metaphysiker besser miteinander in Einklang zu bringen«. Hutcheson dürfte diese Antwort allerdings nicht überzeugt haben, denn er hielt Hume für ungeeignet, auf der Universität zu unterrichten, und setzte sich mit Nachdruck dafür ein, daß Hume den Lehrstuhl in Edinburgh nicht erhielt. Mit größter Wahrscheinlichkeit hätte Hutcheson sein Urteil über Hume revidiert, hätte er noch die *Untersuchung* erlebt.

37 T_2 211 f. Zur Interpretation der Sein-Sollen-Dichotomie im Rahmen der Humeschen Philosophie: W. D. Hudson (Hrsg.), *The Is-Ought Question*, London 1969.

38 Eine genauere Analyse der Gerechtigkeitsbedingungen bei Hume geben D. D. Raphael (»Hume and Adam Smith on Justice and Utility«, in: *Proceedings of the Aristotelian Society* 73, 1972/1973, S. 87–103) und D. C. Hubin (»The Scope of Justice«, in: *Philosophy and Public Affairs* 9,1, 1979, S. 3–24). Hubin betont auch die zentrale Bedeutung dieser Überlegungen Humes für John Rawls *A Theory of Justice* (New York 1972).

39 Siehe dazu die Textsammlung von L. Schneider, *The Scottish Moralists on Human Nature and Society*, Chicago 1967 (bes. die Kapitel: »Social Psychology and the Social Bond«, »History and Sociology«, »The Range of Sociological Concern« und »The Anthropological Impulse«) sowie G. Bryson, *Man and Society: The Scottish Inquiry of the Eighteenth Century*, New York [2]1968.

40 Zur Bedeutung von *sympathy* und den verschiedenen Bedeu-

tungsnuancen dieses Begriffs in Humes Philosophie (manchmal bedeutet *sympathy* »Mitgefühl«, dann wieder »Wohlwollen«, manchmal sogar eine Art »sozialer Gravitation«) siehe P. S. Ardal, *Passion and Value in Hume's Treatise*, Edinburgh 1966, und P. Mercer, *Sympathy and Ethics. A study of the relationship between sympathy and morality, with special reference to Hume's »Treatise«*, Oxford 1972. Die historische Wurzel zu Humes Sympathielehre dürfte in Platons *Politeia* zu finden sein: »wenn einem unter uns der Finger verwundet ist, die gesamte [...] Gemeinschaft es zu fühlen pflegt« (462c–d). Siehe auch Shaftesburys *The social Enthusiast* (dt. *Ein Brief über den Enthusiasmus*, Leipzig 1909, bes. 2. Abschnitt).

41 *Letters* II,331 f. Die Briefstelle lautet so: »Dear Sir, Please to make with your Pen the following Correction. In the second Volume of my philosophical Pieces [...] eraze these words, *that there is such a sentiment in human nature as benevolence*. This, Dear Sir, is the last Correction I shall probably trouble you with ...« Die Passage hatte ursprünglich so gelautet: »Upon the whole then it seems undeniable *that* there is such a sentiment in human nature as benevolence; *that* nothing can bestow more merit on any human creature than the possession of it in an eminent degree; and *that* a part, at least, of its merit arises from its tendency to promote the interests of our species, and bestow happiness on human society.« Siehe in diesem Zusammenhang auch den Essay »Über den Ursprung der Regierung« (*Works* III,113–117), den Hume wenige Monate vor seinem Tod den *Essays* beifügte. Er nimmt hier deutlich die Fragestellung des *Traktats* wieder auf und verteidigt nochmals die zentrale Rolle des Staates (und der Regierung) in der Gesellschaft.

42 Zum Problemkreis »Ethik und Egoismus« siehe auch D. P. Gauthier (Hrsg.), *Morality and Rational Self-Interest*, Englewood Cliffs 1970.

43 Historisch gesehen nahmen die Überlegungen der ethischen Rationalisten ihren Ausgang von den Thesen der Cambridger Neuplatonisten, also von Ralph Cudworth (1617–88) und Henry More (1614–87). Ernst Cassirer hat in seinem Buch *Die Platonische Renaissance und die Schule von Cambridge* (1932) auf die große Wirkung dieser Überlegungen auf die englische Geistesgeschichte aufmerksam gemacht, gegen die nun Hume mit Nachdruck opponiert. (Newton hat die Begriffe des absoluten Raums

als *sensorium dei*, der absoluten Zeit als *omnipraesentia dei* und der Fernkraft der Gravitation als Allmacht Gottes in jedem Ding der Lehre Mores entnommen.) Sowohl Locke als auch Samuel Clarke und George Berkeley sind davon beeinflußt. So ist Locke der Meinung, daß die fundamentalen moralischen Grundsätze durch Offenbarung unmittelbar einsehbar und mathematisch demonstrierbar sind (siehe J. Locke, *An Essay Concerning Human Understanding* (1690): I,2,1; I,2,4; I,2,13; II,28,7f.; III,11,16ff.; IV,3,18ff.; IV,12,8). Berkeley schreibt in seinem *Discourse on Passive Obedience* (London 1712; zit. nach: A. C. Fraser (Hrsg.), *The Works of George Berkeley*, Bd. 4, Oxford 1901, S. 97–135): »In morality the eternal rules of action have the same immutable universal truth with propositions in geometry. Neither of them depends on circumstances or accidents, being at all times and in all places, without limitation or exception, true« (Kap. 53, 1713 hinzugefügt). Clarke wiederum verteidigte die naturalistische Variante des ethischen Rationalismus. Seiner Meinung nach ist der menschliche Verstand geeignet, das einer bestimmten Situation *angemessene* Verhalten aufzudecken und nicht nur zu bestimmen, was wirklich ist, sondern auch, was gut und richtig ist. Diese Theorie der »eternal fitnesses and unfitnesses of things« erwähnt Hume explizit im *Traktat* (T_2 197). Viele naturalistische Lehren wurzeln im Glauben, daß die Welt von Gott für den Menschen geschaffen war und somit das Deskriptive präskriptive Bedeutung besitzt.

44 Vgl. T_2 341–345. Zur Theorie des unparteiischen Betrachters siehe R. Firth, »Ethical Absolutism and the Ideal Observer«, in: *Philosophy and Phenomenological Research* 12 (1952); auch in: W. Sellers / J. Hospers, *Readings in Ethical Theory*, New York [2]1970, S. 200–221.

45 Siehe Th. J. Schlereth, *The Cosmopolitan Ideal in Enlightenment Thought. Its Form and Function in the Ideas of Franklin, Hume, and Voltaire, 1694–1790*, Notre Dame (Indiana) 1977.

46 Siehe dazu auch das Einleitungskapitel zu *An Enquiry Concerning Human Understanding.*

47 Aristoteles, *Nikomachische Ethik* 1139a36: »Das Denken allein allerdings setzt nichts in Bewegung: erst wenn es sich auf einen Zweck und auf ein Handeln einstellt.« Zu Humes Handlungstheorie und der in diesem Zusammenhang vielfach zitierten Auffassung Humes, daß die »Vernunft nur ein Sklave der Gefüh-

le ist und sein solle«, siehe: E. Topitsch / G. Streminger, *Hume*, Darmstadt 1981, S. 108 ff.

48 A. N. Whitehead, *Science and the Modern World* (1925), Glasgow 1975, S. 72.

49 Zur Geschichte anthropomorpher Modellvorstellungen siehe E. Topitsch, *Erkenntnis und Illusion. Strukturen unserer Weltauffassung*, Hamburg 1979, und die dort angegebene Literatur.

50 T_2 210 f. Vgl. L. Wittgenstein, »A Lecture on Ethics«, in: *Philosophical Review* 74 (1965) S. 6 f.: »Suppose one of you were an omniscient person and therefore knew all the movements of all the bodies in the world dead or alive and that he also knew all the states of mind of all human beings that ever lived, and suppose this man wrote all he knew in a big book, then this book would contain the whole description of the world; and what I want to say is, that this book would contain nothing that we would call an *ethical* judgment or anything that would logically imply such a judgment [...]. If for instance in our world-book we read the description of a murder with all its details physical and psychological, the mere description of these facts will contain nothing which we could call an *ethical* proposition. The murder will be on exactly the same level as any other event, for instance the falling of a stone. Certainly the reading of this description might cause us pain or rage or any other emotion, or we might read about the pain or rage caused by this murder in other people when they heard of it, but there will simply be facts, facts, and facts but no Ethics.«

51 Zit. nach: J. Kulenkampff, *Materialien zu Kants »Kritik der Urteilskraft«*, Frankfurt a. M. 1974, S. 50 f.

52 Hume entwickelt seine These von der Uniformität der menschlichen Natur vor allem im ersten Teil des Achten Abschnitts seiner *Untersuchung über den menschlichen Verstand* (»Über Freiheit und Notwendigkeit«; vgl. jedoch T_2 138 ff. sowie den Essay »Über nationale Charaktere«, in: *Works* III,244–258). Dieser Gedanke von der Gleichförmigkeit der menschlichen Natur wurde gerade von Aufklärern vertreten, um daraus die gleichen Rechte für alle ableiten zu können. Siehe Th. Paine, *Rights of Man* (1791/92). Bereits Seneca plädierte mit Berufung auf die gemeinsame menschliche Natur für eine menschliche Behandlung der Sklaven sowie für eine Weltgemeinschaft, die alle sozialen und nationalen Schranken übersteigt.

53 Demokrit, fr. 25, in: F. Jürss / R. Müller / E. G. Schmidt (Hrsg.), *Griechische Atomisten*, Leipzig 1973, S. 125.

54 Siehe dazu den Abschnitt »Über Wunder« in Humes *Untersuchung über den menschlichen Verstand* sowie N. Hoerster, »David Hume«, in: N. H. (Hrsg.), *Klassiker des philosophischen Denkens*, Bd. 2, München 1982, S. 7–46 (bes. S. 30–37), und J. L. Mackie, *The Miracle of Theism*, Oxford 1982.

55 Masaryk bezog sich hier auf das damals gängige Urteil, Auguste Comte habe auf ihn den stärksten intellektuellen Einfluß ausgeübt.

56 *Letters* I,145.

Eine Untersuchung über die Prinzipien der Moral

Erster Abschnitt

Über die allgemeinen Prinzipien der Moral

Von allen Auseinandersetzungen am unerfreulichsten sind diejenigen mit Personen, die auf ihren Prinzipien starrsinnig beharren; ausgenommen vielleicht solche mit gänzlich unredlichen Menschen, die an die von ihnen verteidigten Ansichten gar nicht glauben, sondern an der Streitfrage aus Scheininteresse, aus Lust am Widerspruch, oder aus dem Wunsch heraus teilnehmen, sich dem Rest der Menschheit an Intelligenz und Scharfsinn überlegen zu zeigen. In beiden Fällen ist das gleiche blinde Festhalten an den eigenen Argumenten, die gleiche Verachtung der Gegner, die gleiche leidenschaftliche Heftigkeit bei der Durchsetzung von Sophisterei und Unwahrheit zu erwarten. Und da nicht Vernunftgründe die Quelle sind, aus der die Streiter der einen wie der anderen Art ihre Lehrsätze herleiten, ist es aussichtslos, damit zu rechnen, daß eine Logik, die ihren Neigungen nicht entgegenkommt, sie jemals dazu bewegen wird, begründetere Prinzipien zu akzeptieren.

Jene, welche die Realität moralischer Unterschiede leugnen, kann man zu den unredlichen Streitern zählen; ist es doch unvorstellbar, daß irgendein menschliches Wesen jemals ernsthaft glauben könnte, alle Charaktere und Handlungen verdienten in gleichem Maße die Zuneigung und Achtung aller. Die von der Natur geschaffene Verschiedenheit der Menschen ist so groß und wird zudem durch Erziehung, Vorbild und Gewohnheit noch in einem solchen Maße vergrößert, daß dann, wenn wir die entgegengesetzten Extreme gleichzeitig wahrnehmen, kein Skeptizismus so skrupulös, kaum eine Überzeugung so unerschütterlich ist, um jeden Unterschied zwischen ihnen gänzlich zu leugnen. Mag die Unempfindlichkeit eines Menschen noch so groß sein, er wird doch häufig mit den Vorstellungen von Recht und Unrecht konfrontiert werden; und mögen seine Vorurteile noch so hartnäckig sein, er wird doch bemerken, daß andere für gleiche Eindrücke empfänglich sind. Daher ist der einzige Weg, einen solchen Gegner zu bekehren, der, ihn sich selbst zu überlassen. Denn sobald er entdeckt, daß niemand die Diskussion mit ihm aufrechterhält, wird er wahrscheinlich aus reinem Überdruß zu guter Letzt von selbst auf die Seite des gesunden Menschenverstandes und der Vernunft überwechseln.

In jüngster Zeit ist eine Kontroverse in Gang gekommen,[1] die viel eher eine Untersuchung verdient. Sie gilt der allgemeinen Grundlegung der Moral: ob diese aus dem Verstand oder aus dem Gefühl herzuleiten sei; ob wir zu ihrer Erkenntnis durch eine Kette von Argumentationen und durch Induktion gelangen oder durch ein unmittelbares Gefühl und einen feineren inneren Sinn; ob sie, wie jedes begründete Urteil über Wahrheit oder Falschheit, für alle vernünftigen, denkenden Wesen gleich sei; oder ob sie, wie die Wahrnehmung von Schönheit und Häßlichkeit, ausschließlich auf der besonderen Struktur und Beschaffenheit des Menschengeschlechts beruhe.

Obwohl die alten Philosophen oft betonen, daß Tugend nichts anderes als das Vernunftgemäße sei, scheinen sie im allgemeinen dennoch der Ansicht zu sein, daß die Moral ihren Ursprung aus dem Geschmack und dem Gefühl herleite. Dagegen haben unsere heutigen Philosophen, obgleich auch sie viel von der Schönheit der Tugend und der Häßlichkeit des Lasters reden, zumeist versucht, diese Unterschiede durch metaphysische Überlegungen und durch Ableitungen aus den abstraktesten Verstandesprinzipien zu erklären. Solche Verwirrung herrschte in diesen Fragen, daß zwischen dem einen und dem anderen System, ja sogar innerhalb beinahe jedes einzelnen Systems, ein Widerspruch von größter Tragweite bestehen konnte; und dennoch war sich dessen bis vor ganz kurzer Zeit niemand bewußt. Selbst der scharfsinnige Lord Shaftesbury, der als erster den Anstoß gab, diese Unterscheidung zu beachten, und der im großen und ganzen ein Anhänger der Prinzipien der Alten war, ist von ebendieser Verwirrung nicht gänzlich frei geblieben.[2]

Es muß zugegeben werden, daß sich für beide Standpunkte blendend argumentieren läßt. Moralische Unterschiede, so könnte man sagen, werden durch den bloßen *Verstand* erkannt: Woher sonst die vielen Auseinandersetzungen über dieses Thema, sowohl im täglichen Leben als auch in der Philosophie? Woher die lange Kette an Beweisen, die häufig von beiden Seiten erbracht werden? Wozu die Beispiele, die man anführt, die Autoritäten, auf die man sich beruft, die Analogien, die man heranzieht, die Trugschlüsse, die man aufdeckt, die Folgerungen, die man zieht, und die mannigfachen Schlüsse, die man mit den eigenen Prinzipien in Einklang bringt? Über Wahrheit läßt sich streiten, über Geschmack nicht: Was in der Natur der Dinge existiert, ist der Maßstab für unser Urteilen; was jeder Mensch in sich fühlt, ist der Maßstab für das Gefühl. Geometrische Lehrsätze lassen sich beweisen, physikalische Systeme können angefochten werden; aber der Wohlklang des Verses, die Zartheit der Empfindung, die Brillanz des Witzes müssen unmittelbares Vergnügen bereiten. Nie werden philosophische Gründe für die Schönheit eines anderen Menschen vorgebracht, oft aber für die Gerechtigkeit oder Ungerechtigkeit seiner Handlungen. Bei jeder Gerichtsverhandlung ist es das erste Ziel des Angeklagten, die behaupteten Tatbestände zu widerlegen und die ihm zur Last gelegten Handlungen zu bestreiten; sein zweites Ziel ist es, den Nachweis zu erbringen, daß die Handlungen, selbst wenn sie geschehen wären, sich als unschädlich und als gesetzlich rechtfertigen ließen. Anerkanntermaßen sind es Deduktionen des Verstandes, mit deren Hilfe der erste Punkt entschieden wird. Wie können wir annehmen, daß für den zweiten ein anderes Geistesvermögen benötigt wird?

Andererseits könnten jene, die alle moralischen Entscheidungen auf das *Gefühl* zurückführen wollen, den Versuch unternehmen, zu zeigen, daß es dem Verstand unmöglich sei, Schlüsse dieser Art zu ziehen. Der Tugend, sagen sie, komme es zu, *liebenswürdig*, dem Laster, *hassenswert* zu sein; und gerade das mache ihre eigentliche Natur oder ihr Wesen aus. Aber kann der Verstand oder eine Beweisführung diese verschiedenen Attribute irgendwelchen Gegenständen zuschreiben und im vorhinein festlegen, daß der eine Liebe, der andere Haß auslösen muß? Und welchen anderen Grund können wir jemals für diese Gemütsbewegungen anführen als die ursprüngliche Beschaffenheit und Struktur des menschlichen Geistes, der von Natur aus veranlagt ist, die Gegenstände so zu empfinden?

Das Ziel aller moralischen Überlegungen ist es, uns zu lehren, was unsere Pflicht ist; und durch treffende Darstellungen der Häßlichkeit des Lasters und der Schönheit der Tugend entsprechende Gewohnheiten zu erzeugen und uns zu motivieren, das eine zu meiden und das andere anzunehmen. Aber kann dies jemals von rationalen Folgerungen und Schlüssen erwartet werden, die von sich aus keinerlei Macht über die Gemütsbewegungen haben und auch die aktiven Kräfte des Menschen nicht in Bewegung setzen? Sie entdekken Wahrheiten: wo aber die Wahrheiten, die sie aufzeigen, indifferent sind und weder ein Verlangen noch eine Abneigung erzeugen, können sie keinen Einfluß auf unser Benehmen und Verhalten ausüben. Das, was ehrenhaft, was gerecht, was anständig, was edel, was großzügig ist, bemächtigt sich des Herzens und treibt uns an, es anzunehmen und daran festzuhalten. Was jedoch verständlich, was evident, was wahrscheinlich, was wahr ist, bewirkt nur die kühle Zustimmung des Verstandes und macht, die spekulative Neugierde befriedigend, unseren Forschungen ein Ende.

Unterdrücke alle herzlichen Gefühle und alle tugendhaften Neigungen, wie auch allen Ekel und jeden Abscheu vor dem Laster; mache die Menschen völlig gleichgültig gegen diese Unterschiede – und moralische Gesinnung ist nicht mehr Gegenstand eines praktischen Anliegens und tendiert auch nicht mehr dazu, unser Leben und Handeln zu bestimmen.

Diese Argumente auf beiden Seiten (und viele weitere könnten angeführt werden) sind so einleuchtend, daß ich geneigt bin zu vermuten, daß sie, die einen wie auch die anderen, stichhaltig und zufriedenstellend sind und daß *Verstand* und *Gefühl* bei nahezu allen moralischen Entscheidungen und Schlüssen zusammenwirken. Es ist wahrscheinlich, daß das endgültige Urteil, das Charaktere für liebens- und hassenswert, für lobens- und tadelnswert erklärt, das sie mit dem Stempel des Ehrenhaften oder Unehrenhaften, der Billigung oder Mißbilligung versieht, das die moralische Gesinnung zu einem aktiven Prinzip erhebt, die Tugend zu unserem Glück, das Laster zu unserem Unglück macht; es ist wahrscheinlich, sage ich, daß dieses endgültige Urteil von einem inneren Sinn oder Gefühl abhängt, das allen Menschen von Natur aus gemeinsam ist. Denn was sonst könnte einen derartigen Einfluß ausüben? Um aber einer solchen Empfindung den Weg zu ebnen und von ihrem Gegenstand eine korrekte Beschreibung zu geben, ist es häufig notwendig, wie sich zeigt, daß viele Überlegungen vorangehen, feine Unterscheidungen gemacht, richtige Schlüsse gezogen, entfernte Vergleiche angestellt, verwickelte Beziehungen untersucht und allgemeine Tatsachen ermittelt und genau bestimmt werden. Einige Formen der Schönheit, besonders die natürlichen, lösen schon beim ersten Anblick unsere Zuneigung und Zustimmung aus; verfehlen sie aber diese Wirkung, dann ist es allen Verstandesgründen unmöglich, ihren ungünstigen Einfluß ungeschehen zu machen oder sie unserem Geschmack und unserem Gefühl besser anzupassen. Jedoch bei vielen Arten der Schönheit, besonders bei jenen der höheren Künste, ist es nötig, eine Fülle rationaler Überlegungen einzubeziehen, um das richtige Gefühl zu empfinden; und häufig ist hier eine Geschmacksverwirrung durch Argument und Reflexion korrigierbar. Es gibt gute Gründe für die Annahme, daß die moralische Schönheit viel mit dieser letzteren Art gemeinsam hat und daß sie der Unterstützung durch unsere intellektuellen Fähigkeiten bedarf, wenn ihr ein angemessener Einfluß auf das menschliche Gemüt zukommen soll.

Obgleich diese Frage nach den allgemeinen Prinzipien der Moral interessant und wichtig ist, ist es für uns im Augenblick nicht nötig, weitere Mühe für ihre Erforschung zu verwenden. Denn sollte es uns im Laufe dieser Untersuchung gelingen, den wahren Ursprung der Moral zu entdekken, dann wird leicht erkennbar sein, inwieweit Gefühl und Verstand an derartigen Entscheidungen beteiligt sind.* Zu diesem Zweck werden wir versuchen, einer sehr einfachen Methode zu folgen: Wir werden den Komplex charakterlicher Eigenschaften analysieren, der das ausmacht, was wir gemeinhin persönliches Ansehen nennen; wir werden jede Eigenschaft in Betracht ziehen, die einen Menschen zu einem Gegenstand der Achtung und der Zuneigung oder zu dem des Hasses und der Verachtung macht; wir werden jede Gewohnheit, Empfindung und Fähigkeit prüfen, die, wenn sie einem Menschen zugeschrieben werden, Lob oder Tadel einschließen und in einer Lobrede oder in einem Spottgedicht über seinen Charakter und seine Sitten Eingang finden können. Die spontane Empfänglichkeit, die in diesem Punkte unter den Menschen so allgemein verbreitet ist, gibt einem Philosophen ausreichende Gewißheit, daß er sich bei der Erstellung eines solchen Verzeichnisses nie erheblich irren kann oder Gefahr läuft, die Gegenstände seiner Betrachtung falsch anzuordnen: Er braucht nämlich nur für einen Augenblick in sich hineinzuhören und zu überlegen, ob er diese oder jene Eigenschaft sich beigelegt wissen möchte oder nicht und ob dieses oder jenes Urteil von einem Freund oder einem Feind ausginge. Schon die Natur der Sprache leitet uns beinahe unfehlbar bei der Bildung von Urteilen dieser Art; und da jede Sprache eine Gruppe von

* Siehe Anhang I.

Wörtern besitzt, die im positiven, und eine andere, die im negativen Sinn gebraucht wird, so genügt schon die geringste Kenntnis des Vokabulars, um uns, ohne jedes Nachdenken, beim Sammeln und Anordnen der schätzens- oder tadelnswerten Eigenschaften der Menschen zu leiten. Gegenstand der Reflexion ist es dann nur noch, auf beiden Seiten die Umstände aufzudecken, die diesen Eigenschaften gemeinsam sind; jenes Besondere zu erkennen, worin die schätzenswerten Eigenschaften einerseits und die tadelnswerten andererseits übereinstimmen; und von da aus zu einer Grundlage der Ethik zu gelangen und jene universellen Prinzipien zu finden, von welchen letztlich jeder Tadel und jede Billigung hergeleitet wird. Und da dies eine Frage von Tatsachen, nicht von abstrakter Wissenschaft ist, können wir nur dann Erfolg erwarten, wenn wir der experimentellen Methode folgen und allgemeine Grundsätze aus dem Vergleich einzelner Fälle gewinnen.[3] Die andere wissenschaftliche Methode, wonach man zuerst ein allgemeines, abstraktes Prinzip aufstellt, das sodann in eine Reihe von einzelnen Folgerungen und Schlüssen aufgegliedert wird, mag zwar an sich vollkommener sein, ist aber der Unvollkommenheit der menschlichen Natur weniger angepaßt und eine bekannte Quelle von Illusionen und Fehlern, sowohl bei diesem als auch bei anderen Themen. In der Naturphilosophie ist man nun von der Leidenschaft für Hypothesen[4] und Systeme geheilt und will nur noch auf Argumente hören, die aus der Erfahrung gewonnen sind. Es ist hoch an der Zeit, daß bei allen moralischen Untersuchungen eine ähnliche Reform angestrebt wird und man jedes ethische System verwirft, das nicht auf Tatsachen und Beobachtung gegründet ist, mag es auch noch so scharfsinnig oder geistreich sein.

Wir werden unsere Untersuchung zu diesem Thema mit der Betrachtung der sozialen Tugenden, nämlich des Wohlwollens und der Gerechtigkeit beginnen. Die Erläuterung derselben wird uns wahrscheinlich einen Weg zeigen, wie auch die anderen Tugenden erklärt werden können.

Zweiter Abschnitt

Über das Wohlwollen

Erster Teil[5]

Es mag vielleicht als eine überflüssige Aufgabe erscheinen, zu beweisen, daß die wohlwollenderen oder sanfteren Gefühle schätzenswert sind und die Zustimmung und Freundlichkeit aller Menschen gewinnen, wo immer sie zum Vorschein kommen. Die Attribute *gesellig, gutmütig, menschlich, barmherzig, dankbar, freundlich, großzügig, wohltätig* oder deren Entsprechungen sind in allen Sprachen bekannt und drücken allgemein das höchste Verdienst aus, das die *menschliche Natur* zu erreichen imstande ist. Sind diese liebenswürdigen Eigenschaften von guter Herkunft, Macht und hervorragenden Fähigkeiten begleitet und äußern sie sich in einer weisen Regierungstätigkeit oder in einer nützlichen Unterweisung der Menschheit, dann scheinen sie diejenigen, die sie besitzen, sogar über die *menschliche Natur* zu erheben und gewissermaßen in die Nähe des Göttlichen zu rücken. Hervorragende Begabung, unerschrockener Mut und glänzender Erfolg setzen einen Helden oder einen Politiker vielleicht nur dem Neid und der Feindschaft der Öffentlichkeit aus; aber sobald das Lob der Menschlichkeit und Wohltätigkeit hinzugefügt wird und sich Beispiele von Milde, Güte oder Freundschaft zeigen, schweigt selbst der Neid und schließt sich dem allgemeinen Lob und Beifall an.

Als Perikles, der große Staatsmann und Feldherr Athens, auf seinem Sterbebett lag, begannen seine Freunde, die sich um ihn versammelt hatten und ihn für bewußtlos hielten, ihrer Trauer um ihren sterbenden Wohltäter freien Lauf zu lassen, wobei sie seine außerordentlichen Eigenschaften und Erfolge, seine Eroberungen und Siege, die ungewöhnliche Länge seiner Regierungszeit und die neun Trophäen, Zeichen seiner Siege über die Feinde der Republik, aufzählten. *Ihr vergeßt*, ruft da der sterbende Held, der alles mit angehört hatte, *ihr vergeßt das höchste meiner Verdienste, während ihr so lange bei jenen unbedeutenden Vorzügen verweilt, an welchen das Glück den größten Anteil hatte. Ihr habt noch nicht bemerkt, daß kein Bürger durch mein Verschulden jemals ein Trauerkleid getragen hat.**

Bei Menschen mit durchschnittlicheren Talenten und Fähigkeiten werden die sozialen Tugenden womöglich sogar noch wesentlich notwendiger, da in einem solchen Fall nichts vorhanden ist, das den Mangel derselben ersetzen oder die Person vor unserem bittersten Haß und unserer Verachtung bewahren könnte. Großer Ehrgeiz oder außergewöhnlicher Mut arten, wie Cicero meint,[6] bei weniger vollkommenen Charakteren leicht in ungestüme Wildheit aus. Für solche Charaktere empfehlen sich besonders die sozialeren und friedlicheren Tugenden; diese sind immer gut und liebenswert.**

Der Hauptvorteil, den Juvenal in der vielseitigen Veranlagung des Menschen sieht, besteht darin, daß dadurch auch unser Wohlwollen vielseitiger gemacht und somit der Ausübung unseres gütigen Einflusses mehr Gelegenheit gegeben wird, als dies bei niedrigeren Geschöpfen der Fall ist.*** Es muß in der Tat zugegeben werden, daß der Mensch nur dadurch, daß er Gutes tut, die Vorteile seines außerordentlichen Ranges wahrhaft genießen kann; sein einziges Vorrecht ist es, Geringeren Zuflucht zu gewähren, die auf seinen Schutz und Schirm vertrauen.

Aber ich vergesse, daß es hier nicht meine Aufgabe ist, Großzügigkeit und Wohlwollen zu empfehlen oder den gesamten Zauber der sozialen Tugenden in seinen wirklichen Farben zu malen. Tatsächlich fesseln sie jedes Herz schon beim ersten Anblick zur Genüge; und es ist schwierig,

* Plut. in Pericle. [Plutarch, *Perikles* 38.]

** Cic. de Officiis, lib. I.

*** Sat. XV. 139 und seq.

nicht in Lobeshymnen auszubrechen, wann immer sich ihnen das Gespräch und die Reflexion zuwendet. Aber da wir uns hier eher mit dem spekulativen als mit dem praktischen Aspekt der Moral beschäftigen, wird die Bemerkung genügen (die mir, wie ich glaube, bereitwillig zugestanden wird), daß keine Eigenschaften größeren Anspruch auf allgemeine Gunst und Zustimmung der Menschen haben als Wohlwollen und Humanität, Freundschaft und Dankbarkeit, natürliche Zuneigung und Gemeinschaftssinn, kurz alles, was einem zarten Mitgefühl mit anderen und einer edelmütigen Anteilnahme an der Menschheit entspringt. Diese Eigenschaften, wo immer sie auftreten, scheinen gleichsam auf jeden, der ihrer gewahr wird, überzuströmen, und sie scheinen in ihm, zu ihren Gunsten, dieselben freundlichen und liebevollen Gefühle auszulösen, die sie auf die gesamte Umgebung ausstrahlen.

Zweiter Teil

Wir können bemerken, daß in der lobenden Darstellung eines menschenfreundlichen, wohlwollenden Menschen *ein* Umstand immer ganz besonders hervorgehoben wird, nämlich das Glück und die Befriedigung, die der Gesellschaft aus dem Umgang mit ihm und aus seinen guten Diensten erwachsen. Die Zuneigung seiner Eltern gewinnt er, so sind wir geneigt zu sagen, noch mehr durch seine innige Anhänglichkeit und pflichtbewußte Fürsorge als durch die Bande der Natur. Seine Kinder fühlen niemals seine Autorität, außer es ist zu ihren Gunsten. Liebesbindungen werden durch Wohlwollen und Freundschaft gefestigt; Freundschaftsbeziehungen sind ähnlich denen der Liebe und Zuneigung, da er jede Gelegenheit wahrnimmt, anderen einen gefälligen Dienst zu erweisen. Seine Diener und die, die von ihm abhängen, finden bei ihm einen sicheren Zufluchtsort und fürchten die Macht des Schicksals nur insoweit, als sie ihn betrifft. Von ihm empfängt der Hungrige Nahrung, der Nackte Kleidung, der Unwissende Sachkenntnisse und der Faule Motivation; gleich der Sonne, ein untergeordneter Diener der Vorsehung, ermuntert, belebt und unterstützt er die ihn umgebende Welt.

Auf das Privatleben beschränkt, ist der Bereich seiner Tätigkeit ein begrenzterer; doch sein Einfluß ist immer gütig und freundlich. Wird er in eine höhere Stellung versetzt, ernten Mitmenschen und Nachkommenschaft die Früchte seiner Arbeit.

Wenn wir für jemanden Achtung erwecken wollen, werden diese Gegenstände des Lobes immer und mit Erfolg angeführt; dürfen wir daraus nicht den Schluß ziehen, daß der Nutzen, der aus den sozialen Tugenden erwächst, zumindest einen *Teil* ihres Wertes ausmacht und daß er *eine* Quelle jener Billigung und Achtung ist, die man ihnen so allgemein entgegenbringt?

Wenn wir sogar ein Tier oder eine Pflanze als *nützlich* und *wohlwollend* empfehlen, dann erteilen wir ihnen, ihrer Natur entsprechend, Lob und Anerkennung. Andererseits bereitet uns der Gedanke an den schädlichen Einfluß eines dieser niedrigen Wesen immer ein Gefühl der Abneigung. Das Auge erfreut sich am Anblick von Kornfeldern und traubenschweren Weingärten, grasenden Pferden und weidenden Herden; aber es meidet den Anblick von Dornensträuchern und Gestrüpp, die Wölfen und Schlangen Zuflucht bieten.

Eine Maschine, ein Möbelstück, ein Kleidungsstück, ein für den Gebrauch und die Bequemlichkeit gut entworfenes Haus wird insofern als schön empfunden und mit Freude und Zustimmung betrachtet. Ein geübtes Auge erkennt hier viele Vorzüge, die unwissenden und ungebildeten Personen entgehen.

Kann man ein gewichtigeres Lob für einen Berufszweig, wie beispielsweise Handel oder Gewerbe, aussprechen als festzustellen, welche Vorteile er der Gesellschaft bringt? Und ist nicht ein Mönch und Inquisitionsrichter erzürnt, wenn man seinen Orden als nutzlos oder verderblich für die Menschheit bezeichnet?

Der Historiker hebt mit Triumph den Nutzen hervor, der aus seiner Arbeit erwächst. Der Verfasser von Romanen schwächt die üblen Folgen ab, die man dieser literarischen Gattung zuschreibt, oder leugnet sie überhaupt.

Allgemein gesagt: Welches Lob bedeutet das einfache Attribut *nützlich*! Welcher Vorwurf liegt in seinem Gegenteil!

Eure Götter, sagt Cicero* als Einwand gegen die Epikureer[7], können berechtigterweise keinen Anspruch auf Anbetung oder Verehrung erheben, gleichviel mit welchen angeblichen Vorzügen ihr sie euch ausgestattet denkt: Sie sind gänzlich unnütz und untätig. Selbst die Ägypter, die ihr so lächerlich macht, erklärten niemals ein Tier für heilig, es sei denn aufgrund seiner Nützlichkeit.

Die Skeptiker[8] stellen die freilich unsinnige Behauptung auf,** daß der Ursprung aller religiösen Verehrung aus dem Nutzen unbelebter Gegenstände, wie der Sonne und des Mondes, für die Erhaltung und das Gedeihen der Menschheit hergeleitet wurde. Dies ist auch der Grund, der allgemein von Historikern für die Vergöttlichung hervorragender Helden und Gesetzgeber angeführt wird.***

Einen Baum pflanzen, ein Feld urbar machen, Kinder zeugen – verdienstliche Taten nach der Religion des Zarathustra![9]

Bei allen Bestimmungen der Sittlichkeit hat man in erster Linie stets diesen Umstand des öffentlichen Nutzens im Auge; und wo immer Meinungsverschiedenheiten über die Grenzen der Pflicht entstehen, sei es in der Philosophie oder im täglichen Leben, kann diese Frage in keinem Fall mit größerer Sicherheit entschieden werden als dadurch, daß

* De Nat. Deor. lib. I. [I,36,101.]

** Sext. Emp. adversus Math. lib. VIII. [Sextus Empiricus, *Gegen die Mathematiker* IX,394,18.]

*** Diod. Sic. passim. [Diodorus Siculus, *Bibliotheke*.]

man auf beiden Seiten die wahren Interessen der Menschheit ermittelt. Ergibt sich, daß irgendeine auf Grund äußeren Anscheins angenommene irrige Meinung bestanden hatte, so widerrufen wir, sobald wir durch neue Erfahrungen und zuverlässigere Schlüsse eine richtigere Vorstellung von menschlichen Angelegenheiten gewonnen haben, unser erstes Urteil und bestimmen die Grenzen des moralisch Guten und Schlechten von neuem.

Gewöhnlichen Bettlern Almosen zu geben, wird üblicherweise gelobt, da es den Notleidenden und Bedürftigen Erleichterung zu bringen scheint; aber sobald wir bemerken, daß dadurch Faulheit und Ausschweifung gefördert werden, halten wir diese Art von Barmherzigkeit eher für eine Schwäche als für eine Tugend.

Der *Tyrannenmord* oder die Ermordung von Usurpatoren und Unterdrückern wurde in alten Zeiten hoch gepriesen, denn er befreite die Menschheit von vielen dieser Ungeheuer und schien den anderen, die das Schwert und der Dolch nicht erreichen konnte, Furcht einzuflößen. Aber da Geschichte und Erfahrung uns seitdem überzeugt haben, daß eine solche Gewohnheit den Argwohn und die Grausamkeit der Fürsten vergrößert, gelten heute ein Timoleon und ein Brutus, obwohl sie in Anbetracht der Vorurteile ihrer Zeit mit Nachsicht behandelt werden, als höchst ungeeignete Beispiele zur Nachahmung.

Freigebigkeit bei Fürsten gilt als ein Zeichen von Güte; wenn es sich aber herausstellt, daß dadurch das einfache Brot der Ehrlichen und Arbeitsamen häufig in köstliche Leckerbissen für Faule und Verschwender umgewandelt wird, ziehen wir unser unbedachtes Lob bald zurück. Das Bedauern eines Fürsten, einen Tag verloren zu haben, war edel und hochherzig; hätte er aber die Absicht gehabt, ihn mit freigebigen Handlungen gegenüber seinen gierigen Höflingen zu verbringen, so wäre es besser, den Tag zu verlieren als ihn auf derartige Weise zu mißbrauchen.

Luxus oder die Verfeinerung der Vergnügungen und der

Bequemlichkeit des Lebens galt lange als die Quelle jeder Korruption im Staate und als die unmittelbare Ursache von Parteienzwist, Aufruhr, Bürgerkriegen und des gänzlichen Verlustes der Freiheit. Er wurde daher allgemein als ein Laster angesehen und wurde zur Zielscheibe der Spottreden aller Satiriker und strengen Moralisten. Jene, die beweisen oder zu beweisen suchen, daß derartige Verfeinerungen dem Wachstum des Gewerbes, der Bildung und der Künste eher förderlich sind, geben unseren *moralischen* wie auch *politischen* Gefühlen neue Richtlinien und stellen das als lobenswert oder unschädlich dar, was zuvor als schädlich und tadelnswert gegolten hat.[10]

Alles in allem scheint es also unleugbar zu sein, *daß* nichts einem menschlichen Wesen ein höheres Ansehen verleihen kann als das stark ausgeprägte Gefühl des Wohlwollens; und *daß* wenigstens ein *Teil* seines Ansehens auf die Tendenz zurückzuführen ist, daß das Wohlwollen die Interessen der Menschheit fördert und das Glück der Gesellschaft vermehrt. Wir richten unser Augenmerk auf die wohltätigen Wirkungen eines solchen Charakters und Gemüts; und alles, was einen so günstigen Einfluß hat und einem so wünschenswerten Ziel dient, wird mit Wohlgefallen und Freude gesehen. Die sozialen Tugenden betrachtet man nie losgelöst von ihren förderlichen Tendenzen, und niemals gelten sie als unfruchtbar und nutzlos. Das Glück der Menschheit, die Ordnung der Gesellschaft, die Harmonie der Familien und der gegenseitige Beistand der Freunde werden immer als die Wirkung ihrer sanften Herrschaft über die Herzen der Menschen angesehen.

Ein wie erheblicher *Teil* ihrer Wertschätzung ihrer Nützlichkeit zuzuschreiben ist, wird aus späteren Erörterungen klarer hervorgehen;* ebenso der Grund, warum dieser Umstand eine solche Macht über unsere Achtung und Wertschätzung ausübt.**

* Abschnitt III und IV.

** Abschnitt V.

Dritter Abschnitt

Über die Gerechtigkeit

Erster Teil

Daß Gerechtigkeit nützlich für die Gesellschaft ist und folglich wenigstens ein *Teil* ihrer Wertschätzung aus dieser Überlegung stammen muß, dies zu beweisen wäre ein überflüssiges Unternehmen. Daß aber der öffentliche Nutzen der *alleinige* Ursprung von Gerechtigkeit ist und daß Erwägungen über die wohltätigen Folgen dieser Tugend die *alleinige* Grundlage ihres Wertes sind; diese interessantere und wichtigere Behauptung verdient eher unsere Prüfung und Untersuchung.

Nehmen wir an, die Natur habe die Menschen mit einem so reichlichen *Überfluß* an allen *äußerlichen* Annehmlichkeiten ausgestattet, daß jeder einzelne, ohne Unsicherheit vor der Zukunft und ohne Sorge oder Anstrengung unsererseits, sich vollständig mit dem ausgestattet findet, was sein unersättlichster Appetit fordern oder seine üppigste Phantasie wünschen oder begehren kann. Seine natürliche Schönheit, nehmen wir an, übertrifft allen künstlichen Schmuck; die beständige Milde der Jahreszeiten macht jede Kleidung oder Bedeckung überflüssig; die wilden Kräuter versorgen ihn mit der wohlschmeckendsten Nahrung, die klare Quelle mit dem köstlichsten Getränk. Keine mühselige Arbeit ist nötig; kein Ackerbau; keine Schiffahrt. Musik, Dichtung und beschauliches Nachdenken sind seine einzige Beschäftigung; Gespräch, Heiterkeit und Freundschaft seine einzige Unterhaltung.

Es scheint einleuchtend, daß in einem so glücklichen Zustand jede andere soziale Tugend blühen und sich verzehnfachen würde; aber von der vorsichtigen, argwöhnischen Tugend der Gerechtigkeit wäre nicht einmal geträumt worden. Weshalb eine Aufteilung der Güter, wenn jeder schon mehr als genug hat? Warum das Eigentum einführen, wenn ein Zuwiderhandeln ohnedies nicht möglich ist? Warum einen Gegenstand *mein* nennen, wenn ich, sobald ein anderer ihn sich aneignet, nur meine Hand auszustrecken brauche, um mir etwas zu verschaffen, das gleich wertvoll ist? Gerechtigkeit wäre in diesem Fall, weil völlig nutzlos, ein leeres Zeremoniell und könnte wahrscheinlich niemals einen Platz im Verzeichnis der Tugenden finden.

Selbst in der gegenwärtigen dürftigen Lage der Menschheit sehen wir, daß überall dort, wo von Natur aus ein nützlicher Gegenstand in unbegrenzter Fülle zur Verfügung steht, dieser stets Gemeingut bleibt und wir keine Unterscheidungen nach Recht und Eigentum vornehmen. Wasser und Luft, obwohl von allen Dingen die allernotwendigsten, werden nicht als der Besitz einzelner in Erwägung gezogen; auch kann niemand, selbst bei äußerst verschwenderischem Gebrauch und Genuß dieser Güter, eine Ungerechtigkeit begehen. In fruchtbaren, ausgedehnten und dünn besiedelten Gebieten wird Land auf dieselbe Art und Weise behandelt. Und auf keinen Punkt berufen sich diejenigen so nachdrücklich, die die Freiheit der Meere verteidigen, als auf die Tatsache, daß der Nutzen der Meere durch die Schiffahrt nicht erschöpft werden kann. Die, die solche Überlegungen anstellen, hätten niemals irgendwelche Gegner zu widerlegen gehabt, wären die Erträge der Schiffahrt ebenso unerschöpflich; auch wären niemals Ansprüche auf eine gesonderte, ausschließliche Herrschaft über den Ozean erhoben worden.

In einigen Ländern kann es zu bestimmten Zeiten geschehen, daß ein Eigentumsrecht an Wasser, nicht aber an Land eingeführt wird;* wenn nämlich das letztere in größerem Überfluß vorhanden ist, als es von den Bewohnern

* Genesis, Kap. XIII und XXI.

gebraucht werden kann, während das erstere mit Schwierigkeiten und in sehr geringen Mengen vorgefunden wird. Ferner: Nehmen wir an, daß zwar die Bedürfnisse des Menschen den gegenwärtigen gleich bleiben, sein Gesichtskreis sich jedoch so sehr erweitert und sein Gemüt von Freundschaft und Großzügigkeit so sehr erfüllt wird, daß jeder Mensch jedem anderen gegenüber die innigste Liebe empfindet und auf sein eigenes Interesse nicht mehr bedacht ist als auf das seiner Nächsten; es scheint offensichtlich, daß in einem solchen Fall der Nutzen der Gerechtigkeit durch ein so umfassendes Wohlwollen aufgehoben sein würde und auch niemals an die Trennungen und Schranken von Eigentum und Verpflichtung gedacht worden wäre. Warum sollte ich jemand anderen durch einen Vertrag oder durch ein Versprechen binden, mir einen guten Dienst zu erweisen, wenn ich weiß, daß er ohnedies schon von der intensivsten Neigung bewegt wird, mein Glück zu fördern und den gewünschten Dienst von sich aus zu leisten? (Es sei denn, der Schaden, der ihm daraus erwächst, wäre größer als der mir zukommende Nutzen, in welchem Fall er aber wüßte, daß aufgrund meiner angeborenen Menschlichkeit und Freundschaft ich als erster seiner unüberlegten Großzügigkeit entgegentreten würde.) Wozu Grenzsteine zwischen mein Feld und das meines Nachbarn setzen, wenn mein Herz zwischen unseren Interessen keinen Unterschied macht, sondern an allen seinen Freuden und Sorgen mit derselben Kraft und Lebhaftigkeit Anteil nimmt, als ob sie ursprünglich meine eigenen wären? Unter dieser Voraussetzung wäre jeder Mensch dem anderen ein zweites Ich und vertraute alle seine Interessen dem Belieben jedes anderen an: ohne Eifersucht, ohne Rückhalt, ohne Unterschied. Und die ganze Menschheit bildete eine einzige Familie, wo allen alles gemeinsam gehörte und frei zu gebrauchen wäre, ohne Rücksicht auf Eigentum; aber doch mit Bedacht, mit ebenso aufrichtiger Beachtung der Bedürfnisse jedes einzelnen, als ob unsere eigenen Interessen aufs innigste betroffen wären.

So, wie die Menschen gegenwärtig sind, wäre es vielleicht schwierig, vollkommene Beispiele einer derartigen Großzügigkeit zu finden; aber wir können doch bemerken, daß sich die Situation in den Familien diesem Zustand nähert, der um so näher rückt, je größer das gegenseitige Wohlwollen der Einzelindividuen ist; bis schließlich zu einem großen Teil jeder Eigentumsunterschied verlorengeht und sich auflöst. Zwischen verheirateten Personen hält die Gesetzgebung das Band der Freundschaft für so stark, daß jede Eigentumstrennung aufgehoben wird; und häufig hat es tatsächlich die ihm zugeschriebene Kraft. Und man kann beobachten, daß im Eifer eines neuen Enthusiasmus, wenn jedes Prinzip auf die Spitze getrieben wird, oftmals eine Gütergemeinschaft versucht wurde; und nur die Erfahrung ihrer Schwierigkeiten, aufgrund des wiederkehrenden oder verdeckten Egoismus der Menschen, konnte die unklugen Fanatiker dazu bewegen, wiederum die Ideen von Gerechtigkeit und von getrenntem Eigentum aufzugreifen. So sehr ist es wahr, daß diese Tugend ihre Existenz ganz und gar dem notwendigen *Bedürfnis* des Verkehrs und des gesellschaftlichen Zustandes der Menschheit verdankt.

Um diese Wahrheit noch einsichtiger zu machen, kehren wir die vorangegangenen Annahmen um; erwägen wir, indem wir alles in das gegenteilige Extrem kehren, welche Auswirkungen diese neue Situation mit sich brächte. Angenommen, eine Gesellschaft gerät in einen solchen Mangel an allem Lebensnotwendigen, daß selbst äußerste Sparsamkeit und Fleiß nicht verhindern könnten, daß eine größere Zahl zugrunde ginge und alle im extremen Elend lebten; man wird, glaube ich, bereitwillig zugeben, daß in einer so bedrückenden Notlage die strengen Gesetze der Gerechtigkeit aufgegeben werden und den stärkeren Motiven der Notwendigkeit und Selbsterhaltung weichen. Ist es ein Verbrechen, sich nach einem Schiffbruch jedes erreichbaren Rettungsmittels oder Werkzeugs zu bemächtigen, ohne Beachtung früherer Eigentumsgrenzen? Oder wenn eine

Stadt belagert wird, wo Menschen am Verhungern sind; können wir uns vorstellen, daß sie irgendeine Möglichkeit sehen, sich zu retten, und daß sie ihr Leben lassen aufgrund einer skrupulösen Beachtung dessen, was in anderen Situationen faire und gerechte Vorschriften wären? Der Nutzen und Zweck dieser Tugend ist es, durch Aufrechterhaltung der Ordnung in der Gesellschaft Glück und Sicherheit herbeizuführen; wo aber die Gesellschaft aus äußerster Not dem Untergang nahe ist, kann auch von Gewalt und Ungerechtigkeit kein größeres Übel befürchtet werden; und jeder wird sich nun mit allen jenen Mitteln versorgen, die ihm Klugheit vorschreiben oder Menschlichkeit erlauben können. Selbst in weniger dringenden Notfällen öffnet der Staat Kornspeicher ohne das Einverständnis der Besitzer; in der richtigen Annahme, daß sich die Macht der Behörde in Einklang mit der Gerechtigkeit so weit erstrecken dürfe; sollte sich aber während einer Hungersnot eine Anzahl von Menschen ohne Ermächtigung durch Gesetz und öffentliche Gerichtsbarkeit versammeln, würde dann eine Gleichverteilung von Brot, auch wenn mit Macht und sogar Gewalt durchgesetzt, als kriminell oder unrecht gelten?

Nehmen wir desgleichen an, daß es das Schicksal eines tugendhaften Menschen wäre, in die Hände von Verbrechern zu fallen, fern vom Schutz der Gesetze und der Regierung; wie sollte er sich in dieser traurigen Situation verhalten? Er sieht sich mit einer so ausweglosen Habgier konfrontiert; einer derartigen Mißachtung der Gerechtigkeit, einer solchen Verachtung von Ordnung, einer so dummen Blindheit gegenüber künftigen Folgen, daß dies sogleich zu äußerst tragischen Konsequenzen führen muß und in der Vernichtung einer größeren Anzahl sowie in der gänzlichen Auflösung der restlichen Gesellschaft enden muß. Ihm bleibt in der Zwischenzeit kein anderer Ausweg, als sich zu bewaffnen, wem auch immer das Schwert oder der Schild gehören mag, die er ergreift; er muß für alle Mittel der Verteidigung und Sicherheit Vorsorge schaffen, und da sein besonderer Gerechtigkeitssinn weder ihm noch anderen länger Nutzen gewährt, muß er allein den Geboten der Selbsterhaltung gehorchen, ohne auf diejenigen Rücksicht zu nehmen, die seine Fürsorge und Aufmerksamkeit nicht länger verdienen.

Sogar in der bürgerlichen Gesellschaft wird jemand, der durch seine Verbrechen der Allgemeinheit Schaden zufügt, von Gesetzes wegen an seinem Besitz und an seiner Person bestraft, was bedeutet, daß ihm gegenüber die üblichen Gesetze der Gerechtigkeit für einen Augenblick aufgehoben werden und es gerecht wird, zum *Wohl* der Gesellschaft etwas über ihn zu verhängen, was ihm ansonsten nicht ohne Rechtswidrigkeit widerfahren könnte.

Das Wüten und die Gewalttätigkeit des Bürgerkrieges; was ist das anderes als eine Aufhebung der Gerechtigkeit zwischen den kriegführenden Parteien, die erkennen, daß diese Tugend für sie nicht länger von irgendeinem *Nutzen* oder Vorteil ist? Die Kriegs-Gesetze, die dann an die Stelle jener der Fairneß und Gerechtigkeit treten, sind Regeln, die dem *Vorteil* und dem *Nutzen* der besonderen Lage dienen sollen, in der sich die Menschen nun befinden. Und wäre eine zivilisierte Nation in einen Krieg mit Barbaren verwickelt, die nicht einmal Kriegsgesetze anerkennen, so müßte auch sie aufhören, dieselben zu befolgen, da sie in diesem Fall zwecklos geworden sind; und sie müßte jeden Kampf und jeden Zusammenstoß für die ersten Angreifer so blutig und verderblich als möglich machen.

So hängen also die Regeln der Fairneß oder Gerechtigkeit vollständig von dem besonderen Zustand und der Lage ab, worin sich die Menschen befinden; und ihren Ursprung und ihre Existenz verdanken sie gerade jenem *Nutzen*, der dem Gemeinwesen aus ihrer strengen und regelmäßigen Befolgung erwächst. Verändere in irgendeinem bedeutenden Umstand die Lage der Menschen; erzeuge äußersten Überfluß oder äußerste Not; pflanze in ihr Herz vollkommene Bescheidenheit und Menschlichkeit oder vollkommene Habgier und Bosheit; indem man auf diese Weise die Gerechtigkeit gänzlich *nutzlos* macht, vernichtet man zugleich vollkommen ihr Wesen und hebt ihre Verbindlichkeit für die Menschen auf.

Die übliche Situation der Menschen hält die Mitte zwischen allen diesen Extremen. Wir sind von Natur aus für uns und unsere Freunde voreingenommen, sind aber fähig, den Vorteil zu erkennen, der sich aus einem unparteiischeren Verhalten ergibt. Wenige Genüsse empfangen wir aus der offenen und freigebigen Hand der Natur; aber durch Geschicklichkeit, Mühe und Fleiß können wir sie in großer Anzahl gewinnen. Dadurch werden aber die Eigentumsideen unentbehrlich; von hier leitet die Gerechtigkeit ihre Nützlichkeit für die Öffentlichkeit ab; und darauf allein beruht ihr Wert und ihre moralisch verpflichtende Kraft.

Diese Schlußfolgerungen sind so natürlich und einleuchtend, daß sie selbst den Dichtern bei ihren Schilderungen der Glückseligkeit, die während des Goldenen Zeitalters oder der Regentschaft des Saturn herrschte, nicht entgangen sind. Wenn wir diesen angenehmen Fiktionen Glauben schenken wollen, dann waren in jener ersten Weltperiode die Jahreszeiten so milde, daß für Menschen keine Notwendigkeit bestand, sich mit Kleidern und Häusern zu versorgen, um sich vor den Unbilden von Hitze und Kälte zu schützen; in den Flüssen flossen Wein und Milch; die Eichen lieferten Honig, und freiwillig brachte die Natur ihre köstlichsten Gaben hervor. Doch waren dies noch nicht die größten Vorzüge dieses glücklichen Zeitalters: Stürme waren nicht nur aus der Natur verbannt, sondern auch dem menschlichen Herzen waren jene noch viel wilderen Stürme unbekannt, die jetzt soviel Aufruhr verursachen und soviel Verwirrung stiften. Von Habgier, Ehrgeiz, Grausamkeit und Selbstsucht hatte man nie gehört; herzliche Zuneigung, Mitleid und Sympathie waren die einzigen Regungen, mit denen die Seele bis dahin vertraut war. Sogar die kleinliche Unterscheidung von *mein* und *dein* war aus dem glücklichen

Leben dieser Sterblichen verbannt, und damit selbst die Begriffe von Eigentum und Verpflichtung, von Gerechtigkeit und Ungerechtigkeit.

Diese *poetische* Fiktion vom *Goldenen Zeitalter* entspricht in mancher Hinsicht der *philosophischen* Fiktion vom Naturzustand; nur daß das erstere als der reizendste und friedlichste Zustand, den man sich vorstellen kann, beschrieben wird, während der letztere als ein von äußerster Not begleiteter Zustand wechselseitiger Kriege und gegenseitiger Gewalttätigkeiten geschildert wird. Im Urzustand der Menschheit, sagt man uns, waren Unwissenheit und Wildheit so übergroß, daß man sich gegenseitig kein Vertrauen schenken konnte, sondern jeder sich auf sich selbst und auf seine eigene Kraft und Schlauheit verlassen mußte, wenn es galt, sich zu schützen und abzusichern. Von Gesetzen hatte man nicht gehört; eine Gerechtigkeitsregel war unbekannt; kein Eigentumsunterschied wurde beachtet; und ein immerwährender Krieg aller gegen alle war die Folge der ungezähmten Selbstsucht und Grausamkeit der Menschen.*

* Diese Fiktion von einem Naturzustand als dem eines Kriegszustandes stammt nicht von Hobbes, wie in der Regel angenommen wird. Platon bemüht sich im zweiten, dritten und vierten Buch der Politeia, eine ganz ähnliche Hypothese zu widerlegen. Cicero hingegen nimmt sie in der folgenden Passage als sicher und allgemein anerkannt an: »Denn wer von uns weiß nicht, ihr Richter, wie es ursprünglich zugegangen ist: daß die Menschen einst keinerlei Recht, weder das natürliche noch das bürgerliche, kannten, daß sie vereinzelt und über die Fluren zerstreut umherstreiften und so viel besaßen, wie sie tötend und verwundend mit der Kraft ihrer Arme zu rauben oder zu verteidigen vermochten? So haben denn diejenigen, die sich als erste durch Tüchtigkeit und Umsicht auszeichneten, die überall verstreuten Menschen, nachdem sie deren Gelehrigkeit und Begabung erkannt hatten, an einem Orte versammelt und ihre Roheit in Gerechtigkeit und Milde verwandelt. Damals entstanden die dem gemeinsamen Nutzen dienenden Einrichtungen, die wir als staatlich bezeichnen; damals kamen die Zusammenschlüsse von Menschen auf, die später Gemeinden genannt wurden; damals baute man die Anhäufungen von Häusern, die bei uns Städte heißen, und für dies alles schuf man das göttliche und menschliche Recht und die schützenden Mauern. Zwischen unserer durch Menschlichkeit veredelten Lebensweise und jenem wilden Dasein besteht kein größerer Gegensatz als der von Recht und Gewalt. Wenn wir das eine nicht haben wollen, dann haben wir mit Notwendigkeit das andere. Wir wollen, daß

Ob ein solcher Zustand der menschlichen Natur jemals existieren konnte und, falls er existierte, ob er so lange andauern konnte, um die Bezeichnung *Staat* zu verdienen, mag mit Recht bezweifelt werden. Menschen werden notwendigerweise zumindest in eine Familien-Gesellschaft hineingeboren und von ihren Eltern zu gewissen Formen des Betragens und Benehmens angehalten. Aber soviel muß man zugeben, daß dann, wenn jemals ein solcher Zustand wechselseitigen Krieges und gegenseitiger Gewalt geherrscht hat, die Aufhebung aller Gesetze der Gerechtigkeit aufgrund ihrer absoluten Nutzlosigkeit eine notwendige und unausbleibliche Folge gewesen ist.

Je mannigfaltiger die Gesichtspunkte sind, unter welchen wir das menschliche Leben betrachten, und je neuer und ungewöhnlicher die Lichtquellen sind, mit denen wir es beleuchten, desto mehr werden wir uns überzeugen können, daß der Ursprung, der hier für die Tugend der Gerechtigkeit angenommen wird, richtig und zufriedenstellend ist.

Gäbe es verstreut unter den Menschen eine Art von Wesen, zwar mit Verstand begabt, uns aber sowohl an körperlichen als auch an geistigen Fähigkeiten dermaßen unterlegen, daß sie überhaupt zu keinem Widerstand fähig wären und uns niemals, selbst bei äußerster Herausforderung, die Auswirkungen ihres Zorns fühlen lassen könnten, dann scheint mir die notwendige Konsequenz die zu sein, daß wir durch die Gesetze der Menschlichkeit verpflichtet sind, diese Wesen gütig zu behandeln; aber strenggenommen wären uns von der Gerechtigkeit her keine Schranken ihnen gegenüber auferlegt, und sie könnten unabhängig von so eigenmächtigen Herren auch kein Recht oder Eigentum besitzen. Unser Umgang mit ihnen wäre nicht »gesellschaftlich« zu nennen, da ein solcher einen Grad von Gleichheit voraussetzt; son-

die Gewalt verschwindet: das Recht muß sich durchsetzen, daß heißt die Gerichtsbarkeit, die allem Recht zur Geltung verhilft. Die Gerichtsbarkeit wird abgelehnt oder ist gar nicht vorhanden: unvermeidlich herrscht Gewalt. Dies sieht jedermann ein.« *Pro Sext. I.* 42. [Cicero, *Rede für P. Sestius* 42.]

dern es bestünde absolute Herrschaft auf der einen und sklavischer Gehorsam auf der anderen Seite. Was immer wir wünschen, darauf müssen sie sofort verzichten; unser Einverständnis ist die einzige Garantie, durch welche sie ihren Besitz innehaben; unser Mitleid und unsere Güte das einzige Hindernis, womit sie unseren zügellosen Willen bändigen können; und da aus der Ausübung von Macht, die so fest in der Natur verankert ist, niemals ein Nachteil erwachsen kann, hätten in einer so ungleichen Gesellschaft die Schranken von Gerechtigkeit und Eigentum, da sie vollkommen *nutzlos* sind, niemals einen Platz.

Das ist ganz offensichtlich die Situation der Menschen den Tieren gegenüber; und wieweit man von ihnen sagen könnte, daß sie einen Verstand besitzen, überlasse ich anderen zu entscheiden. Die große Überlegenheit der zivilisierten Europäer über die barbarischen Indianer verleitete uns zur Annahme, wir seien ihnen gegenüber in derselben Lage; und sie veranlaßte uns, in unserem Kontakt mit ihnen alle Schranken der Gerechtigkeit und selbst der Menschlichkeit fallenzulassen. Bei vielen Völkern sind die Frauen einer ähnlichen Sklaverei unterworfen und wurden, im Unterschied zu ihren herrischen Gebietern, für unfähig erklärt, irgendein Eigentum zu besitzen. Aber wenn auch die Männer, falls sie sich zusammentun, in allen Ländern über genügend körperliche Kräfte verfügen, um diese Willkürherrschaft zu behaupten, so ist doch das einschmeichelnde, gewandte und bezaubernde Wesen ihrer hübschen Gefährtinnen so wirksam, daß es den Frauen gewöhnlich gelingt, jenes Komplott zu durchbrechen und mit dem anderen Geschlecht alle gesellschaftlichen Rechte und Privilegien zu teilen.

Wäre der Mensch von Natur aus so beschaffen, daß jeder einzelne alle für seine Erhaltung und für die Fortpflanzung seiner Art notwendigen Fähigkeiten in sich vereinigt; wäre jede Gesellschaft und jeder zwischenmenschliche Kontakt aufgrund einer ursprünglichen Absicht des höchsten Schöpfers unmöglich, dann scheint es offensichtlich zu sein, daß ein so einzelgängerisches Wesen ebenso unfähig wäre, Gerechtigkeit zu üben, wie es auch unfähig wäre, sich gesellschaftlich zu unterhalten und Gespräche zu führen. Wo gegenseitige Achtung und Duldung keinem wie immer gearteten Zweck dienen, bestimmen sie niemals das Verhalten eines vernünftigen Menschen. Der unbesonnene Lauf der Leidenschaften würde durch keine Überlegung über künftige Folgen gehemmt werden. Und da nach dieser Annahme jeder Mensch nur sich allein liebt und seine Sicherheit und sein Glück nur von ihm selbst und seinem Tun abhängen, würde er bei jeder Gelegenheit mit äußerster Anstrengung versuchen, die Überlegenheit über jedes andere Wesen zu erlangen, mit welchem ihn ja nichts verbindet, weder Natur noch gemeinsame Interessen.

Nimmt man aber an, daß die Bindung der Geschlechter in der Natur begründet ist, so ist damit sofort die Entstehung der Familie gegeben; und wenn man erkennt, daß für ihre Erhaltung besondere Regeln nötig sind, akzeptiert man sie sofort, freilich ohne den Rest der Menschheit in diese Vorschriften mit einzubeziehen. Nehmen wir an, daß sich mehrere Familien zu *einer* Gesellschaft zusammenschließen, die von allen anderen vollkommen abgeschieden ist, so würden sich die Regeln, die Frieden und Ordnung sichern, bis auf die äußersten Grenzen dieser Gesellschaft erstrecken; einen einzigen Schritt darüber hinaus verlieren sie sogleich ihre Geltung, da sie vollkommen nutzlos werden. Nehmen wir aber weiter an, daß mehrere verschiedene Gesellschaften zum gegenseitigen Nutzen und Vorteil einen gewissen Umgang miteinander pflegen, dann erweitern sich die Grenzen der Gerechtigkeit in dem Maße, wie sich der Blickwinkel der Menschen erweitert und ihre gegenseitigen Verbindungen stärker werden. Geschichte, Erfahrung und Vernunft geben uns hinreichenden Aufschluß über diesen natürlichen Fortschritt der menschlichen Empfindungen und über die allmähliche Zunahme unserer Achtung für

Gerechtigkeit, in dem Verhältnis nämlich, in dem wir mit der weitreichenden Nützlichkeit dieser Tugend bekannt werden.

Zweiter Teil

Wenn wir die *besonderen* Gesetze untersuchen, durch welche die Gerechtigkeit gehandhabt und das Eigentum bestimmt wird, werden wir immer zu demselben Ergebnis gelangen: Das Wohl der Menschheit ist das alleinige Ziel aller dieser Gesetze und Vorschriften. Nicht nur ist es für den Frieden und das Interesse der Gesellschaft erforderlich, daß die Besitztümer der Menschen getrennt werden, sondern die bei solcher Trennung befolgten Grundsätze sind das Beste, was erdacht werden kann, um die Interessen der Gesellschaft weiter zu fördern.

Nehmen wir an,[11] daß ein Wesen, das zwar vernunftbegabt, aber mit der menschlichen Natur nicht vertraut ist, sich überlegt, welche Gerechtigkeits- oder Eigentumsregeln das öffentliche Interesse am besten fördern und Frieden und Sicherheit unter den Menschen schaffen würden. Sein nächstliegender Gedanke wäre wohl der, die größten Besitztümer der höchsten Tugend zuzuweisen und jedem, nach dem Grad seiner Neigung, die Macht zu verleihen, Gutes zu tun. In einer vollkommenen Theokratie, wo ein unendlich einsichtsvolles Wesen durch besondere Willensakte regiert, wäre diese Regel gewiß in Geltung und könnte den weisesten Zwecken dienen; sollten aber die Menschen ein solches Gesetz zur Durchführung bringen, so wäre die Zweifelhaftigkeit von »Wert«, sowohl wegen seiner natürlichen Dunkelheit, als auch wegen der Selbstüberschätzung jedes einzelnen, so groß, daß von dieser Grundlage aus keine bestimmte praktische Norm zu gewinnen wäre; und die gänzliche Auflösung der Gesellschaft müßte die natürliche Folge sein. Fanatiker mögen annehmen, *daß Herrschaft auf Gnade gegründet sei* und *nur Heilige die Erde bewohnen*;

aber die öffentliche Behörde stellt diese erhabenen Theoretiker ganz mit Recht auf dieselbe Stufe mit gemeinen Räubern und lehrt sie durch strengste Disziplin, daß eine Regel, die in der Theorie sehr vorteilhaft für die Gesellschaft scheinen mag, sich in der Praxis jedoch als absolut gefährlich und zerstörerisch herausstellen kann.

Daß es *religiöse* Fanatiker dieser Art in England während der Bürgerkriege gegeben hat, lernen wir aus der Geschichte; obgleich es wahrscheinlich ist, daß die offensichtliche *Tendenz* dieser Prinzipien solche Abscheu unter den Menschen auslöste, daß sich die gefährlichen Enthusiasten alsbald genötigt sahen, von ihren Zielen Abstand zu nehmen oder sie wenigstens geheimzuhalten. Vielleicht waren die *Leveller*[12], die die Gleichverteilung des Eigentums forderten, eine Art von *politischen* Fanatikern, die sich von den religiösen herleiteten und sich unverhohlener zu ihren Ansprüchen bekannten, zumal diese auch den Anschein hatten, an sich durchführbarer und für die menschliche Gesellschaft nützlicher zu sein.

Es muß in der Tat zugegeben werden, daß die Natur der Menschheit gegenüber so freigebig ist, daß dann, wenn alle ihre Gaben gleichmäßig verteilt und durch Geschicklichkeit und Fleiß vervollkommnet würden, jeder einzelne alle Notwendigkeiten und sogar die meisten Annehmlichkeiten des Lebens genießen könnte; auch würde der Mensch niemals anderen Leiden unterworfen sein als denjenigen, die sich gelegentlich aus der kränklichen Anlage und der Konstitution seines Körpers ergeben. Ebenso muß zugestanden werden, daß immer dort, wo von dieser Gleichheit abgegangen wird, wir den Armen mehr an Bedürfnisbefriedigung rauben, als wir den Reichen hinzufügen, und daß der törichte Genuß einer frivolen Eitelkeit eines einzigen Individuums häufig mehr kostet als das Brot vieler Familien, ja ganzer Landstriche. Es könnte überdies scheinen, daß das Gesetz der Gleichheit, da es äußerst *nützlich* wäre, auch nicht gänzlich *undurchführbar* ist; hat es doch zumindest in einem unvollkommenen Ausmaß sogar in einigen Republiken bestanden, besonders in Sparta, wo es, wie man sagt, von den segensreichsten Folgen begleitet war. Man braucht nicht zu erwähnen, daß die Agrargesetze, die so oft in Rom gefordert wurden und in vielen griechischen Städten zur Durchführung gelangten, alle aus der allgemeinen Vorstellung von der Nützlichkeit dieses Prinzips hervorgegangen sind.

Doch die Historiker und sogar der gesunde Menschenverstand können uns belehren, daß diese Ideen von einer *vollkommenen* Gleichheit, so bestechend sie auch zu sein scheinen, im Grunde tatsächlich undurchführbar sind; und daß sie, selbst wenn sie es nicht wären, doch äußerst *schädlich* für die menschliche Gesellschaft sein würden. Wie gleichmäßig Eigentum auch verteilt sein mag, der unterschiedliche Grad an Geschicklichkeit, Sorge und Fleiß wird diese Gleichheit sofort durchbrechen. Hindert man aber die Entwicklung dieser Tugenden, drückt man die Gesellschaft auf das Niveau äußerster Armut herab; und anstatt Not und Bettelei bei einigen wenigen zu verhindern, macht man sie für die ganze Gesellschaft unabwendbar. Auch wäre die genaueste Überwachung notwendig, um jede Ungleichheit bei ihrem ersten Auftreten zu bemerken; und die strengste Gerichtsbarkeit, um sie zu bestrafen und zu beseitigen. Aber abgesehen davon, daß so große Machtkonzentration bald in Tyrannei ausarten und mit großer Parteilichkeit ausgeübt werden müßte; wer könnte sie in einer solchen Situation, wie sie hier angenommen wird, überhaupt innehaben? Vollkommene Gleichheit an Besitz führt, indem sie jede Unterordnung zerstört, zu weitestgehender Schwächung der Regierungsautorität und muß alle Macht, ebenso wie das Eigentum, nahezu restlos nivellieren.

Wir dürfen daher schließen, daß wir, um Gesetze zur Eigentumsregelung zu erstellen, mit der Natur und der Lage des Menschen vertraut sein müssen; und scheinbar Bestechendes, das jedoch falsch sein könnte, zurückweisen und nach denjenigen Regeln suchen müssen, die aufs Ganze gesehen die *nützlichsten* und *vorteilhaftesten* sind. Gewöhnlicher Menschenverstand und geringe Erfahrung sind für diesen Zweck ausreichend; vorausgesetzt, man läßt sich nicht von allzu großer Selbstsucht oder von allzu überspanntem Enthusiasmus hinreißen.

Wer sieht zum Beispiel nicht, daß alles, was durch die Geschicklichkeit oder den Fleiß eines Menschen erzeugt oder vervollkommnet wurde, ihm für immer gehören sollte, um so *nützliche* Gewohnheiten und Fertigkeiten zu ermutigen? Daß sich das Eigentum auch auf Kinder und Verwandte vererben sollte, um demselben *nützlichen* Zweck zu dienen? Daß es durch Vereinbarung übertragen werden darf, um den für die menschliche Gesellschaft so *förderlichen* Handel und Verkehr zu schaffen? Und daß alle Verträge und Versprechungen sorgfältig erfüllt werden sollten, um den Glauben der Menschen aneinander und wechselseitiges Vertrauen zu gewährleisten, wodurch das allgemeine *Interesse* der Menschheit so sehr gefördert wird?

Prüfe, was Schriftsteller über das Naturrecht geschrieben haben; und du wirst stets finden, gleichgültig von welchen Prinzipien sie ausgegangen sind, daß sie zuletzt gewiß dorthin gelangen und als den letzten Grund aller Regeln, die sie aufstellen, das Wohl und die Bedürfnisse der Menschheit anführen. Ein solches, im Widerspruch mit den eigenen Systemen abgenötigtes Zugeständnis hat mehr Gewicht, als wenn es in Einklang mit denselben gemacht worden wäre.[13]

Welchen anderen Grund könnten diese Autoren in der Tat jemals angeben, warum dies *mein* sein muß und jenes *dein*, da die ungelehrte Natur sicherlich niemals irgendeine derartige Unterscheidung gemacht hat? Die Gegenstände, welche diese Bezeichnungen erhalten, sind uns an sich fremd; sie sind von uns vollkommen losgelöst und getrennt; und nichts als die allgemeinen Interessen der Gesellschaft können die Verbindung herstellen.

Manchmal können die Interessen der Gesellschaft eine

Gerechtigkeitsregel für einen besonderen Fall erforderlich machen, ohne aber eine bestimmte Regel unter mehreren, welche alle gleich nützlich sind, festlegen zu können. In einem solchen Fall klammert man sich an die schwächsten *Analogien*, um jene Unbestimmtheit und Zweideutigkeit zu vermeiden, welche die Quelle dauernder Uneinigkeit sein würde. Daher nimmt man an, daß nur Besitz, und zwar Erstbesitz, ein Eigentumsrecht verleihen kann, vorausgesetzt, kein anderer erhebt einen älteren Anspruch oder eine frühere Forderung. Viele Beweisführungen der Juristen sind nach Art dieser Analogien und stützen sich auf sehr lose Verknüpfungen der Einbildungskraft.

Hat jemand in außerordentlichen Fällen Bedenken, jede Achtung vor dem Privateigentum einzelner hintanzustellen und aus öffentlichem Interesse eine Unterscheidung zu opfern, die um dieses Interesses willen geschaffen worden ist? Die Sicherheit des Volkes ist das oberste Gesetz;[14] alle anderen, besonderen Gesetze sind ihm untergeordnet und von ihm abhängig; und wenn sie im *gewöhnlichen* Lauf der Dinge befolgt und beachtet werden, dann ist dies nur deshalb so, weil die öffentliche Sicherheit und das öffentliche Interesse *gewöhnlich* eine so gleichmäßige und unparteiische Verwaltung fordern.

Manchmal versagen sowohl *Nützlichkeit* als auch *Analogie* und lassen die Gesetze der Gerechtigkeit in gänzlicher Ungewißheit. Daher ist es dringend erforderlich, daß Verjährung und langdauernder Besitz Eigentum übertragen; aber wie viele Tage, Monate oder Jahre für diesen Zweck ausreichend sind, kann der Verstand allein unmöglich bestimmen. Hier treten *bürgerliche Gesetze* an die Stelle des *natürlichen Kodex* und legen verschiedene Zeiträume für die Verjährung fest, entsprechend den verschiedenen *Nützlichkeiten*, die der Gesetzgeber beabsichtigt. Wechsel und Schuldscheine verjähren nach den Gesetzen der meisten Länder schneller als Wertpapiere, Hypotheken und Verträge von mehr formaler Natur.

Im allgemeinen können wir beobachten, daß alle Eigentumsfragen der Autorität bürgerlicher Gesetze unterliegen, die die Regeln der natürlichen Gerechtigkeit erweitern, einschränken, modifizieren und verändern, je nach dem besonderen *Bedürfnis* eines jeden Gemeinwesens. Die Gesetze beziehen sich, oder sollten sich beständig auf die politische Verfassung, die Sitten, das Klima, die Religion, den Handel oder die spezielle Situation jeder Gesellschaft beziehen. Ein vor kurzem verstorbener, ebenso genialer wie gelehrter Autor hat sich mit diesem Thema eingehend beschäftigt und hat, ausgehend von diesen Prinzipien, ein System politischen Wissens aufgebaut, das reich an geistvollen und brillanten Einfällen ist und dem es nicht an Gründlichkeit mangelt.*

* Der Verfasser von *L'Esprit des Loix* [Montesquieu, *Vom Geist der Gesetze*]. Dieser berühmte Schriftsteller[15] geht jedoch von einer anderen Theorie aus und nimmt an, alles Recht beruhe auf gewissen *rapports* oder Beziehungen; ein System, das sich meiner Meinung nach niemals mit wahrer Philosophie wird vereinbaren lassen. Pater Malebranche[16] war, soweit ich herausfinden kann, der erste, der diese abstrakte Theorie der Moral aufstellte, die später von Cudworth, Clarke und anderen übernommen wurde; und da sie jedes Gefühl ausschließt und vorgibt, alles auf den Verstand zu gründen, hat es ihr in diesem philosophischen Zeitalter nicht an Nachfolgern gefehlt. (Siehe I. Abschnitt und Anhang I.) In bezug auf Gerechtigkeit, jene Tugend, die hier behandelt wird, scheint das Argument gegen diese Theorie kurz und bündig zu sein. Eigentum ist anerkanntermaßen vom bürgerlichen Gesetz abhängig; bürgerliche Gesetze haben anerkanntermaßen keinen anderen Zweck als das Interesse der Gesellschaft: Dieses muß daher als die einzige Grundlage von Eigentum und Gerechtigkeit anerkannt werden. Man braucht nicht zu erwähnen, daß unsere Verpflichtung, der Obrigkeit und ihren Gesetzen zu gehorchen, auf nichts anderem als auf den Interessen der Gesellschaft beruht.[17]

Wenn die Vorstellungen von Gerechtigkeit manchmal nicht den Bestimmungen des bürgerlichen Gesetzes entsprechen, so wird sich zeigen, daß diese Beispiele nicht Einwände gegen die oben dargelegte Theorie sind, sondern Bestätigungen. Wenn ein bürgerliches Gesetz so verkehrt ist, daß es an allen Interessen der Gesellschaft vorbeigeht, verliert es seine gesamte Autorität, und die Menschen urteilen nach den Vorstellungen der natürlichen Gerechtigkeit, die mit jenen Interessen übereinstimmen. Bisweilen verlangen auch bürgerliche Gesetze zu nützlichen Zwecken eine Zeremonie oder Formalität für irgendein Dokument; und wenn diese fehlen, laufen ihre Vorschriften der gewöhnlichen Auffassung von Gerechtigkeit zuwider; doch jemand, der sich solche Rechts-

Was ist das Eigentum eines Menschen? Jedes Ding, dessen Benützung ihm und ihm allein gesetzlich zusteht. *Aber welche Regel haben wir, nach der wir diese Dinge entscheiden können?* Hier müssen wir auf Rechtsverhältnisse, Gewohnheiten, Präzedenzfälle, Analogien und hundert andere Umstände zurückgreifen, von denen einige konstant und unveränderlich, andere wiederum veränderlich und willkürlich sind. Aber der letzte Punkt, auf den sie alle offenkundig hinzielen, ist das Interesse und das Glück der menschlichen Gesellschaft. Wenn dies nicht in Betracht gezogen wird, kann nichts seltsamer, unnatürlicher und sogar abergläubischer erscheinen als alle oder doch die meisten Gerechtigkeits- und Eigentumsregeln.

Diejenigen, die den gemeinen Aberglauben lächerlich machen und den Unsinn aufdecken, der in der besonderen Beachtung von Speisen, Festtagen, Orten, Körperhaltungen oder Kleidung liegt, haben eine leichte Aufgabe, solange sie alle Eigenschaften und Beziehungen der Objekte analysieren, ohne dabei einen hinreichenden Grund für jene Zuneigung oder Abneigung, Verehrung oder Ablehnung zu entdecken, die einen so mächtigen Einfluß auf einen beträchtlichen Teil der Menschheit ausüben. Ein Syrer wäre lieber verhungert, als eine Taube zu kosten; ein Ägypter würde kein Schweinefleisch berührt haben. Wenn man aber diese Nahrungsmittel mit dem Gesichts-, Geruchs- oder Tastsinn prüft oder sie auf chemischem, medizinischem oder physi-

kniffe zunutze macht, gilt im allgemeinen als ein unehrlicher Mensch. Die Interessen der Gesellschaft verlangen also, daß Verträge eingehalten werden; und es gibt keinen gewichtigeren Artikel, weder des natürlichen noch des bürgerlichen Rechts. Aber die Außerachtlassung eines geringfügigen Umstandes wird oft, nach dem Gesetz, einen Vertrag ungültig machen: *in foro humano*, nicht aber *in foro conscientiae*,[18] um einen Ausdruck der Theologen zu gebrauchen. In diesen Fällen nimmt man an, daß die Behörde nur ihre Macht, das Recht zu erzwingen, zurückgezogen hat, nicht aber, daß sie das Recht geändert hat. Wenn es die Absicht der Obrigkeit ist, das Recht selbst zu ändern, und dies in Einklang steht mit den Interessen der Gesellschaft, so wird es stets geändert; ein klarer Beweis für den Ursprung der Gerechtigkeit und des Eigentums, wie er oben angegeben wurde.

kalischem Weg wissenschaftlich genau untersucht, wird man niemals einen Unterschied zwischen ihnen und anderen Nahrungsmitteln finden und auch nicht den bestimmten Umstand ausfindig machen, der als eine berechtigte Grundlage für dieses religiöse Gefühl dienen könnte. Geflügel am Donnerstag ist eine erlaubte Nahrung, am Freitag aber abscheulich; in diesem Haus und in dieser Diözese sind Eier während der Fastenzeit erlaubt: hundert Schritte weiter ist ihr Genuß eine verdammenswerte Sünde. Dieses Grundstück oder Gebäude war gestern profan; heute wurden sie durch das Murmeln gewisser Worte heilig und geweiht. Man könnte ruhig sagen, daß derartige Überlegungen aus dem Mund eines Philosophen zu selbstverständlich sind, um irgendeinen Einfluß zu haben, da sie einem jeden stets auf den ersten Blick einfallen müssen. Und wo sie sich nicht von selbst durchsetzen, werden sie gewiß durch Erziehung, Vorurteil und Leidenschaft, nicht aber durch Unwissenheit oder Irrtum behindert.

Es mag einem oberflächlichen Blick oder vielmehr einer zu abstrakten Überlegung scheinen, daß ein ähnlicher Aberglaube bei allen Gerechtigkeitsempfindungen eine Rolle spielt; und daß, wenn jemand ihr Objekt oder das, was wir Eigentum nennen, einer gleichen Prüfung durch die Sinne und die Wissenschaft unterzieht, er auch durch noch so genaue Untersuchung keine Grundlage für die Unterschiede finden wird, die vom moralischen Gefühl gemacht werden. Es mag rechtmäßig sein, wenn ich mir von diesem Baum Nahrung hole; wenn ich aber die Früchte eines anderen von derselben Art, der zehn Schritte entfernt steht, berühre, ist das ein Verbrechen. Hätte ich diese Kleidung vor einer Stunde getragen, hätte ich die schwerste Bestrafung verdient; nun aber hat sie jemand durch das Hersagen einiger magischer Formeln für meinen Gebrauch und Dienst geeignet gemacht. Stünde dieses Haus auf dem benachbarten Territorium, wäre es unmoralisch von mir gewesen, es zu bewohnen; aber da es auf dieser Seite des Flusses erbaut ist,

untersteht es einem anderen Gemeindegesetz, und da es dadurch mein wird, trifft mich kein Tadel und keine Schuld. Man könnte glauben, daß dieselbe Art von Überlegung, die so erfolgreich den Aberglauben aufdeckt, auch auf die Gerechtigkeit anwendbar ist: Weder in dem einen noch in dem anderen Fall ist es möglich, an dem Objekt jene bestimmte Eigenschaft oder Besonderheit aufzuzeigen, welche die Grundlage für das moralische Gefühl bilden.[19]
Aber es gibt diesen wesentlichen Unterschied zwischen *Aberglauben* und *Gerechtigkeit*, daß nämlich ersteres nichtig, nutzlos und lästig ist, letzteres aber für das Wohl der Menschheit und für den Bestand der Gesellschaft unumgänglich notwendig ist. Sehen wir von diesem Umstand ab (denn er ist zu offensichtlich, um jemals übersehen zu werden), dann muß allerdings zugestanden werden, daß alle Rücksichten auf Recht und Eigentum ebenso gänzlich ohne Grundlage zu sein scheinen wie der ungeheuerlichste und gemeinste Aberglaube. Wären die Interessen der Gesellschaft in keiner Weise betroffen, so wäre es ebenso unverständlich, warum gewisse, von jemand anderem geäußerte Laute der Zustimmung die Natur meiner Handlungen in bezug auf einen bestimmten Gegenstand ändern sollten, wie es unverständlich ist, warum eine durch einen Priester in einer bestimmten Kleidung aufgesagte Liturgie einen Haufen Ziegel und Holz weihen und fortan für immer heilig machen sollte.*

* Es ist offensichtlich, daß der Wille oder die Zustimmung allein niemals Eigentum überträgt noch ein Versprechen verbindlich macht (denn für beide gilt dieselbe Begründung), sondern der Wille muß durch Worte oder Zeichen ausgedrückt werden, um einem Menschen eine Verpflichtung aufzuerlegen. Sobald der Ausdruck eingeführt wurde, um als Zeichen des Willens zu dienen, wird er bald zum wichtigsten Teil des Versprechens; auch wird jemand dadurch nicht weniger an sein Wort gebunden, wenn er insgeheim seiner Absicht eine andere Richtung gibt und innerlich seine Zustimmung vorenthält. Aber obwohl der Ausdruck in den meisten Fällen das Ganze des Versprechens ausmacht, ist dies jedoch nicht immer so; und jemand, der einen Ausdruck gebrauchen sollte, dessen Bedeutung er nicht kennt und über dessen Folgen er sich nicht bewußt ist, würde sicherlich nicht daran gebunden sein. Und selbst

Diese Überlegungen sind weit davon entfernt, die Verpflichtungen gegenüber der Gerechtigkeit zu schwächen oder die heiligste Achtung vor dem Eigentum irgendwie zu mindern.

wenn er seine Bedeutung kennt, ihn aber nur im Scherz gebraucht und mit solchen Gebärden, die deutlich machen, daß er keine ernste Absicht hat, sich festzulegen, würde er keiner Verpflichtung unterliegen, das Versprechen zu erfüllen; es ist vielmehr notwendig, daß die Worte ein vollkommener Ausdruck seines Willens sind, ohne jedes gegenteilige Anzeichen. Aber selbst das dürfen wir nicht so weit treiben und glauben, daß jemand, von dem wir vermöge unseres Scharfblicks aufgrund gewisser Hinweise vermuten, daß er die Absicht habe, uns zu täuschen, durch sein Wort oder mündliches Versprechen, falls wir es akzeptieren, nicht gebunden sei; sondern wir müssen jenen Schluß auf die Fälle einschränken, wo die Zeichen anderer Art sind als jene des Betruges. Alle diese Widersprüche können leicht erklärt werden, wenn die Gerechtigkeit gänzlich aus ihrer Nützlichkeit für die Gesellschaft stammt; durch eine andere Hypothese werden sie niemals erklärt werden.

Es ist bemerkenswert, daß die moralischen Entscheidungen der *Jesuiten* und anderer nachlässiger Kasuisten gewöhnlich aufgrund von solchen spitzfindigen Überlegungen, wie den hier dargelegten, gebildet wurden und ebenso aus der Gewohnheit scholastischer Haarspaltereien wie aus der Korruption des Herzens stammen, wenn wir der Autorität Bayles[20] folgen dürfen. (Siehe sein »Wörterbuch«, Artikel »Loyola«.) Und aus welchem anderen Grund hat sich die Menschheit so sehr über diese Kasuisten entrüstet als deshalb, weil jedem klar wurde, daß die menschliche Gesellschaft nicht weiterbestehen könnte, falls solche Praktiken autorisiert würden, und daß Moral mehr unter dem Gesichtspunkt des öffentlichen Interesses als dem der philosophischen Regelmäßigkeit gehandhabt werden muß? Wenn die geheime Ausrichtung einer Absicht, sagt jeder Mensch von Verstand, einen Vertrag ungültig machen kann, wo bleibt dann unsere Sicherheit? Und doch könnte ein Anhänger der metaphysischen Schule meinen, daß dort, wo eine Absicht als notwendig angenommen wird, sich daraus keine Konsequenz ergebe und keine Verpflichtung auferlegt werden sollte, falls diese Absicht nicht wirklich gegeben war. Es ist möglich, daß die kasuistischen Spitzfindigkeiten nicht größer sind als die oben angedeuteten Spitzfindigkeiten der Rechtsgelehrten; aber nachdem die ersteren *schädlich*, die letzteren *ungefährlich* und sogar *notwendig* sind, ist das der Grund für die sehr unterschiedliche Aufnahme, die sie in der Welt finden.

Es ist eine Doktrin der römischen Kirche, daß der Priester durch eine geheime Lenkung seiner Absicht ein Sakrament ungültig machen kann. Dieser Standpunkt ergibt sich als eine strikte und übliche Folgerung aus der offensichtlichen Wahrheit, daß leere Worte allein, ohne daß ihnen der Sprecher eine Bedeutung oder Absicht beimißt, niemals von irgendeiner Wirkung begleitet sein können. Wenn man dieselbe Schlußfolgerung bei bürgerlichen Verträgen nicht zuläßt, wo die Angelegenheit so viel weniger Konsequenzen nach sich zieht als die ewige Seligkeit von Tausenden, ergibt sich das nur aus dem Wissen der Menschen um die Gefährlichkeit und Unzweckmäßigkeit der Lehre im ersteren

Im Gegenteil, solche Ansichten müssen aus den gegenwärtigen Überlegungen neue Kraft schöpfen. Denn welches stärkere Fundament kann man sich für eine Pflicht wünschen oder ausdenken als den Hinweis darauf, daß ohne ihre Geltung die menschliche Gesellschaft oder sogar die menschliche Natur nicht bestehen könnte; und daß sie ein noch größeres Maß an Glück und Vollkommenheit erreichen wird, je unantastbarer die Achtung ist, die dieser Pflicht erwiesen wird?

Das Dilemma scheint einleuchtend zu sein: Da Gerechtigkeit offenbar darauf abzielt, den öffentlichen Nutzen zu fördern und die bürgerliche Gesellschaft zu erhalten, stammt der Gerechtigkeitssinn entweder aus unserem Nachdenken über diese Wirkung, oder er entspringt wie Hunger, Durst und andere Triebe, Rachegefühle, Liebe zum Leben, Zuneigung zur Nachkommenschaft und andere Leidenschaften einem einfachen, ursprünglichen Instinkt, den die Natur zu ebenso heilsamen Zwecken dem Menschen eingepflanzt hat. Wenn das letztere der Fall ist, so folgt daraus, daß Eigentum, welches das Objekt der Gerechtigkeit ist, ebenfalls durch einen einfachen, ursprünglichen Instinkt unterschieden und nicht durch irgendwelche Argumente oder Überlegungen ermittelt wird. Aber wer hat schon jemals von einem solchen Instinkt gehört? Oder ist dies ein Thema, wo neue Entdekkungen gemacht werden können? Ebensogut können wir erwarten, im Körper neue Sinne zu entdecken, die bislang der Beobachtung aller Menschen entgangen waren.

Aber weiter: Obwohl es anscheinend eine sehr einfache Behauptung ist, zu sagen, daß die Natur durch ein instinktives Gefühl Eigentum unterscheidet, werden wir in Wirklichkeit doch finden, daß für diesen Zweck zehntausend verschiedene

Fall. Und wir können daraus ersehen, daß ein Aberglaube, wie bestimmt, anmaßend und dogmatisch er auch erscheinen mag, niemals eine vollkommene Überzeugung von der Realität seiner Objekte zu vermitteln vermag oder die Objekte irgendwie mit den Ereignissen des gewöhnlichen Lebens, die wir aus täglicher Beobachtung und experimentellem Denken kennenlernen, in Übereinstimmung bringen kann.

Instinkte erforderlich wären und diese auf komplizierteste und unterschiedlichste Gegenstände angewendet werden müßten. Denn wenn eine Definition von *Eigentum* verlangt wird, so wird sich zeigen, daß diese Beziehung auf einen Besitz zurückgeführt werden kann, der durch Beschäftigung, durch Arbeit, durch Verjährung, durch Erbschaft, durch Vertrag etc. erworben wurde. Können wir uns vorstellen, daß uns die Natur durch einen ursprünglichen Instinkt über alle diese Methoden des Erwerbs belehrt?[21]

Auch stehen die Ausdrücke »Erbschaft« und »Vertrag« für unendlich komplizierte Begriffe; und um sie genau zu definieren, haben sich selbst hundert Gesetzbücher und tausend Kommentarbände als nicht ausreichend erwiesen. Sollte die Natur, deren Instinkte beim Menschen alle einfach sind, so komplizierte und künstliche Dinge einschließen und ein rationales Wesen schaffen, ohne der Tätigkeit seines Verstandes irgend etwas zuzutrauen?

Aber selbst wenn alles dies zugegeben würde, wäre es nicht befriedigend. Positive Gesetze können unbestreitbar Eigentum übertragen: Geschieht es durch einen weiteren ursprünglichen Instinkt, daß wir die Autorität von Königen und Senatoren anerkennen und alle Grenzen ihrer Rechtsprechung festsetzen? Auch Richtern, selbst wenn ihr Urteil unrichtig und gesetzeswidrig sein sollte, muß um des Friedens und der Ordnung willen eine maßgebende Autorität und ein letztes Entscheidungsrecht über das Eigentum zugestanden werden. Besitzen wir ursprüngliche, angeborene Ideen von Prätoren, Kanzlern und Geschworenen? Wer sieht nicht, daß alle diese Institutionen bloß den Bedürfnissen der menschlichen Gesellschaft entspringen?

Alle Vögel derselben Gattung bauen ihre Nester zu allen Zeiten und in allen Ländern auf die gleiche Weise; darin sehen wir die Macht des Instinktes. Menschen bauen zu verschiedenen Zeiten und an verschiedenen Orten ihre Häuser verschieden; darin erkennen wir den Einfluß des Verstandes und der Gewohnheit. Ein ähnlicher Schluß läßt sich ziehen, wenn wir den Fortpflanzungstrieb mit der Institution des Eigentums vergleichen.

Wie groß auch die Verschiedenheit der Kommunalgesetze sein mag, man muß doch zugestehen, daß sie in ihren Grundzügen ziemlich regelmäßig übereinstimmen; denn die Zwecke, denen sie dienen, sind überall genau dieselben. In gleicher Weise haben alle Häuser ein Dach und Mauern, Fenster und Kamine; wiewohl sie sich in ihrem Grundriß, ihrer Gestalt und ihrem Material unterscheiden. Die Zwecke der letzteren, auf die Bedürfnisse des menschlichen Lebens gerichtet, lassen ihren Ursprung aus dem Verstand und der Reflexion nicht deutlicher erkennen als jene der ersteren, die alle auf ein gleiches Ziel hinweisen.

Ich brauche nicht die Modifikationen zu erwähnen, die alle Eigentumsregeln durch feinere Gedankenwendungen und Verknüpfungen der Einbildungskraft sowie durch die Spitzfindigkeiten und Abstraktionen juristischer Überlegungen erfahren. Es gibt keine Möglichkeit, diese Beobachtung mit der Vorstellung von ursprünglichen Instinkten in Einklang zu bringen.

Was allein einen Zweifel an der von mir vertretenen Theorie hervorrufen wird, ist der Einfluß von Erziehung und erworbenen Lebensformen, durch die wir so daran gewöhnt sind, Ungerechtigkeit zu tadeln, daß wir uns nicht in jedem Fall eines unmittelbaren Nachdenkens über ihre schädlichen Folgen bewußt sind. Die uns am meisten vertrauten Ansichten sind genau aus diesem Grunde geeignet, von uns vernachlässigt zu werden; und was wir sehr häufig aus bestimmten Motiven getan haben, sind wir auf ähnliche Weise bereit, mechanisch fortzusetzen, ohne uns bei jeder Gelegenheit an die Überlegungen zu erinnern, die uns anfangs dazu veranlaßt haben. Das Bedürfnis, oder vielmehr die Notwendigkeit, welche zur Gerechtigkeit führt, ist so allgemein und deutet überall so sehr auf dieselben Regeln hin, daß sich diese Gewohnheit in allen Gesellschaften entwickelte und es uns daher nicht ohne genaues Nachdenken möglich ist, ihren wahren Ursprung zu bestimmen. Die Sache ist aber nicht so schwer zu durchschauen, daß wir nicht auch im gewöhnlichen Leben jederzeit auf das Prinzip des öffentlichen Nutzens zurückgreifen und uns fragen könnten: *Was müßte aus der Welt werden, wenn solche Handlungsweisen überhandnehmen? Wie könnte die Gesellschaft bei einer solchen Unordnung weiterbestehen?* Wäre die Unterscheidung oder die Trennung von Besitztümern vollkommen nutzlos, könnte sich dann jemand vorstellen, daß sie sich jemals in der Gesellschaft hätten behaupten können?

Damit scheinen wir insgesamt eine Kenntnis von der Tragweite des hier hervorgehobenen Prinzips erlangt zu haben, und wir können bestimmen, welcher Grad von Achtung oder moralischer Zustimmung aus dem Nachdenken über öffentliches Interesse und Nützlichkeit entstehen kann. Die Notwendigkeit von Gerechtigkeit für den Bestand der Gesellschaft ist die alleinige Grundlage dieser Tugend; und da kein moralischer Vorzug höher geschätzt wird, können wir schließen, daß dieses Moment der Nützlichkeit im allgemeinen den stärksten Einfluß hat und auf unsere Gefühle eine uneingeschränkte Macht ausübt. Die Nützlichkeit muß daher die Quelle eines erheblichen Teils des Wertes sein, welche der Menschlichkeit, dem Wohlwollen, der Freundschaft, dem Gemeinschaftssinn und anderen sozialen Tugenden derselben Art zugeschrieben wird; ebenso wie sie die *einzige* Quelle der moralischen Billigung ist, welche der Treue, Gerechtigkeit, Wahrhaftigkeit, Integrität und den anderen schätzenswerten und nützlichen Eigenschaften und Prinzipien gezollt wird. Es steht völlig in Einklang mit den Grundsätzen der Philosophie und sogar des gesunden Menschenverstandes, einem Prinzip, das in *einem* Fall eine große Kraft und Wirksamkeit gezeigt hat, in allen ähnlichen Fällen eine ähnliche Wirksamkeit zuzuschreiben. Das ist in der Tat Newtons Hauptregel des Philosophierens.*

* Principia, Lib. III.[22] [I. Newton, *Philosophiae naturalis principia mathematica* (1687).]

Vierter Abschnitt

Über die staatliche Gesellschaft

Hätte jeder Mensch genügend *Klugheit*, jederzeit das starke Interesse wahrzunehmen, das ihn zur Beachtung von Gerechtigkeit und Fairneß verpflichtet, und genügend *Willensstärke*, beständig in der Verfolgung eines allgemeinen und fernliegenden Interesses zu beharren, anstatt den Verlockungen gegenwärtigen Vergnügens und Vorteils nachzugeben; in diesem Fall hätte es nie so etwas wie eine Regierung oder staatliche Gesellschaft gegeben, sondern jeder lebte, seiner natürlichen Freiheit folgend, in vollkommenem Frieden und vollkommener Harmonie mit allen anderen. Wozu bedarf es eines positiven Rechts, wenn die natürliche Gerechtigkeit schon von sich aus eine ausreichende Schranke bildet? Warum Behörden schaffen, wenn niemals irgendeine Unordnung oder Ungerechtigkeit geschieht? Warum unsere angeborene Freiheit einschränken, wenn die äußerste Verwirklichung derselben sich in jedem Fall als unschädlich und förderlich erweist? Es ist offensichtlich, daß, wenn die Regierung gänzlich nutzlos wäre, sie niemals hätte bestehen können und daß die einzige Rechtfertigung für Untertanentreue der *Vorteil* ist, den sie der Gesellschaft bringt, indem Frieden und Ordnung unter den Menschen erhalten bleiben.
Wenn eine Anzahl staatlicher Gesellschaften gegründet wird, die miteinander enge Beziehungen unterhalten, dann wird in dieser speziellen Situation sogleich eine neue Gruppe von Regeln als *nützlich* erkannt; und dementsprechend treten sie unter der Bezeichnung des Völkerrechts in Kraft. Dazu gehören Unverletzlichkeit von Botschaftsangehörigen, Nichtgebrauch vergifteter Waffen, Schonung im Krieg und andere Gesetze dieser Art, die deutlich auf den *Vorteil* der Staaten und Königreiche in ihrem Umgang miteinander abgestimmt sind.

Gerechtigkeitsregeln, die sich zwischen Individuen durchsetzen, behalten auch im zwischenstaatlichen Verkehr eine gewisse Geltung. Alle Fürsten geben vor, die Rechte anderer Fürsten zu achten; und einige davon zweifellos ohne Heuchelei. Bündnisse und Verträge werden jeden Tag zwischen souveränen Staaten geschlossen, die doch nur eine große Pergamentverschwendung wären, wenn nicht die Erfahrung lehrte, daß sie ein *gewisses* Maß an Einfluß und Autorität besitzen. Aber hier zeigt sich der Unterschied zwischen Königreichen und Individuen. Die menschliche Natur kann in keiner Weise ohne die Vereinigung der Individuen existieren; und diese Vereinigung könnte nie stattfinden, wenn nicht die Gesetze der Fairneß und Gerechtigkeit beachtet würden. Unordnung, Verwirrung, der Krieg aller gegen alle, sind die notwendigen Konsequenzen eines so zügellosen Verhaltens. Aber Nationen können ohne Beziehung miteinander weiterbestehen: bis zu einem gewissen Grad können sie es sogar in einem allgemeinen Kriegszustand. Die Beachtung von Gerechtigkeit, obwohl auch unter Völkern nützlich, ist nicht von so dringender Notwendigkeit wie zwischen Individuen; und die *moralische Verpflichtung* steht im direkten Verhältnis zum *Nutzen.* Alle Politiker und die meisten Philosophen werden zugeben, daß die Staatsräson in besonderen Notfällen die Regeln der Gerechtigkeit aufheben und jeden Vertrag oder jedes Bündnis außer Kraft setzen kann, wenn dessen strikte Einhaltung für einen der beiden Vertragspartner einen erheblichen Nachteil mit sich brächte. Aber nur die äußerste Notlage kann bei Individuen, wie allgemein anerkannt wird, den Bruch eines Versprechens oder einen Eingriff in fremdes Eigentum rechtfertigen.

In einer Föderation wie dem Achaischen Bund[23] im Altertum, der Schweizer Eidgenossenschaft oder den Vereinigten Niederlanden in neuerer Zeit, haben die Satzungen des Bundes, zumal die Vereinigung hier einem besonderen *Nutzen* dient, auch eine besondere Unverletzlichkeit und Autorität, und ein Zuwiderhandeln würde für ebenso strafbar oder sogar für noch strafbarer angesehen werden als eine Schädigung oder Ungerechtigkeit, die einer Privatperson zugefügt wird.

Die lange und hilflose Kindheit des Menschen verlangt die Verbindung der Eltern zum Unterhalt ihrer Kinder; und diese Verbindung erfordert die Tugend der Keuschheit oder die eheliche Treue.[24] Man wird bereitwillig zugeben, daß man ohne einen solchen *Nutzen* niemals an eine solche Tugend gedacht hätte.*

Eine Untreue dieser Art ist bei *Frauen* viel *schädlicher* als bei Männern. Daher sind die Keuschheitsgesetze für das eine Geschlecht viel strenger als für das andere.

Diese Regeln beziehen sich alle auf die Fortpflanzung; und doch ist man allgemein der Ansicht, daß Frauen jenseits des gebärfähigen Alters ebensowenig von ihnen ausgenommen sind wie jene, die in der Blüte ihrer Jugend und Schönheit stehen. *Allgemeine Regeln* werden oft über das Prinzip hinaus ausgedehnt, aus dem sie ursprünglich entstanden sind; und das geschieht bei allen Angelegenheiten des Geschmacks und des Gefühls. In Paris kennt jeder die Geschichte vom Buckligen, der während der Mississippi-Spekulation jeden Tag in die Rue des Quincempoix ging, wo sich die Börsenmakler in großen Mengen trafen, und sich gut dafür bezahlen ließ, daß sie seinen Buckel als Tisch zum

* Die einzige Erklärung, die Platon als Antwort auf alle Einwände gibt, welche gegen die in seinem imaginären Staat eingeführte Gemeinschaft der Frauen erhoben werden könnten, lautet: *Denn aufs trefflichste ist dieses gesagt und wird auch immer so gesagt bleiben, daß das Nützliche schön ist und das Schädliche häßlich*. De Rep. lib. V [*Politeia* 457b]. Und diese Maxime wird keinen Zweifel zulassen, wenn der öffentliche Nutzen betroffen ist; was Platons Meinung ist. Und wirklich, welchem anderen Zweck dienen alle diese Ideen von Keuschheit und Sittsamkeit? *Wenn es nicht nützlich ist, was wir machen, ist der Ruhm umsonst*, sagt Phaedrus [*Fabeln* III,17,12]. *Nichts von dem, was schädlich ist, ist schön*, sagt Plutarch [*Moralia* III (Von der falschen Scham)]. Dasselbe war die Meinung der Stoiker: *Die Stoiker sagen, das Gute sei Nutzen oder von Nutzen nicht verschieden, wobei sie Nutzen die Tugend und die tugendhafte Handlung nennen*. Sext. Emp. lib. III. cap. 20. [Sextus Empiricus, *Grundriß der pyrrhonischen Skepsis* III,169.]

Unterschreiben ihrer Verträge benützen durften. Würde das Vermögen, das er sich auf diese Weise verdiente, einen schönen Mann aus ihm machen? Obwohl zugestandenermaßen persönliche Schönheit zu einem erheblichen Teil auf Vorstellungen der Nützlichkeit basiert? Die Einbildungskraft wird von Vorstellungs-Assoziationen beeinflußt; obgleich diese zuerst aus der Urteilskraft stammen, werden sie nicht einfach durch jede besondere Annahme, die uns einfällt, geändert. Womit wir zum vorliegenden Fall der Keuschheit noch hinzufügen können, daß das Beispiel der Alten schädlich für die Jungen wäre; und daß Frauen, die beständig vor Augen hätten, daß ihnen ein bestimmter Zeitpunkt ungehinderte Freiheit bringen werde, natürlicherweise diesen Termin beschleunigen und über diese für die Gesellschaft so notwendige Pflicht im ganzen leichtfertiger denken würden.

Diejenigen, die in derselben Familie leben, haben so häufig Gelegenheit für Zügellosigkeiten dieser Art, daß nichts die Reinheit der Sitten bewahren könnte, wenn die Heirat zwischen nächsten Verwandten erlaubt oder irgendein Geschlechtsverkehr zwischen ihnen durch Gesetz und Gewohnheit sanktioniert würde. Daher gilt Inzest, weil er in äußerst hohem Maße *schädlich* ist, auch als besonders verwerflich und moralisch häßlich.

Was ist der Grund, warum nach athenischem Recht die Ehe mit einer Halbschwester väterlicherseits, nicht aber mütterlicherseits möglich war? Einfach dieser: die Sitten der Athener waren so streng, daß ein Mann sogar innerhalb derselben Familie niemals die Frauengemächer betreten durfte, es sei denn, er besuchte seine eigene Mutter. Seine Stiefmutter und ihre Kinder waren genauso von ihm abgeschirmt wie die Frauen irgendeiner anderen Familie, und daher war die Gefahr eines strafbaren Kontaktes zwischen ihnen ebenso gering. Onkel und Nichten konnten aus demselben Grund in Athen heiraten; aber in Rom, wo der Umgang zwischen den Geschlechtern freier war, konnten weder sie noch Halbgeschwister diesen Bund eingehen. Öffentlicher Nutzen ist die Ursache für alle diese Verschiedenheiten.

Etwas, was jemandem im Privatgespräch entschlüpft ist, zu seinem Nachteil zu wiederholen oder einen ähnlichen Gebrauch von seinen Privatbriefen zu machen, gilt als überaus tadelnswert. Der freie und gesellige Gedankenaustausch muß äußerst beeinträchtigt werden, wenn keine derartigen Vertrauensregeln bestehen.

Sogar beim Wiederholen von Anekdoten, bei denen wir voraussehen können, daß sich keine negativen Folgen ergeben werden, wird es für eine Art von Indiskretion, wenn nicht für eine unmoralische Handlung gehalten, den ursprünglichen Erzähler derselben zu nennen. Diese Geschichten, wenn sie von Mund zu Mund gehen und dabei die üblichen Abänderungen erfahren, kommen dann häufig zu den betroffenen Personen zurück und verursachen Feindschaft und Streit zwischen Leuten, deren Absichten die unschuldigsten und harmlosesten sind.

In Geheimnisse einzudringen, Briefe anderer zu öffnen oder sogar zu lesen, ihre Worte, Blicke und Handlungen auszuspionieren; gibt es Gewohnheiten, die gesellschaftlich störender, Gewohnheiten, die folglich tadelnswerter wären?

Dieses Prinzip bildet auch die Grundlage für die meisten Regeln des guten Benehmens; eine Art kleinere Sittenlehre, ausgerichtet auf eine zwanglose Geselligkeit und Unterhaltung. Zu große oder zu geringe Förmlichkeit, beides wird getadelt, und alles, was die Zwanglosigkeit ohne eine ungebührliche Vertraulichkeit fördert, gilt als nützlich und lobenswert.

Beständigkeit in Freundschaften, Bindungen und Bekanntschaften ist empfehlenswert und zur Erhaltung des Vertrauens und des guten Einvernehmens in der Gesellschaft erforderlich. Aber an Orten, wo Menschen aus allen Schichten zufällig zusammentreffen, um nach Gesundheit und Vergnügen zu streben, ist diese Maxime aus öffentlicher Zweckmäßigkeit aufgehoben worden; und für diese Zeit fördert dort der Brauch eine zwanglose Unterhaltung, indem man sich das Privileg zunutze macht, später jede unbedeutende Bekanntschaft ohne Verstoß gegen die Höflichkeit oder gegen die guten Sitten wieder fallenzulassen.

Sogar Gesellschaften, die auf äußerst unmoralische und für die Interessen der Allgemeinheit äußerst zerstörerische Prinzipien gegründet sind, kommen nicht ohne gewisse Regeln aus, zu deren Befolgung die Mitglieder aus einer Art falschen Ehrgefühls oder aus eigenem Interesse veranlaßt werden. Räuber und Piraten könnten, wie oftmals bemerkt wurde, ihre verderbliche Verbindung nicht aufrechterhalten, wenn sie nicht unter sich eine neue distributive Gerechtigkeit einführten und sich jener Gesetze der Fairneß erinnerten, die sie gegenüber dem Rest der Menschheit verletzen.

Ich hasse einen Zechkumpan, sagt das griechische Sprichwort, der nie vergißt. Die Torheiten der letzten Ausschweifung sollten in ewigem Vergessen begraben werden, um den Torheiten der nächsten breiten Raum zu schaffen.

Bei Völkern, wo eine unmoralische Galanterie, wenn sie mit einem dünnen Schleier der Heimlichkeit verhüllt ist, bis zu einem gewissen Grad durch Bräuche gebilligt wird, entsteht sogleich eine Anzahl von Regeln zur Erleichterung dieses Verhältnisses. Der berühmte Minnehof oder das Parlament der Liebe in der Provence entschied früher alle schwierigen Fälle dieser Art.

In Spielergemeinschaften sind Regeln für die Durchführung des Spiels erforderlich; und diese Regeln sind bei jedem Spiel verschieden. Die Gründung solcher Gemeinschaften halte ich für leichtsinnig; und die Gesetze sind zum großen Teil, wenn auch nicht durchweg, unberechenbar und willkürlich. Insofern besteht ein wesentlicher Unterschied zwischen ihnen und den Gesetzen der Gerechtigkeit, Treue und Loyalität. Die allgemeinen Gesellschaften der Menschen sind für die Erhaltung der Gattung absolut erforderlich; und die öffentliche Zweckmäßigkeit, welche die Moral regelt, hat ihre unantastbaren Grundlagen in der Natur des Menschen und der Welt, in der er lebt. In dieser Beziehung ist daher der Vergleich sehr unvollkommen. Was wir allein daraus lernen können, ist die Notwendigkeit von Regeln überall dort, wo Menschen irgendeinen Umgang miteinander pflegen.

Ohne Regeln kann man nicht einmal auf der Straße aneinander vorbei. Fuhrleute, Kutscher und Postillione haben Grundsätze, nach denen sie ausweichen; und diese beruhen hauptsächlich auf gegenseitiger Erleichterung und Bequemlichkeit. Manchmal sind sie auch willkürlich, oder zumindest auf eine Art launenhafter Analogie angewiesen, so wie viele Beweisführungen von Juristen.*

Um die Sache noch weiter zu treiben, können wir bemerken, daß es für Menschen nicht einmal möglich ist, einander ohne Satzungen, Maximen und eine Idee von Gerechtigkeit und Ehre zu ermorden. Krieg hat ebenso seine Gesetze wie Frieden; und selbst jene sportliche Art des Krieges, die unter Ringern, Boxern, Knittelfechtern und Gladiatoren ausgetragen wird, ist durch bestimmte Prinzipien geregelt. Gemeinsames Interesse und Nützlichkeit schaffen unfehlbar einen Maßstab für Recht und Unrecht unter den beteiligten Parteien.

* Die Regel, daß der leichtere Wagen dem schwereren und bei Wagen derselben Art der leere dem beladenen ausweicht, gründet sich auf Zweckmäßigkeit. Daß jene, die in die Hauptstadt fahren, vor denen Vorrang haben, die von dort kommen, scheint auf irgendeiner Vorstellung von der Würde der großen Stadt und von dem Vorzug des Zukünftigen vor dem Vergangenen zu beruhen. Aus ähnlichen Gründen steht es unter Fußgängern dem Rechtsgehenden zu, an der Mauer zu bleiben, wodurch ein Anrempeln verhindert wird, das friedliebende Menschen unangenehm und unbequem finden.

Fünfter Abschnitt

Warum die Nützlichkeit gefällt

Erster Teil

Es erscheint als ein so natürlicher Gedanke, das Lob, das wir den sozialen Tugenden spenden, auf ihre Nützlichkeit zurückzuführen, daß man erwarten sollte, diesem Prinzip bei allen Moralphilosophen als der Hauptquelle ihres Denkens und Forschens zu begegnen. Im täglichen Leben können wir beobachten, daß man sich immer auf den Umstand der Nützlichkeit beruft; auch nimmt man nicht an, einem Menschen ein größeres Lob erteilen zu können, als die Nützlichkeit seines Wirkens für die Öffentlichkeit darzulegen und die Dienste aufzuzählen, die er für die Menschheit und für die Gesellschaft geleistet hat. Welche Anerkennung wird sogar einem unbelebten Gegenstand zuteil, wenn die Regelmäßigkeit und Schönheit der Teile seiner Brauchbarkeit für einen nützlichen Zweck nicht entgegensteht! Und wie zufriedenstellend ist eine Entschuldigung für ein Mißverhältnis oder eine scheinbare Häßlichkeit, wenn wir die Notwendigkeit dieser besonderen Konstruktion für den beabsichtigten Zweck beweisen können! Ein Schiff erscheint einem Künstler oder einem in der Schiffahrt ein wenig Bewanderten schöner, wenn sein Bug breit ist und gegenüber dem Heck hervorspringt, als wenn es mit genauer geometrischer Regelmäßigkeit im Widerspruch zu allen Gesetzen der Mechanik konstruiert wäre. Ein Gebäude, dessen Türen und Fenster genau quadratisch wären, würde durch ebendiese Proportionen das Auge verletzen; denn es ist der Gestalt des Menschen schlecht angepaßt, für dessen Benützung der Bau bestimmt war. Es ist daher kein Wunder, daß jemand ein Gegenstand der Mißbilligung wird und in jedem Betrachter das stärkste Gefühl des Widerwillens und des Hasses auslöst, wenn sein Verhalten und seine Gewohnheiten für die Gesellschaft schädlich und für jeden einzelnen, der mit ihm Umgang hat, gefährlich oder nachteilig sind.*

Aber vielleicht hat die Schwierigkeit, für diese Wirkungen der Nützlichkeit oder ihres Gegenteils eine Erklärung zu finden, die Philosophen abgehalten, sie in ihre ethischen Systeme aufzunehmen, und sie veranlaßt, lieber irgendein anderes Prinzip zur Erklärung des Ursprungs des moralisch Guten und Bösen heranzuziehen. Für die Zurückweisung eines durch Erfahrung bestätigten Prinzips ist es jedoch kein hinreichender Grund, daß man keine zufriedenstellende Erklärung seines Ursprungs geben und es auch nicht auf andere, allgemeinere Prinzipien zurückführen kann. Und wenn wir über das vorliegende Thema nur ein wenig nachdenken, wird es uns nicht schwerfallen, den Einfluß der Nützlichkeit zu erklären und ihn aus bekanntesten und zugleich anerkanntesten Prinzipien der menschlichen Natur herzuleiten.

Aus der augenscheinlichen Nützlichkeit der sozialen Tugenden ist von alten wie auch von neuen Skeptikern bereitwillig gefolgert worden, daß alle moralischen Unterscheidungen aus der Erziehung stammen und zuerst von klugen Staatsmännern ersonnen und danach gefördert wurden, um die Menschen lenkbar zu machen und ihre angeborene Grausamkeit und ihre Selbstsucht zu überwinden, die sie für die

* Man darf sich freilich nicht einbilden, daß ein unbelebtes Objekt, weil es wie ein Mensch nützlich sein kann, deshalb nach diesem System auch die Bezeichnung *tugendhaft* verdienen sollte. Die durch die Nützlichkeit ausgelösten Empfindungen sind in den beiden Fällen sehr unterschiedlich; und mit dem einen ist Zuneigung, Achtung, Zustimmung etc. verbunden, nicht jedoch mit dem anderen. Ebenso kann ein unbelebter Gegenstand wie eine menschliche Gestalt angenehme Farben und Proportionen haben. Aber können wir jemals in einen Gegenstand verliebt sein? Es gibt zahlreiche Leidenschaften und Gefühle, deren eigentliche Objekte aufgrund der ursprünglichen, natürlichen Veranlagung nur denkende, vernunftbegabte Wesen sind; und obwohl genau dieselben Eigenschaften auch auf einen empfindungslosen, unbeseelten Gegenstand übertragen werden, werden sie nicht dieselben Gefühle hervorrufen. Die

Gesellschaft ungeeignet machen. Man muß in der Tat zugeben, daß dieses Prinzip von Vorschrift und Erziehung insoweit einen mächtigen Einfluß besitzt, als es häufig die Gefühle der Zustimmung oder der Ablehnung über ihr natürliches Maß hinaus steigern und verringern kann; und in besonderen Fällen sogar ohne eine natürliche Grundlage ein neues Gefühl dieser Art zu erzeugen vermag, wie es bei allen abergläubischen Gebräuchen und Gewohnheiten klar ersichtlich ist; daß aber *alle* moralische Zustimmung oder Ablehnung diesen Ursprung hat, wird von einem urteilsfähigen Forscher sicherlich niemals zugegeben werden. Hätte die Natur keinen solchen Unterschied gemacht, der sich auf die ursprüngliche Anlage des Geistes gründet, dann hätten die Ausdrücke *ehrenhaft* und *schändlich, liebenswert* und *hassenswert, edel* und *verachtenswert* niemals in irgendeine Sprache Eingang gefunden; auch wären Politiker, wenn sie diese Ausdrücke erfunden hätten, niemals imstande gewesen, sie verständlich zu machen oder zu bewirken, daß sie den Zuhörern irgendeine Vorstellung vermitteln. Somit kann nichts oberflächlicher sein als dieses Paradoxon der Skeptiker; und es wäre gut, wenn wir in den schwerer verständlichen Studienzweigen der Logik und Metaphysik den Spitzfindigkeiten jener Sekte ebenso leicht begegnen könnten wie in den praktischen und eher verständlichen Disziplinen der Politik und Ethik.

Man muß daher einräumen, daß den sozialen Tugenden eine

wohltätigen Eigenschaften der Kräuter und Mineralien werden allerdings zuweilen tatsächlich ihre *Tugenden* genannt; aber das ist das Ergebnis jener Laune der Sprache, die im philosophischen Denken nicht geschätzt werden sollte. Denn obwohl es eine Art von Billigung gibt, die selbst unbelebten Objekten, falls sie nützlich sind, zuteil wird, ist dieses Gefühl dennoch so schwach und so verschieden von jenem, welches wohltätigen Amtspersonen und Staatsmännern zuteil wird, daß sie nicht in dieselbe Klasse eingereiht und nicht gleich benannt werden sollten.

Eine sehr geringfügige Veränderung des Gegenstandes, sogar unter Beibehaltung derselben Eigenschaften, wird eine Empfindung zerstören. So erweckt die gleiche Schönheit, auf das andere Geschlecht übertragen, keine Liebesleidenschaft, außer bei völliger Entartung der Natur.

natürliche Schönheit und Liebenswürdigkeit eigen ist, welche sie von vornherein, vor aller Vorschrift oder Erziehung, dem noch ungelehrten Menschen als schätzenswert erscheinen läßt und seine Zuneigung gewinnt. Und da der öffentliche Nutzen dieser Tugenden der wichtigste Umstand ist, woraus sich ihre Wertschätzung herleitet, so folgt daraus, daß das Ziel, auf dessen Förderung sie gerichtet sind, uns irgendwie angenehm sein und sich irgendeiner natürlichen Neigung bemächtigen muß. Das Ziel muß uns gefallen, entweder aus Erwägungen des Eigeninteresses heraus oder aufgrund von edleren Motiven und Rücksichten.

Es ist oftmals behauptet worden, daß jeder Mensch, da er in einer engen Beziehung zur Gesellschaft steht und die Unmöglichkeit seiner Existenz als einzelner erkennt, eben darum allen jenen Gewohnheiten oder Prinzipien günstig gewogen wird, welche die Ordnung in der Gesellschaft fördern und ihm den ungestörten Besitz eines so unschätzbaren Gutes sichern. In demselben Maß, in dem wir unser eigenes Glück und Wohlbefinden schätzen, müssen wir der Ausübung von Gerechtigkeit und Menschlichkeit Beifall zollen, wodurch allein die soziale Gemeinschaft aufrechterhalten wird und ein jeder die Früchte gegenseitigen Schutzes und gegenseitiger Unterstützung ernten kann.

Diese Herleitung der Moral aus der Eigenliebe oder aus der Rücksicht auf persönliche Interessen ist ein naheliegender Gedanke und ist nicht ausschließlich den mutwilligen Einfällen und leichtfertigen Angriffen der Skeptiker entsprungen. Um nur einen zu erwähnen: Polybius, einer der ernsthaftesten, vernünftigsten und auch moralisch bedeutsamsten Schriftsteller der Antike, hat alle unsere Empfindungen von Tugendhaftigkeit auf diesen egoistischen Ursprung zurückgeführt.* Aber obgleich der solide, praktische Sinn dieses

* Ungehorsam gegenüber den Eltern wird von allen Menschen mißbilligt, *die die Zukunft voraussehen und bedenken, daß dasselbe jeden von ihnen treffen kann.* Undankbarkeit aus dem gleichen Grund (obwohl Polybius hier eine edlere Rücksicht beizumischen scheint): *die Menschen müssen die Empörung*

Autors und seine Abneigung gegen alle eitlen Spitzfindigkeiten ihm für das gegenwärtige Thema eine bedeutende Autorität verleihen, ist dies doch eine Angelegenheit, die nicht durch Autorität entschieden werden kann; und die Stimmen der Natur und der Erfahrung scheinen der Theorie vom Egoismus deutlich zu widersprechen.

Wir loben häufig tugendhafte Handlungen aus längst vergangenen Zeiten und Ländern, wobei auch die subtilste Einbildungskraft keinen Anschein von Eigeninteresse entdecken oder eine Verbindung unseres gegenwärtigen Glücks und unserer Sicherheit mit so fernliegenden Ereignissen auffinden könnte.

Eine großzügige, eine mutige, eine edle Tat, von einem Gegner vollbracht, nötigt uns Anerkennung ab, auch wenn wir wissen, daß sie in ihren Konsequenzen unserem persönlichen Interesse vielleicht schaden werde.[25]

Wenn eigener Vorteil mit allgemeiner Tugendliebe zusammentrifft, wird die Mischung dieser ungleichartigen Gefühle, die einen sehr verschiedenen Empfindungswert und Einfluß auf das Gemüt haben, ohne weiteres bemerkt und anerkannt. Wir loben dort mit größerer Bereitwilligkeit, wo die großzügige, menschenfreundliche Handlung zu unserem besonderen Vorteil beiträgt; aber die Gründe des Lobes, die wir angeben, entfernen sich sehr weit von diesem Umstand. Und wir könnten auch versuchen, in anderen unsere Gefühle zu wecken, ohne uns zu bemühen, sie davon zu überzeugen, daß sie irgendeinen Vorteil aus den Handlungen ziehen, die wir ihrer Zustimmung und ihrer Anerkennung empfehlen.

Zeichne das Musterbild eines lobenswerten Charakters, der

ihres Nächsten teilen und für sich selbst ein Gleiches bemerken. Hieraus entwickelt sich bei jedem eine Vorstellung vom Begriff der Pflicht und ihrer Bedeutung. [Polybius, *Historien* VI,6,5 f.] Vielleicht wollte der Historiker nur sagen, daß unsere Sympathie und Menschenliebe stärker belebt wurde, indem wir uns die Ähnlichkeit unserer Situation mit jener der leidenden Person überlegten, was ein richtiger Gedanke ist.

die liebenswertesten moralischen Tugenden sämtlich in sich vereinigt; führe Beispiele an, wo sich diese in einer hervorragenden und außergewöhnlichen Weise zeigen; und du wirst bereitwillig die Zustimmung und Achtung aller Zuhörer gewinnen, die gar nicht einmal danach fragen, in welcher Zeit und in welchem Land die Person lebte, die diese edlen Eigenschaften besaß: ein Umstand, der doch vor allen anderen für die Selbstliebe, also für die Sorge um unser eigenes individuelles Glück, von allergrößter Bedeutung ist.

Vor langer Zeit lebte einmal ein Staatsmann, der im Kampf und Streit der Parteien so sehr die Oberhand gewann, daß er durch seine Redegabe die Verbannung eines fähigen Gegners erreichte; heimlich folgte er ihm, bot ihm Geld für seinen Unterhalt im Exil an und beruhigte ihn mit tröstenden Worten über sein Unglück. *Ach!*, ruft der verbannte Staatsmann, *mit welchem Bedauern muß ich meine Freunde in dieser Stadt zurücklassen, wo selbst die Feinde so edelmütig sind!* Tugendhaftigkeit, wenn auch bei einem Feind, gefiel ihm hier; und auch wir zollen ihr den gerechten Tribut an Lob und Zustimmung; und widerrufen diese Empfindungen auch dann nicht, wenn wir hören, daß sich die Handlung vor ungefähr tausend Jahren in Athen ereignete und die beteiligten Personen Aischines und Demosthenes hießen.

Was geht mich das an? Es gibt wenige Gelegenheiten, bei denen diese Frage nicht angebracht wäre; und hätte sie jenen universellen, unfehlbaren Einfluß, den man ihr zuschreibt, dann würde sie jede Erzählung und beinahe jedes Gespräch, in denen Menschen oder Sitten irgendwie gelobt oder getadelt werden, ins Lächerliche ziehen.

Es ist nur ein schwacher Vorwand, wenn wir unter dem Druck dieser Tatsachen und Argumente behaupten, daß wir uns mit Hilfe der Einbildungskraft in ferne Zeiten und Länder versetzen und den Vorteil erwägen, den wir aus diesen Charakteren gewonnen hätten, wenn wir ihre Zeitgenossen gewesen und mit ihnen irgendeinen Umgang gehabt hätten. Es ist nicht vorstellbar, wie eine wirkliche Empfindung oder Neigung jemals aus einem bewußt *eingebildeten* Interesse entstehen kann; besonders wenn wir dabei unser *wirkliches* Interesse noch im Auge haben, das anerkanntermaßen von dem eingebildeten häufig gänzlich verschieden und ihm manchmal sogar entgegengesetzt ist.

Ein Mensch, an den Rand eines Abgrunds geführt, kann nicht ohne Zittern hinunterschauen; und das Gefühl einer *eingebildeten* Gefahr beeinflußt ihn, obwohl er weiß und überzeugt ist, daß er *in Wirklichkeit* sicher ist. Aber in diesem Fall wird die Einbildungskraft durch die Gegenwart eines augenfälligen Objekts unterstützt; dennoch gewinnt sie nicht die Oberhand, es sei denn, ihr kommt auch noch die Neuheit und das ungewöhnliche Aussehen des Objekts zu Hilfe.[26] Die Gewohnheit macht uns bald mit Höhen und Tiefen vertraut, und der Eindruck dieses falschen und trügerischen Schreckens verliert sich. Das Gegenteil kann man bei der Beurteilung von Charakteren und Sitten beobachten; und je mehr wir uns an eine eingehende Prüfung der Sitten gewöhnen, ein um so feineres Gespür bekommen wir für die kleinsten Unterschiede zwischen Laster und Tugend.[27] Tatsächlich haben wir im täglichen Leben so häufig Gelegenheit, über alle Arten moralischer Bestimmungen unsere Meinung zu äußern, daß uns kein Gegenstand auf diesem Gebiet neu und ungewohnt sein kann; auch könnten sich keine *irrigen* Ansichten und Voreingenommenheiten gegen eine Erfahrung behaupten, die so allgemein und bekannt ist. Da es vornehmlich Erfahrung ist, die Ideenassoziationen schafft, ist es ausgeschlossen, daß eine Assoziation im direkten Widerspruch zu diesem Prinzip zustande kommen und sich durchsetzen könnte.

Nützlichkeit ist angenehm und gewinnt unsere Zustimmung. Das ist eine durch tägliche Beobachtung bestätigte Tatsache. Aber *nützlich*? Wofür? Für jemandes Interesse, sicherlich. Wessen Interesse also? Nicht unser eigenes allein; denn unsere Anerkennung erstreckt sich oft weiter. Es muß mithin das Interesse derer sein, denen durch den Charakter oder die Handlung, die wir billigen, ein Dienst erwiesen wird; und diese Menschen, so dürfen wir schließen, sind uns nicht gänzlich gleichgültig, mögen sie uns auch noch so fern stehen. Durch die Erschließung dieses Prinzips werden wir *eine* bedeutende Quelle moralischer Unterscheidungen entdecken.

Zweiter Teil

Selbstliebe ist ein Prinzip von so umfassender Wirkungskraft in der menschlichen Natur, und das Interesse eines jeden Individuums ist im allgemeinen so eng mit dem der Gemeinschaft verknüpft, daß jene Philosophen zu entschuldigen sind, die der Meinung waren, unsere gesamte Sorge um die Allgemeinheit sei auf die Sorge um unser eigenes Glück und unsere Selbsterhaltung zurückzuführen. Sie sahen jeden Augenblick Beispiele von Zustimmung oder Ablehnung, von Zufriedenheit oder Mißfallen gegenüber Charakteren und Handlungen; sie nannten die Objekte dieser Empfindungen *Tugenden* und *Laster*; sie erkannten, daß erstere die Tendenz besaßen, das Glück der Menschheit zu vergrößern, und letztere deren Elend; sie fragten, ob es möglich sei, daß wir irgendein allgemeines Interesse für die Gesellschaft oder ein uneigennütziges Gefühl für das Wohlergehen oder die ungerechte Behandlung anderer haben könnten; sie fanden es einfacher, alle diese Empfindungen als Modifikationen der Selbstliebe aufzufassen; und sie entdeckten zumindest einen scheinbaren Grund für diese Einheitlichkeit des Prinzips in jener engen Interessenverknüpfung, die so deutlich sichtbar zwischen der Öffentlichkeit und jedem einzelnen Individuum besteht.

Aber ungeachtet dieses häufigen Durcheinanders von Interessen kann man leicht das erlangen, was die Naturphilosophen nach Lord Bacon das *experimentum crucis*[28] zu nennen beliebten, also jenes Experiment, das bei einem Zweifel oder einer Zweideutigkeit den richtigen Weg zeigt. Wir haben

Beispiele gefunden, bei welchen das persönliche Interesse vom öffentlichen verschieden, und solche, bei welchen es ihm sogar entgegengesetzt war; und doch haben wir beobachtet, daß das moralische Gefühl weiterbestand, ungeachtet dieses Auseinanderfallens der Interessen. Und überall dort, wo diese verschiedenen Interessen merklich zusammentrafen, fanden wir stets eine spürbare Zunahme der Empfindung und eine stärkere Neigung zur Tugend hin und eine Abscheu vor dem Laster, also das, was man passenderweise Gefühl für *Dankbarkeit* und *Vergeltung* nennt. Durch diese Beispiele gezwungen, müssen wir die Theorie zurückweisen, die jedes moralische Gefühl aus dem Prinzip der Selbstliebe erklärt. Wir müssen eine eher auf die Allgemeinheit bezogene Neigung einführen und zugestehen, daß uns die Interessen der Gesellschaft, sogar um ihrer selbst willen, nicht gänzlich gleichgültig sind. Nützlichkeit ist eine auf ein bestimmtes Ziel gerichtete Tendenz. Und es ist ein innerer Widerspruch, daß irgend etwas als Mittel zu einem Zweck gefällt, wo uns der Zweck selbst auf keinerlei Weise berührt. Wenn daher die Nützlichkeit eine Quelle des moralischen Gefühls ist und wenn diese Nützlichkeit nicht immer in bezug auf das Selbst betrachtet wird, dann folgt daraus, daß alles, was zum Glück der Gesellschaft beiträgt, sich unmittelbar unserer Zustimmung und unserem Wohlwollen empfiehlt. Hier ist ein Prinzip, das zu einem großen Teil den Ursprung der Moral erklärt: Und weshalb brauchen wir daher nach schwerverständlichen und fernliegenden Systemen zu suchen, wenn sich ein so einleuchtendes und natürliches anbietet?*

* Es besteht keine Notwendigkeit, unsere Untersuchung bis zur Frage voranzutreiben, warum wir Menschlichkeit oder ein Mitgefühl für andere besitzen. Es genügt die Erfahrung, daß dies ein Prinzip in der menschlichen Natur ist. Irgendwo müssen wir in unserer Untersuchung von Ursachen haltmachen; und es gibt in jeder Wissenschaft einige allgemeine Prinzipien, über welche hinaus wir nicht hoffen können, ein noch allgemeineres Prinzip zu finden. Keinem Menschen ist das Glück und Elend anderer vollkommen gleichgültig. Das erste hat eine natürliche Tendenz, Freude zu bereiten, das zweite Schmerz. Dies

Haben wir irgendwelche Schwierigkeit, die Macht von Menschlichkeit und Wohlwollen zu begreifen? Oder zu verstehen, daß der bloße Anblick von Glück, Freude und Wohlstand Vergnügen bereitet? Und der von Schmerz, Leiden und Sorge Unbehagen verursacht? Das Antlitz des Menschen, sagt Horaz*, leiht sich das Lächeln und die Tränen vom Antlitz des Menschen. Man versetze ein menschliches Wesen in die Einsamkeit, und es verliert jede Freude, außer der sinnlichen und spekulativen; und dies ist deshalb so, weil die Regungen seines Herzens nicht durch entsprechende Regungen bei seinen Mitmenschen gefördert werden. Die Zeichen des Kummers und der Trauer, obgleich willkürlich, machen uns melancholisch; aber die natürlichen Symptome, Tränen, Schmerzenslaute und Stöhnen verfehlen nie, uns mit Mitleid und Unbehagen zu erfüllen. Und wenn uns die Auswirkungen des Elends auf so lebhafte Weise berühren, kann man dann von uns annehmen, daß wir gegenüber seinen Ursachen gänzlich unempfindlich und gleichgültig sind, wenn uns ein bösartiger oder verräterischer Charakter oder ein entsprechendes Verhalten vorgeführt wird?

Wir betreten, nehmen wir an, ein bequemes, warmes, gut eingerichtetes Zimmer: Notwendigerweise empfinden wir beim bloßen Anblick desselben Freude, weil es uns die angenehmen Vorstellungen von Behaglichkeit, Zufriedenheit und Vergnügen vermittelt. Der gastfreundliche, gutgelaunte, menschenfreundliche Hausherr erscheint; dieser Umstand

kann jeder an sich selbst erfahren. Es ist nicht wahrscheinlich, daß diese Prinzipien auf einfachere und allgemeinere zurückgeführt werden können, welche Versuche auch immer man zu diesem Zweck unternommen haben mag. Aber selbst wenn es möglich wäre, gehört es nicht zum augenblicklichen Thema; und wir können hier diese Prinzipien ohne Gefahr als ursprüngliche ansehen; glücklich, wenn wir alle Konsequenzen daraus hinreichend klar und deutlich machen können!

* »Uti ridentibus arrident, ita flentibus adflent Humani vultus.« – Hor. [»Mit dem Lachenden lachen und mit dem Weinenden weinen immer die Menschen.« (Horaz, *Über die Dichtkunst* 101.)]

muß gewiß noch den Gesamteindruck verschönern; auch können wir nur schwer den erfreulichen Gedanken an die Zufriedenheit verbergen, die sich für jeden aus dem Umgang mit ihm und aus seinen guten Diensten ergibt.

Seine ganze Familie drückt durch Offenheit, Natürlichkeit, Vertrauen und stille Freude, die sich in ihren Gesichtern widerspiegeln, hinlänglich ihr Glück aus. Beim Anblick von so viel Freude habe ich ein angenehmes Mitgefühl und kann über dessen Urheber nie ohne die angenehmsten Regungen nachdenken.

Er erzählt mir, daß ein rücksichtsloser und mächtiger Nachbar ihn von seinem Erbgut zu vertreiben versucht und lange jede seiner harmlosen und geselligen Vergnügen gestört hatte. Ich fühle unmittelbar ein Gefühl der Entrüstung über eine solche Gewalttätigkeit und solches Unrecht in mir aufsteigen.

Aber es ist kein Wunder, fügt er hinzu, daß ein privates Unrecht von einem Menschen ausgehen sollte, der Provinzen unterjochte, Städte entvölkerte und auf dem Schlachtfeld und Schafott Ströme von Menschenblut vergießen ließ. Ich werde vom Entsetzen ergriffen beim Gedanken an so viel Elend und bin von stärkster Abneigung gegen den erfüllt, der es verursacht hat.

Im allgemeinen ist es gewiß, daß, wohin wir auch gehen, worüber auch immer wir nachdenken oder sprechen, all dies uns das Bild menschlichen Glücks oder Elends vor Augen führt und in unserem Inneren eine mitfühlende Regung von Freude oder Unbehagen erzeugt. Bei unseren ernsten Beschäftigungen, bei unseren sorglosen Vergnügungen übt dieses Prinzip fortwährend seine aktive Wirkung aus.

Jemand, der das Theater betritt, ist vom Anblick einer so großen Menschenmenge, die an *einem* gemeinsamen Vergnügen teilnimmt, sogleich ergriffen; und er erlebt schon beim bloßen Anblick eine höhere Empfänglichkeit oder Neigung, von jedem Gefühl erfaßt zu werden, das er mit seinen Mitmenschen teilt.

Er beobachtet, wie die Schauspieler durch das Erscheinen so vieler Zuhörer animiert und zu einem solchen Grad der Begeisterung emporgehoben werden, den sie in irgendeinem einsamen oder ruhigen Augenblick nicht erreichen könnten.

Jede Regung im Theater wird von einem geschickten Dichter wie durch Zauberkraft auf die Zuschauer übertragen; sie weinen, zittern, grollen, freuen sich und werden von der gesamten Vielfalt der Leidenschaften mitgerissen, die die verschiedenen Personen des Dramas bewegen.

Wenn irgendein Ereignis unsere Wünsche durchkreuzt und das Glück unserer Lieblingscharaktere stört, fühlen wir deutlich Angst und Betroffenheit. Wenn aber ihre Leiden vom Verrat, von der Grausamkeit oder Tyrannei eines Feindes herrühren, dann wird unser Herz von heftigster Ablehnung gegen den Urheber dieses Unheils erfüllt.

Irgend etwas Mattes und Farbloses darzustellen gilt hier als unvereinbar mit den Regeln der Kunst. Ein entfernter Freund oder ein Vertrauter, der keinen unmittelbaren Anteil an der Katastrophe hat, sollte vom Dichter womöglich vermieden werden, da er eine ähnliche Gleichgültigkeit auf die Zuhörer überträgt und die Steigerung der Affekte hemmt.

Wenige Gattungen der Dichtkunst sind unterhaltender als jene der *Schäferidylle*; und jeder fühlt, daß die Hauptquelle des Vergnügens an ihr aus jenen Bildern einer milden und sanften Ruhe stammt, die in ihren Gestalten verkörpert ist und wovon ein ähnliches Gefühl auf den Leser übertragen wird. Sannazaro[29], der seinen Schauplatz an die Meeresküste verlegte, hat sich zugegebenermaßen in der Wahl geirrt, obwohl er das großartigste Objekt in der Natur darstellte. Die Vorstellung von Mühe, Arbeit und Gefahren ist schmerzlich; infolge eines unvermeidlichen Mitgefühls, das jede Vorstellung menschlichen Glücks oder Unglücks begleitet.

Als ich zwanzig war, sagte ein französischer Dichter, war

Ovid mein Lieblingsdichter; jetzt mit vierzig erkläre ich mich für Horaz. Wir versetzen uns gewiß bereitwilliger in Gefühle, die denjenigen ähnlich sind, die wir täglich empfinden; doch keine Leidenschaft kann uns gänzlich gleichgültig sein, wenn sie überzeugend dargestellt ist; denn es gibt keine, wovon nicht jeder Mensch in sich wenigstens Keime und erste Ansätze hätte. Aufgabe der Dichtung ist es, uns durch lebendige, bildliche Darstellung und Anschaulichkeit jedes Gefühl nahezubringen und ihm den Anschein von Wahrheit und Wirklichkeit zu verleihen: ein sicherer Beweis, daß überall dort, wo diese Wirklichkeit gegeben ist, unser Geist darauf eingestellt ist, von ihnen nachhaltig beeinflußt zu werden.

Jedes neue Ereignis oder jede Nachricht, wodurch das Schicksal von Staaten, Provinzen oder vielen Individuen betroffen ist, ist sogar für jene außerordentlich interessant, deren Wohlergehen nicht unmittelbar berührt wird. Eine solche Nachricht wird schnell verbreitet, begierig gehört und mit Aufmerksamkeit und Anteilnahme erörtert. Das Interesse der Gesellschaft scheint bei dieser Gelegenheit bis zu einem gewissen Grad das Interesse jedes einzelnen zu sein. Die Einbildungskraft wird sicherlich angeregt, obwohl die hervorgerufenen Affekte vielleicht nicht immer so stark und nachhaltig sind, daß sie auf das Handeln und Verhalten einen großen Einfluß ausübten.

Die Lektüre eines Geschichtswerkes scheint eine ruhige Unterhaltung zu sein; aber sie wäre überhaupt keine Unterhaltung, würden nicht unsere Herzen jenen Regungen entsprechend schlagen, die vom Historiker beschrieben werden.

Thukydides und Guicciardini[30] fesseln nur mit Mühe unsere Aufmerksamkeit, solange der erstere die alltäglichen Scharmützel der Kleinstädte Griechenlands, der letztere die harmlosen Kriege Pisas beschreibt. Die geringe Anzahl der Beteiligten und das geringe Interesse erfüllen nicht die Einbildungskraft und wecken nicht die Gefühle. Das tiefe Elend des an Zahl reichen athenischen Heeres vor Syrakus; die Gefahr, die Venedig so unmittelbar bedroht; diese erregen das Mitleid; diese lösen Angst und Schrecken aus.

Der gleichgültige, uninteressante Stil des Sueton kann uns ebenso wie die meisterhafte Feder des Tacitus von der gräßlichen Verderbtheit eines Nero oder Tiberius überzeugen; aber welcher Unterschied in den Empfindungen! Während der eine kühl die Tatsachen berichtet, läßt der zweite die ehrwürdigen Gestalten eines Soranus oder Thrasea vor unseren Augen erstehen, unerschrocken in ihrem Schicksal und nur durch das erschütternde Leid ihrer Freunde und Verwandten bewegt. Welches Mitgefühl erfaßt dann jedes menschliche Herz! Welche Entrüstung gegen den Tyrannen, dessen unbegründete Angst oder unmotivierte Bosheit eine so verabscheuungswürdige Barbarei herbeiführte![31]

Wenn wir diese Dinge näher bringen; wenn wir jeden Verdacht von Fiktion und Irreführung beseitigen; welch mächtige Anteilnahme wird dann geweckt, und um wie vieles höher ist sie in zahlreichen Fällen als jene engherzigen Regungen der Selbstliebe und des persönlichen Interesses! Volksaufruhr, Parteieneifer, ein hingebungsvoller Gehorsam gegen Parteiführer; das sind einige der sichtbarsten, wenn auch weniger lobenswerten Wirkungen dieses in der menschlichen Natur wurzelnden sozialen Mitempfindens.

Selbst die Belanglosigkeit eines Gegenstandes kann uns, wie wir beobachten können, nicht gänzlich von einer Einstellung abbringen, die etwas von menschenfreundlichem Fühlen und Empfinden an sich hat.

Wenn eine Person stottert und Schwierigkeiten mit der Aussprache hat, haben wir sogar mit einer so geringfügigen Beeinträchtigung Mitgefühl und leiden darunter. Auch ist es eine Regel in der Ästhetik, daß durch eine bestimmte Art von Sympathie jede Silben- oder Buchstabenverknüpfung, die den Sprechorganen beim Vortrag Mühe bereitet, auch für das Ohr rauh und unangenehm klingt. Ja sogar wenn wir ein Buch mit den Augen überfliegen, sind wir für solche

unharmonischen Verknüpfungen empfänglich; weil wir uns immer noch vorstellen, jemand lese sie uns vor und leide unter dem Aussprechen dieser dissonierenden Laute. So zart ist unser Mitgefühl!
Bequeme und ungezwungene Haltungen und Bewegungen sind immer schön; ein gesundes, kräftiges Aussehen ist angenehm; Kleider, die wärmen, ohne den Körper zu belasten, und bedecken, ohne die Glieder einzuengen, sind geschmackvoll. Bei jedem Urteil über Schönheit werden die Gefühle der betroffenen Personen in Betracht gezogen und vermitteln dem Zuschauer ähnliche Gefühle von Lust und Unlust.* Ist es also ein Wunder, daß wir kein Urteil über den Charakter und das Verhalten der Menschen fällen können, ohne die Tendenzen ihrer Handlungen und den für die Gesellschaft daraus erwachsenden Nutzen oder Schaden in Erwägung zu ziehen? Welche Vorstellungsverknüpfungen würden jemals von Wirkung sein, wenn dieses Prinzip hier gänzlich inaktiv wäre?**

* »Zierlicher ist ein Pferd anzuschauen, dessen Flanken schlank sind, aber zugleich ist es auch schneller. Mag schön als Anblick ein Ringer sein, dessen Muskeln das Training ausgeprägt hat, zugleich ist er dadurch besser zum Wettkampf gerüstet. Niemals läßt sich, was *wirklich schön* aussieht, trennen von der *Zweckmäßigkeit*. Doch um dafür den Blick zu schärfen, bedarf es nur mäßiger Urteilskraft.« Quintilian, *Inst.* lib. VIII. cap. 3. [*Institutio oratoria*. Hervorhebung: David Hume.]

** Im Verhältnis zur gesellschaftlichen Stellung, die jemand einnimmt, und je nach den Beziehungen, in denen er sich befindet, erwarten wir von ihm stets ein bedeutenderes oder geringeres Maß an Gutem und werfen ihm seine Unbrauchbarkeit vor, wenn wir enttäuscht werden; um so mehr ziehen wir ihn zur Verantwortung, wenn aus seinem Handeln und Verhalten irgendein Unheil oder Schaden entsteht. Wenn die Interessen *eines* Landes mit denen eines anderen in Konflikt geraten, beurteilen wir die Verdienste eines Staatsmannes nach dem Guten oder Schlechten, das für sein eigenes Land aus seinen Maßnahmen und Ratschlägen erwächst, ohne Rücksicht auf den Nachteil, den er seinen Feinden und Rivalen bringt. Seine Mitbürger sind die dem Auge naheliegendsten Objekte, wenn wir seinen Charakter beurteilen. Und da die Natur in jeden eine größere Neigung für sein eigenes Land eingepflanzt hat, erwarten wir niemals irgendeine Rücksicht auf entfernte Nationen, wenn ein Interessen-Konflikt entsteht. Gar nicht zu reden davon, daß, solange jeder das Wohl seiner eigenen Gemeinschaft im Auge hat, das allgemeine Interesse der

Wenn ein Mensch aus kalter Gefühllosigkeit oder aus engherzigem, charakterlichem Egoismus vom Anblick menschlichen Glücks oder Elends unberührt bleibt, so muß er gegenüber den Bildern von Tugend und Laster ebenso gleichgültig sein; wie man andererseits stets findet, daß eine warme Anteilnahme an den Interessen der Menschheit von einem feinen Gefühl für alle moralischen Unterschiede begleitet ist; von einer heftigen Empörung über ein den Menschen zugefügtes Unrecht; von einem lebhaften Gefallen an ihrem Wohlergehen. Obgleich in diesem speziellen Punkt eine beträchtliche Überlegenheit des einen Menschen gegenüber dem anderen beobachtet werden kann, so ist doch keiner gegenüber den Interessen seiner Mitmenschen so vollkommen gleichgültig, daß er keine Unterschiede zwischen dem moralisch Guten und dem moralisch Schlechten als Folge der unterschiedlichen Wirkungen von Handlungen und Prinzipien erkennen sollte. Wie könnten wir auch tatsächlich als möglich annehmen, daß jemand mit einem menschlichen Herzen, dem ein Charakter oder eine Verhaltensweise zur Beurteilung vorgelegt wird, die der Menschheit oder seiner Gemeinschaft nützlich ist, und eine andere, die ihr schädlich ist, die erstere nicht einmal kühl bevorzugte oder ihr zumindest das geringste Verdienst oder die geringste Achtung zuschriebe? Nehmen wir an, ein solcher Mensch sei noch so egoistisch; die persönlichen Interessen mögen seine Aufmerksamkeit noch so sehr in Anspruch nehmen; so muß er doch in Fällen, wo diese nicht betroffen sind, unvermeidlich eine *gewisse* Neigung für das Wohl der Menschheit fühlen und sich, wenn alle anderen Voraussetzungen gleich sind, dafür entscheiden. Würde irgend jemand beim Spazierengehen genauso bereitwillig auf die gichtkranken Zehen eines anderen, mit dem er keinen Streit hat, treten

Menschheit besser gefördert wird als durch irgendwelche unzusammenhängenden, unbestimmten Ansichten über das Wohl der Gesamtheit, aus denen niemals eine wohltätige Handlung resultieren kann, da ein entsprechend abgegrenztes Objekt fehlt, worauf sie sich beziehen könnte.

wie auf den harten Kiesel und das Pflaster? In diesem Fall besteht doch sicherlich ein Unterschied. Wir ziehen gewiß das Glück und Elend anderer in Betracht, wenn wir verschiedene Handlungsmotive abwägen, und neigen dem ersteren zu, wenn uns keine persönlichen Beweggründe dazu veranlassen, unseren eigenen Nutzen oder Vorteil auf Kosten unserer Mitmenschen anzustreben. Und wenn die Prinzipien der Menschlichkeit in vielen Fällen imstande sind, unsere Handlungen zu beeinflussen, dann müssen sie jederzeit eine *gewisse* Macht über unsere Gefühle besitzen und uns zu einer allgemeinen Zustimmung zu dem veranlassen, was für die Gesellschaft nützlich ist; und zu einer Ablehnung dessen, was für sie gefährlich und schädlich ist. Die Stärke dieser Gefühle mag ein Gegenstand des Streites sein; aber die Realität ihrer Existenz muß, so sollte man denken, in jeder Theorie oder in jedem System anerkannt werden.

Ein absolut bösartiges und gehässiges Wesen, wenn es ein solches in der Natur gäbe, müßte sich gegenüber den Vorstellungen von Tugend und Laster schlimmer als bloß gleichgültig verhalten. Alle seine Gefühle müßten verkehrt und jenen direkt entgegengesetzt sein, die bei den Menschen vorherrschen. Was auch immer zum Wohl der Menschheit beiträgt, muß bei ihm, da es ja die beständige Ausrichtung seiner Wünsche und Begierden durchkreuzt, Unbehagen und Mißfallen auslösen; andererseits muß aus demselben Grund alles, was in der Gesellschaft die Quelle von Unordnung und Elend ist, von ihm mit Vergnügen und Wohlgefallen betrachtet werden. Timon[32], der wahrscheinlich mehr wegen seiner zur Schau getragenen üblen Laune als um einer tiefverwurzelten Bosheit willen »der Menschenhasser« genannt wurde, umarmte Alkibiades mit großer Zärtlichkeit. *Mach nur weiter so, mein Sohn!*, rief er, *erwirb dir das Vertrauen des Volkes. Du wirst eines Tages, das sehe ich voraus, die Ursache großen Unheils für sie sein.** Könnten

* Plutarch in *vita Alc.* [*Alkibiades* XVI,9.]

wir die beiden Prinzipien der Manichäer[33] als gegeben annehmen, dann wäre es eine unausbleibliche Folge, daß ihre Einstellungen gegenüber menschlichen Handlungen, genau wie gegenüber allem anderen, einander völlig entgegengesetzt wären, und daß jedes Beispiel von Gerechtigkeit und Menschlichkeit aufgrund seiner notwendigen Tendenz der einen Gottheit gefallen und der anderen mißfallen müßte. Alle Menschen ähneln insoweit dem guten Prinzip, als dort, wo nicht Interesse, Rachsucht oder Neid unsere Disposition ins Gegenteil verkehren, wir immer aufgrund unserer natürlichen Menschenliebe geneigt sind, dem Glück der Gesellschaft und folglich der Tugend vor ihrem Gegenteil den Vorzug zu geben. Eine absolute, nicht herausgeforderte, unmotivierte Bosheit findet vielleicht in keiner menschlichen Brust einen Platz; oder wenn dem so wäre, müßte sie alle Empfindungen der Moral wie auch alle Gefühle der Menschlichkeit in ihr Gegenteil verkehren. Wenn man annimmt, daß die Grausamkeit Neros völlig willkürlich, nicht aber die Wirkung beständiger Furcht und Rachsucht war, dann ist offensichtlich, daß Tigellinus auf Kosten von Seneca oder Burrus seine stetige und gleichbleibende Gunst besessen haben muß.[34]

Ein Staatsmann oder Patriot, der unserem eigenen Land in unserer Zeit dient, wird immer leidenschaftlicher verehrt als ein anderer, dessen wohltätiger Einfluß sich auf vergangene Zeiten oder entfernte Nationen auswirkte; das Gute, das in einer edlen Menschlichkeit seinen Ursprung hat, erscheint uns hier als undeutlicher, da es weniger Verbindung zu uns aufweist und in uns ein weniger lebhaftes Mitgefühl hervorruft. Wir erkennen vielleicht an, daß das Verdienst in beiden Fällen gleich groß ist, auch wenn unsere Empfindungen nicht dieselbe Intensität erreichen. In diesem Fall korrigiert die Urteilskraft die Ungleichheiten unserer inneren Gefühle und Perzeptionen; in derselben Weise, wie sie uns bei den verschiedenen Entfernungen von Bildern, die sich unseren Sinnen darbieten, vor Irrtum bewahrt. Dasselbe Objekt wirft aus doppelter Entfernung in Wirklichkeit nur ein halb so großes Bild auf unser Auge; dennoch bilden wir uns ein, es erscheine in beiden Fällen als gleich groß, weil wir wissen, daß sich bei unserer Annäherung sein Bild in unserem Auge vergrößern würde und daß der Unterschied nicht im Objekt selbst liegt, sondern in unserer Stellung zu ihm. Und tatsächlich könnte man ohne eine solche Korrektur der Erscheinungen, sowohl bei inneren als auch bei äußeren Wahrnehmungen, niemals über irgendeinen Gegenstand gleichmäßig denken oder sprechen, solange ihre wechselnden Beziehungen eine beständige Veränderung der Objekte hervorrufen und dieselben in so verschiedene Beleuchtungen und Perspektiven rücken.*

Je häufiger wir mit Menschen zusammenkommen und je intensiver der soziale Kontakt ist, den wir pflegen, desto mehr werden uns diese allgemeinen Bevorzugungen und Unterscheidungen vertraut werden, ohne die unser Gespräch und unsere Rede anderen kaum verständlich zu machen wäre. Das persönliche Interesse jedes Menschen ist eine ihm eigentümliche Angelegenheit, und man kann nicht annehmen,

* Aus einem ähnlichen Grund werden bei unseren moralischen Festlegungen oder allgemeinen Urteilen nur die Tendenzen der Handlungen und Charaktere, nicht aber ihre wirklichen, zufälligen Konsequenzen in Erwägung gezogen, obwohl wir bei unserem wirklichen Fühlen oder Empfinden nicht umhin können, denjenigen höher zu achten, den seine Stellung, verbunden mit Tugend, für die Gesellschaft tatsächlich nützlich macht, als jenen, der die sozialen Tugenden nur in guten Absichten und wohlwollenden Gesinnungen zeigt. Wenn wir mit Hilfe einer einfachen und notwendigen gedanklichen Anstrengung die Charakteranlage vom zufälligen Schicksal trennen, erklären wir diese beiden Personen für gleich und erteilen ihnen dasselbe allgemeine Lob. Die Urteilskraft korrigiert den Anschein oder bemüht sich, ihn zu korrigieren; aber sie kann sich gegenüber dem Gefühl nicht gänzlich durchsetzen.

Warum gilt dieser Pfirsichbaum als besser als jener andere, wenn nicht deshalb, weil er mehr oder bessere Früchte trägt? Und würde ihm nicht dasselbe Lob zuteil werden, wenn Schnecken oder Ungeziefer die Früchte vor ihrer vollen Reife zerstört hätten? Wird nicht auch in der Moral *der Baum an seinen Früchten erkannt?* Und können wir nicht in dem einen so gut wie in dem anderen Fall leicht zwischen Natur und Zufall unterscheiden?

daß die daraus resultierenden Abneigungen und Wünsche andere in einem gleichen Maß berühren. Die gemeinsame Sprache muß also, da sie zu einem gemeinsamen Gebrauch geformt wurde, auf der Basis gemeinsamer Ansichten gebildet sein und muß die Bezeichnungen von Lob und Tadel in Übereinstimmung mit den Gefühlen festsetzen, die in den gemeinsamen Interessen der Gesellschaft wurzeln. Auch wenn diese Gefühle bei den meisten Menschen nicht so stark sind wie jene, die sich auf das persönliche Wohl beziehen, so müssen sie doch, selbst bei den verderbtesten und selbstsüchtigsten Menschen, eine gewisse Unterscheidung bewirken und den Begriff des Guten mit einem wohltätigen Verhalten, den des Schlechten mit seinem Gegenteil verknüpfen. Mitgefühl ist, wie wir zugeben wollen, weit schwächer als unser Eigeninteresse; und das Mitgefühl mit Personen, die uns fernstehen, ist viel schwächer als mit Personen, die nahe sind und uns nahestehen; aber genau aus diesem Grund ist es für uns notwendig, in unseren ruhigen Urteilen und Gesprächen über die Charaktere der Menschen alle diese Unterschiede zu vernachlässigen und unsere Gefühle allgemeiner und sozialer zu machen. Abgesehen davon, daß wir selbst unseren Standpunkt in dieser Hinsicht häufig ändern, treffen wir jeden Tag Menschen, deren Situation sich von der unseren unterscheidet und für die eine Verständigung mit uns unmöglich wäre, würden wir ständig auf jenem Standpunkt und auf der uns eigenen Betrachtungsweise beharren. Der Austausch von Gefühlen in Gesellschaft und Gespräch bewirkt daher, daß wir einen allgemeinen, unveränderlichen Maßstab formen, nach welchem wir Charaktere und Sitten gutheißen und ablehnen können. Und obwohl unser Herz an diesen allgemeinen Begriffen nicht vollständig Anteil nimmt und auch nicht seine Liebes- und Haßgefühle ohne Rücksicht auf das eigene Selbst oder auf uns näherstehende Personen nach den universellen, abstrakten Unterschieden von Tugend und Laster ausrichtet, so haben diese moralischen Unterscheidungen dennoch einen bedeutenden Einfluß und dienen, da sie zumindest für das Gespräch genügen, allen unseren Zwekken in der Gesellschaft, auf der Kanzel, im Theater und in den Schulen.*

So scheint es also, egal in welchem Licht wir diese Sache betrachten, daß der den sozialen Tugenden zugeschriebene Wert stets gleichbleibend ist und hauptsächlich aus jener Rücksicht entspringt, die wir, veranlaßt durch ein natürliches Gefühl des Wohlwollens, den Interessen der Menschheit und der Gesellschaft entgegenbringen. Wenn wir die Prinzipien der menschlichen Natur betrachten, wie sie sich der täglichen Erfahrung und Beobachtung darstellen, dann müssen wir es *a priori* für ausgeschlossen halten, daß ein solches Wesen wie der Mensch dem Wohl und Wehe seiner Mitmenschen vollkommen gleichgültig gegenüberstehen könnte und nicht bereitwillig aus sich heraus, sofern er keinem speziellen Vorurteil unterliegt, alles das ohne weitere Bedenken oder Überlegungen für gut erklärt, was das Glück der Mitmenschen fördert, und alles das für böse, was auf ihr Elend abzielt. Hier haben wir also die schwachen Ansätze oder zumindest Umrisse einer *allgemeinen* Unterscheidung zwischen Handlungen; in dem Maße, wie man annimmt, daß die Humanität eines Menschen zunimmt, wird sein Kontakt mit jenen, die Unrecht oder Wohltaten erfahren haben, wird die Lebhaftigkeit seiner Empfindungen für dieses Elend oder Glück und seine daraus folgende Ablehnung oder Zustimmung an Intensität zunehmen. Es besteht

* Es ist von der Natur weise eingerichtet, daß persönliche Bindungen gewöhnlich stärker sind als allgemeine Ansichten und Überlegungen; sonst würden sich unsere Neigungen und Handlungen aus Mangel an einem entsprechend begrenzten Objekt zerstreuen und verlieren. So erzeugt eine kleine, uns selbst oder unseren nächsten Freunden erwiesene Aufmerksamkeit lebhaftere Gefühle der Liebe und Zustimmung als eine große Wohltat, die einer entfernten Gemeinschaft erwiesen wird. Dennoch sind wir, wie bei allen sinnlichen Wahrnehmungen, auch hier fähig, durch Reflexion diese Ungleichheiten zu korrigieren und an einem allgemeinen Maßstab von Laster und Tugend festzuhalten, der hauptsächlich auf der allgemeinen Nützlichkeit basiert.

keine Notwendigkeit, daß eine großzügige Handlung, in einem alten Geschichtsbuch oder einer entlegenen Zeitschrift gerade noch erwähnt, uns irgendwelche starken Gefühle der Zustimmung oder Bewunderung vermitteln sollte. Tugend, in eine solche Entfernung gestellt, ist wie ein Fixstern, der, obwohl er dem Auge der Vernunft ebenso helleuchtend erscheinen mag wie die Mittagssonne, doch so unendlich weit entfernt ist, daß er auf unsere Sinne weder durch Licht noch durch Wärme wirkt. Rücke diese Tugend näher, durch unsere Bekanntschaft oder unseren Kontakt mit den Personen, oder sogar durch eine eindrucksvolle Darstellung des Sachverhaltes; unsere Herzen sind unmittelbar gefangen, unser Mitgefühl ist belebt, und unsere kühle Zustimmung verwandelt sich in die wärmsten Gefühle der Freundschaft und Achtung. Das scheinen notwendige und unausbleibliche Folgen der allgemeinen Prinzipien der menschlichen Natur zu sein, wie sie im täglichen Leben und Handeln entdeckt werden.

Und wieder: Man kehre diese Ansichten und Überlegungen um und betrachte die Angelegenheit *a posteriori*; und man untersuche, unter Abwägung der Konsequenzen, ob nicht der Wert der sozialen Tugend zu einem großen Teil aus den Gefühlen der Menschlichkeit hergeleitet ist, die sie im Zuschauer hervorrufen. Es scheint eine Tatsache zu sein, daß der Umstand der *Nützlichkeit* bei allen Gegenständen eine Quelle des Lobes und der Zustimmung ist; daß man sich bei allen moralischen Entscheidungen über Wert und Unwert von Handlungen immer wieder auf sie beruft; daß sie die *alleinige* Quelle jener hohen Wertschätzung ist, die der Gerechtigkeit, Verläßlichkeit, Ehre, Untertanentreue und Keuschheit zuteil wird; daß sie von allen anderen sozialen Tugenden wie Menschlichkeit, Großzügigkeit, Nächstenliebe, Güte, Milde, Barmherzigkeit und Bescheidenheit untrennbar ist; und daß sie, mit einem Wort, eine Grundlage des Hauptteils der Moral bildet, der sich auf die Menschheit und auf unsere Mitmenschen bezieht.

Es zeigt sich auch, daß uns bei unserer allgemeinen Billigung von Charakteren und Sitten die Nützlichkeitstendenz der sozialen Tugenden nicht aus irgendeiner Rücksicht auf das Eigeninteresse bewegt, sondern daß sie einen viel umfassenderen und weiterreichenden Einfluß hat. Es zeigt sich, daß eine Tendenz zum öffentlichen Wohl und zur Förderung von Frieden, Harmonie und Ordnung in der Gesellschaft, indem sie die menschenfreundlichen Grundzüge unseres Wesens berührt, uns immer für die sozialen Tugenden einnimmt. Und es zeigt sich auch, als zusätzliche Bestätigung, daß diese Prinzipien der Menschlichkeit und des Mitempfindens so tief in alle unsere Gefühle eingreifen und einen so starken Einfluß ausüben, daß sie imstande sind, den stärksten Vorwurf oder Beifall hervorzurufen. Die vorliegende Theorie ist das einfache Resultat aller dieser Schlußfolgerungen, wovon jede auf übereinstimmender Erfahrung und Beobachtung zu beruhen scheint.

Auch wenn es zweifelhaft wäre, ob es in unserer Natur irgendein solches Prinzip wie Menschlichkeit oder Rücksicht auf andere gibt, sollten wir dennoch die Stärke des wohlwollenden Prinzips erkennen, wenn wir in zahlreichen Fällen sehen, daß alles, was zur Förderung des Allgemeininteresses tendiert, so hochgeschätzt wird; denn unmöglich kann etwas als Mittel zu einem Zweck gefallen, wenn der Zweck völlig gleichgültig ist. Bestünde andererseits ein Zweifel, ob unserer Natur ein allgemeines Prinzip moralischer Mißbilligung oder Anerkennung eingepflanzt ist, so müßten wir dennoch, wenn wir in zahlreichen Fällen den Einfluß der Menschlichkeit beobachten, daraus schließen, daß es nicht anders möglich ist, als daß alles, was das Interesse der Gesellschaft fördert, Freude erwecken, und alles, was ihr schadet, Unbehagen auslösen muß. Aber wenn alle diese verschiedenen Überlegungen und Beobachtungen gemeinsam zu demselben Schluß führen, müssen sie diesem nicht eine unbestreitbare Evidenz verleihen?

Es ist jedoch zu hoffen, daß der Fortgang meiner Beweisführung eine weitere Bestätigung der vorliegenden Theorie bringen wird, indem nämlich gezeigt wird, daß andere Gefühle der Achtung und der Wertschätzung aus denselben oder ähnlichen Prinzipien ihren Ausgang nehmen.

Sechster Abschnitt

Über Eigenschaften, die uns selbst nützlich sind

Erster Teil[35]

Es scheint klar zu sein, daß eine Eigenschaft oder Gewohnheit, die wir einer Prüfung unterziehen, von uns unverzüglich getadelt und zu den Mängeln und Unzulänglichkeiten eines Menschen gezählt wird, wenn sie in irgendeiner Hinsicht für ihren Besitzer nachteilig ist oder ihn zur Arbeit und Beschäftigung unfähig macht. Faulheit, Nachlässigkeit, Mangel an Ordnungssinn und Methode, Starrsinn, Unbeständigkeit, Unbesonnenheit, Leichtgläubigkeit; diese Eigenschaften werden niemals von jemandem als unwesentlich für einen Charakter gehalten, oder gar als Vorzüge oder Tugenden gepriesen. Der durch sie entstehende Schaden sticht uns sofort ins Auge und gibt uns das Gefühl von Schmerz und Mißbilligung.

Keine Eigenschaft, das steht fest, ist entweder absolut tadelnswert oder absolut lobenswert. Das hängt alles vom Grad derselben ab. Die wahre Mitte, sagen die Peripatetiker[36], ist das Kennzeichen der Tugend. Aber diese Mitte wird hauptsächlich durch die Nützlichkeit bestimmt. Eine entsprechende Schnelligkeit, zum Beispiel, und prompte Erledigung bei Geschäften ist empfehlenswert. Wenn es daran fehlt, wird kein Fortschritt bei der Durchführung irgendeines Vorhabens gemacht; sind sie übertrieben, verwickeln sie uns in voreilige und schlecht geplante Maßnahmen und Unternehmungen. Durch Überlegungen wie diese bestimmen wir bei allen moralischen und Zweckmäßigkeitsfragen das richtige und empfehlenswerte Mittelmaß und verlieren nie die Vorteile aus den Augen, die sich aus einem Charakter oder einer Gewohnheit ergeben.

Nachdem nun aber diese Vorteile der Person zugute kommen, die diesen Charakter besitzt, kann es niemals *Selbstliebe* sein, die uns, den Betrachtern, ihren Anblick angenehm macht und unsere Achtung und Zustimmung hervorruft. Keine Kraft der Einbildung kann uns in jemand anderen verwandeln und uns glauben machen, daß wir als jene Person aus den ihr zukommenden wertvollen Eigenschaften einen Nutzen ziehen; wäre dies aber möglich, könnte uns keine Schnelligkeit der Einbildungskraft unmittelbar darauf in uns selbst zurückversetzen und bewirken, daß wir die Person, die von uns selbst verschieden ist, lieben und achten. Ansichten und Gefühle, die der anerkannten Wahrheit und einander selbst so sehr widersprechen, könnten niemals in ein und derselben Person gleichzeitig Raum finden. Daher ist jeder Verdacht egoistischer Interessen hier vollkommen ausgeschlossen. Es ist ein ganz anderes Prinzip, das unser Herz bewegt und das uns an dem Glück desjenigen, den wir vor Augen haben, Anteil nehmen läßt. Wo uns die angeborenen Talente und erworbenen Fähigkeiten einer Person eine Aussicht eröffnen auf gesellschaftlichen Aufstieg, Beförderung, angesehene Stellung, guten Erfolg, beständigen Besitz von Vermögen und auf die Ausführung großer oder vorteilhafter Unternehmungen; solch angenehme Bilder fesseln uns und lassen unmittelbar Gefühle des Wohlgefallens und der Achtung für ihn entstehen. Die Vorstellungen von Glück, Freude, Erfolg und Wohlstand sind mit jedem Aspekt ihres Charakters verknüpft und verbreiten in uns ein angenehmes Gefühl von Sympathie und Menschlichkeit.*

Stellen wir uns einen Menschen vor, der ursprünglich so

* Man kann die Behauptung wagen, daß es kein menschliches Wesen gibt, dem nicht (wo Neid oder Rachsucht aus dem Spiel bleiben) der Anblick von Glück Freude bereitet und der von Unglück Unbehagen. Das scheint untrennbar mit unserer Natur und Veranlagung verbunden zu sein. Aber es sind nur die großzügigeren Menschen, die dadurch veranlaßt werden, sich mit Begeisterung um das Wohl anderer zu kümmern, und die eine wirkliche Leidenschaft für deren Wohlergehen empfinden. Bei engherzigeren und kleinlicheren Menschen geht diese Sympathie nicht über eine geringfügige Empfindung der Einbildungskraft hinaus, die nur dazu dient, Gefühle des Wohlgefallens oder der

veranlagt ist, daß er keine wie immer geartete Anteilnahme an seinen Mitmenschen nimmt, sondern das Glück und Elend aller fühlenden Wesen mit noch größerer Gleichgültigkeit betrachtet als zwei benachbarte Schattierungen derselben Farbe. Nehmen wir an, das Wohl der Völker läge auf der einen Seite und ihr Ruin auf der anderen, und von ihm wäre eine Wahl verlangt; dann würde er wie der Esel des Scholastikers unschlüssig und unentschieden zwischen zwei gleichen Motiven stehen, oder besser, wie derselbe Esel zwischen zwei Stücken Holz oder Marmor, ohne irgendeine Neigung oder Vorliebe für eines der beiden. Meiner Meinung nach muß die Folgerung daraus als richtig anerkannt werden, daß eine solche Person, nachdem sie weder am öffentlichen Wohl der Gemeinschaft noch am persönlichen Nutzen für andere irgendeinen Anteil nimmt, jede Eigenschaft, egal wie schädlich oder nützlich sie für die Gesellschaft oder ihren Träger auch sein mag, mit derselben Gleichgültigkeit betrachten würde wie den alltäglichsten und uninteressantesten Gegenstand.

Wenn wir uns aber, anstelle dieses imaginären Ungeheuers, einen *Menschen* vorstellen, der in diesem Fall ein Urteil oder eine Entscheidung fällt, so gibt es bei sonst gleichen Voraussetzungen für ihn eine eindeutige Grundlage dafür, was zu bevorzugen ist; und wie kühl seine Wahl auch getroffen werden mag, wenn sein Herz selbstsüchtig ist oder ihm die betroffenen Personen fernstehen, so muß doch eine Wahl oder Unterscheidung stattfinden zwischen dem, was nützlich, und dem, was schädlich ist. Diese Unterscheidung ist

Mißbilligung zu erzeugen, und ihnen Anlaß gibt, das Gegenüber mit anerkennenden oder ablehnenden Kennzeichen zu versehen. Ein knauseriger Geizhals, zum Beispiel, lobt *Fleiß* und *Sparsamkeit* sogar bei anderen über alles und bewertet sie in seiner Einschätzung höher als alle anderen Tugenden. Er kennt das Gute, das aus ihnen entspringt, und nimmt an dieser Art des Glücks mit lebhafterem Mitgefühl Anteil als an irgendeiner anderen, die man ihm vorführen könnte, obwohl er sich vielleicht von keinem Pfennig trennen würde, um das Glück jenes Menschen zu begründen, dessen Fleiß er so außerordentlich lobt.

nun in jeder Hinsicht mit der *moralischen Unterscheidung* identisch, nach deren Grundlage man so oft und so vergeblich geforscht hat. Dieselben charakterlichen Eigenschaften sind unter allen Umständen dem moralischen Gefühl und dem der Menschlichkeit angenehm; dasselbe Gemüt ist in hohem Maß sowohl für das eine als auch für das andere Gefühl empfänglich; und dieselbe Veränderung an den Objekten, wenn man sich diesen nähert oder in eine Beziehung zu ihnen tritt, belebt das eine wie auch das andere Gefühl. Nach allen Regeln der Philosophie müssen wir daher den Schluß ziehen, daß diese Gefühle ursprünglich dieselben sind, nachdem sie in jeder, selbst der kleinsten Einzelheit von denselben Gesetzen beherrscht und durch dieselben Objekte ausgelöst werden.

Aus welchem anderen Grund schließen Philosophen mit größter Sicherheit, daß der Mond durch dieselbe Kraft der Gravitation, die den Fall der Körper zur Erdoberfläche bewirkt, in seiner Umlaufbahn gehalten wird, als deshalb, weil sich durch Berechnung ergibt, daß diese Wirkungen ähnlich, ja gleichartig sind? Und muß dieses Argument bei Untersuchungen über die Moral nicht ebenso überzeugend wirken wie bei jenen der Naturwissenschaft?

Es wäre überflüssig, bis ins Detail zu beweisen, daß alle Eigenschaften, die ihrem Besitzer nützlich sind, gebilligt werden und die entgegengesetzten getadelt. Dafür wird die geringste Reflexion über täglich gemachte Erfahrungen ausreichen. Wir werden nur einige Beispiele erwähnen, um womöglich alle Zweifel und Bedenken zu beseitigen.

Die Eigenschaft, die zur Ausführung irgendeines nützlichen Unternehmens am allernotwendigsten ist, ist die Besonnenheit; mit ihrer Hilfe pflegen wir einen ungestörten Umgang mit anderen, erweisen unserem und ihrem Charakter die gebührende Aufmerksamkeit, wägen jeden Aspekt des Geschäftes, das wir unternehmen, ab und wenden die sichersten und zuverlässigsten Mittel zur Erreichung eines jeden Zieles oder Vorhabens an. Einem Cromwell oder De Retz mag

Besonnenheit vielleicht als Ratsherrntugend erscheinen, wie sie Dr. Swift[37] nennt; und nachdem sie mit den weitreichenden Plänen, zu denen sie ihr Mut und Ehrgeiz trieb, unvereinbar ist, könnte sie bei ihnen vielleicht tatsächlich ein Fehler oder Mangel sein. Aber für den Lauf des täglichen Lebens ist keine Tugend nötiger, nicht nur um Erfolg zu haben, sondern auch um die verhängnisvollsten Mißgriffe und Enttäuschungen zu vermeiden. Ohne Besonnenheit können die bedeutendsten Anlagen, wie ein feinsinniger Schriftsteller bemerkte, ihrem Besitzer verderblich werden; so wie Polyphem, nachdem er seines Auges beraubt war, aufgrund seiner ungeheuren Kraft und Größe nur um so gefährdeter war.[38]

Der beste Charakter, wäre er nicht für die menschliche Natur allzu vollkommen, ist tatsächlich jener, der von keiner bestimmten Veranlagung beherrscht wird, sondern abwechselnd Unternehmungsgeist und Vorsicht anwendet, je nachdem, ob das eine oder das andere für den bestimmten beabsichtigten Zweck *nützlich* ist. Von dieser Art ist die Vortrefflichkeit, die St. Evremond dem Marschall Turenne zuschreibt,[39] der, je älter er wurde, bei jedem Feldzug eine größere Kühnheit in seinen militärischen Unternehmungen an den Tag legte; da er jetzt, aus langer Erfahrung, mit allen Vorfällen des Krieges vollkommen vertraut war, schritt er mit größerer Entschlossenheit und Sicherheit auf dem ihm so wohlbekannten Weg voran. Fabius[40], sagt Macchiavelli[41], war vorsichtig; Scipio[42] wagemutig; und beide waren erfolgreich, weil die Lage Roms während der jeweiligen Zeit ihres Oberbefehls ihrer Begabung besonders angemessen war; beide hätten jedoch Mißerfolg gehabt, wären diese Situationen vertauscht gewesen. Derjenige ist glücklich, dessen Lebensumstände zu seinem Wesen passen; aber derjenige nimmt einen höheren Rang ein, der sein Wesen den gegebenen Umständen anpassen kann.

Welche Notwendigkeit besteht denn, die Lobgesänge des Fleißes anzustimmen und seine Vorteile zu preisen, die zur Erlangung von Macht und Reichtum dienlich sind oder dafür, was man in der Welt »sein *Glück* machen« nennt? Die Schildkröte der Fabel siegte im Wettlauf mit dem Hasen aufgrund ihrer Ausdauer, obwohl ihr dieser an Schnelligkeit weit überlegen war. Die Zeit eines Menschen, wenn sie gut genützt wird, ist wie ein bebautes Feld, von dem einige Morgen Land mehr für das Leben Nützliches erzeugen als ausgedehnte Gebiete sogar fruchtbaren Bodens, die von Unkraut und Dornengestrüpp überwuchert sind.

Aber jede Aussicht auf Erfolg im Leben oder auch nur auf eine erträgliche Existenz muß schwinden, wenn eine vernünftige Sparsamkeit fehlt. Das Kapital, anstatt sich zu vermehren, verringert sich täglich und macht den Besitzer um so unglücklicher, als er, nachdem er ja seine Ausgaben einem großen Einkommen nicht anpassen konnte, noch weniger imstande sein wird, mit einem kleinen Einkommen zufrieden zu leben. Nach Platon* schweben die Seelen der mit unreinen Begierden entflammten Menschen, nachdem sie ihren Körper verloren haben, der allein ihnen Mittel zu ihrer Befriedigung gewährte, auf der Erde umher und suchen die Orte auf, wo ihre Körper beerdigt sind, erfüllt von einem sehnlichen Verlangen, die verlorenen Organe der Sinnesempfindung wiederzugewinnen. So können wir unwürdige Verschwender sehen, die, nachdem sie ihr Vermögen in zügellosen Prassereien verbraucht haben, sich an jeden reichgedeckten Tisch und zu jedem geselligen Vergnügen drängen, gehaßt selbst von den Lasterhaften und verachtet selbst von den Dummköpfen.

Das eine Extrem der Sparsamkeit ist der *Geiz*, der, weil er den Menschen nicht nur um jeden Nutzen seines Reichtums bringt, sondern auch die Gastfreundschaft und jedes soziale Vergnügen beeinträchtigt, aus diesem doppelten Grund gerechterweise getadelt wird. *Verschwendungssucht*, das andere Extrem, ist im allgemeinen für den einzelnen selbst schädlicher; und jedes dieser Extreme wird mehr getadelt als

* Phaedo [*Phaidon* 81c–d.]

das andere, je nach dem Charakter der tadelnden Person und ihrer größeren oder geringeren Empfänglichkeit für soziales oder sinnliches Vergnügen.

Eigenschaften beziehen ihren Wert häufig aus komplexen Ursachen. *Ehrlichkeit, Treue, Wahrhaftigkeit* werden wegen ihrer unmittelbaren Tendenz gelobt, die Interessen der Gesellschaft zu fördern; wurden aber diese Tugenden einmal auf dieser Grundlage anerkannt, werden sie auch als vorteilhaft für die Person selbst und als die Quelle jenes Vertrauens und jener Zuversicht angesehen, die allein einem Menschen im Leben Ansehen verleihen können. Man zieht sich Verachtung ebenso zu wie Haß, wenn man die Pflicht vergißt, die man in dieser Hinsicht sowohl sich selbst als auch der Gesellschaft schuldig ist.

Vielleicht ist diese Überlegung *eine Hauptquelle* des heftigen Tadels, der bei jedem Verstoß erhoben wird, den Frauen gegen die *Keuschheit* begehen. Die größte Achtung, die dieses Geschlecht erlangen kann, gründet sich auf ihre Treue; und eine Frau, die es daran mangeln läßt, wird minderwertig und gewöhnlich, verliert ihre Stellung und setzt sich jeder Beleidigung aus. Das kleinste Vergehen reicht hier aus, um ihren Ruf zu zerstören. Eine Frau hat so viele Gelegenheiten, diesen Begierden heimlich nachzugehen, daß nichts als ihre unbedingte Bescheidenheit und Zurückhaltung uns Sicherheit geben kann; und wenn einmal eine Übertretung geschehen ist, kann sie kaum jemals wieder vollständig gutgemacht werden. Wenn ein Mann sich bei *einer* Gelegenheit feig benimmt, kann ein entgegengesetztes Verhalten sein Ansehen wiederherstellen. Aber durch welche Handlung kann eine Frau, die sich einmal ausschweifend benommen hat, uns davon überzeugen, daß sie bessere Vorsätze gefaßt hat und Selbstbeherrschung genug besitzt, diese zur Ausführung zu bringen?

Alle Menschen, das ist anerkannt, haben den gleichen Wunsch nach Glück, aber wenige sind in ihrem Streben erfolgreich; *eine* wesentliche Ursache dafür ist der Mangel an Willensstärke, die sie befähigen könnte, der Versuchung augenblicklichen Behagens und Vergnügens zu widerstehen und die Suche nach entfernteren Vorteilen und Freuden fortzusetzen. Nach einem allgemeinen Überblick über ihre Gegenstände bilden unsere Gemütsbewegungen gewisse Verhaltensregeln und einen gewissen Maßstab dafür aus, das eine dem anderen vorzuziehen: Und dennoch sagt man von diesen Entscheidungen aufgrund eines natürlichen Mißbrauchs der Sprache, daß sie Festsetzungen des reinen *Verstandes* und der Reflexion sind, obwohl sie in Wirklichkeit Ergebnisse unserer ruhigen Gefühle und Neigungen sind (denn was sonst könnte ein Objekt für begehrenswert oder für nicht begehrenswert erklären?). Aber wenn uns einzelne dieser Objekte näher gebracht werden und die Vorteile eines günstigeren Blickwinkels oder einer günstigeren Beleuchtung genießen, die das Herz oder die Einbildungskraft gefangennehmen, dann werden unsere allgemeinen Vorsätze häufig umgestoßen, und ein kleines Vergnügen wird vorgezogen; und dauernde Scham und Kummer sind für uns die Folge. Und wie sehr die Poeten auch ihren Scharfsinn und ihre Beredsamkeit dafür verwenden mögen, die Freuden des Augenblicks zu feiern und allen entfernten Ausblick auf Ruhm, Gesundheit oder Reichtum zurückzuweisen, so ist doch offensichtlich, daß diese Handlungsweise der Ausgangspunkt aller Ausschweifung und Unordnung, aller Reue und allen Elends ist. Ein Mann von starkem und entschlossenem Charakter hält hartnäckig an seinen allgemeinen Entscheidungen fest und wird weder durch die Lockungen des Vergnügens verführt, noch durch drohenden Schmerz abgeschreckt, sondern behält immer jene entfernten Ziele im Auge, durch welche er zugleich sein Glück und seine Ehre sicherstellt.

Selbstzufriedenheit ist, zumindest bis zu einem gewissen Grad, ein Vorzug, der dem Dummen und dem Weisen gleichermaßen zukommt; es ist freilich der einzige Vorzug dieser Art, denn es gibt ansonsten keinen anderen Umstand im Leben, wo sie auf gleicher Stufe stehen. Geschäfte, Bücher, Konversation: zu allen diesen ist ein Dummkopf völlig untauglich und bleibt, außer wenn er durch seine Stellung zur rohesten und härtesten Arbeit verurteilt ist, eine *nutzlose* Last für die Welt. Dementsprechend sieht man, daß die Menschen in dieser Hinsicht auf ihren Ruf äußerst ängstlich bedacht sind; und man erlebt viele Beispiele von Verworfenheit und Verrat, die unverhohlen zur Schau getragen werden, aber keine, wo ein Vorwurf der Unwissenheit und Dummheit ruhig hingenommen würde. Selbst Dikaiarchos, der makedonische Feldherr, der, wie Polybius* uns erzählt, der Menschheit zum Hohn öffentlich einen Altar der Gottlosigkeit und einen zweiten der Ungerechtigkeit errichtete; sogar er wäre, dessen bin ich mir ganz sicher, bei der Bezeichnung *Dummkopf* hochgefahren und hätte Rache für eine so beleidigende Benennung ersonnen. Abgesehen von der Elternliebe, dem stärksten und unauflösbarsten Band in der Natur, hat keine Beziehung genügend Stärke, um den Widerwillen zu überwinden, den diese Charakterisierung hervorruft. Sogar die Liebe, welche Verrat, Undankbarkeit, Bosheit und Untreue ertragen kann, erlischt sofort, wenn diese Eigenschaft wahrgenommen und erkannt wird; ja, nicht einmal Häßlichkeit und Alter sind für den Bestand dieser Leidenschaft verhängnisvoller. So abschrekkend wirkt die Vorstellung gänzlicher Unbrauchbarkeit für jeden Zweck und jedes Vorhaben und fortwährenden Irrens und Fehlverhaltens im Leben!

Wenn die Frage gestellt wird, ob eine schnelle oder langsame Auffassungsgabe wertvoller sei; oder eine Auffassungsgabe, die zwar auf den ersten Blick tief in den Gegenstand eindringt, dann aber durch Lernen nicht weiterkommt; oder aber die umgekehrte Veranlagung, die sich alles durch zähen Fleiß erarbeiten muß; ob ein klarer Kopf wertvoller sei oder eine reiche Erfindungsgabe; ob Genie oder sicheres Urteils-

* Lib. XVII. cap. 35. [*Historien* XVIII,54.]

vermögen besser wäre; kurz, welcher Charakter oder welche Art verstandesmäßiger Begabung anderen vorzuziehen sei; klar ist, daß wir keine dieser Fragen beantworten können, ohne zu überlegen, welche dieser Eigenschaften einen Menschen für die Aufgaben dieser Welt am tauglichsten macht und welche ihm in seinen Unternehmungen am besten weiterhilft.

Auch wenn hohe Bildung und ein erhabenes Empfinden nicht so *nützlich* sind wie gesunder Menschenverstand, so bietet doch ihre Seltenheit, ihre Ungewöhnlichkeit und die Vornehmheit ihrer Gegenstände einigen Ersatz und macht sie zum Gegenstand der Bewunderung aller Menschen; so wie das Gold, obwohl weniger verwendbar als Eisen, wegen seiner Seltenheit einen viel höheren Wert erhält.

Die Mängel der Urteilskraft können durch keine Kunst oder Erfindung ersetzt werden; wohl aber können häufig jene des Gedächtnisses ausgeglichen werden, sowohl im Geschäftsleben als auch in der Wissenschaft, durch Methode, Fleiß, und durch ein sorgfältiges Niederschreiben aller Einzelheiten; wir hören ja kaum jemals, daß das schlechte Gedächtnis eines Menschen als Grund für das Scheitern eines Unternehmens angegeben wird. Aber in alten Zeiten, als niemand ohne Redetalent eine glänzende Rolle spielen konnte und als die Zuhörer zu anspruchsvoll waren, um solch rohe, unverarbeitete Tiraden hinzunehmen, wie sie heutige improvisierende Redner in den öffentlichen Versammlungen bieten, war die Gabe des Gedächtnisses von allergrößter Bedeutung und wurde daher auch höher geschätzt als heute. Kaum irgendeine große Persönlichkeit des Altertums wird erwähnt, die wegen dieser Gabe nicht berühmt gewesen wäre; und Cicero zählt sie unter den großen Eigenschaften selbst eines Caesar auf.*

* Fuit in illo ingenium, ratio, memoria, literae, cura, cogitatio, diligentia, etc. Philip. 2. [Cicero, *Zweite Philippische Rede gegen Marcus Antonius* 116: »Dieser Mann besaß Geist, Vernunft, Gedächtnis, wissenschaftliche Bildung, Sorgfalt, Denkvermögen und Fleiß.«]

Besondere Bräuche und Sitten verändern die Nützlichkeit von Eigenschaften: und verändern damit auch ihren Wert. Besondere Situationen und Zufälle haben bis zu einem gewissen Grad dieselbe Wirkung. Derjenige, der die Talente und Fähigkeiten besitzt, die seiner Stellung und seinem Beruf entsprechen, wird immer höher geschätzt werden als derjenige, den das Schicksal an die von ihm zugewiesene falsche Stelle gesetzt hat. Die persönlichen und ichbezogenen Tugenden sind in dieser Hinsicht willkürlicher als die öffentlichen und sozialen. In anderer Hinsicht bieten sie vielleicht weniger Anlaß zu Zweifel und Meinungsverschiedenheiten.

In den letzten Jahren ist in diesem Land von Männern des *praktischen* Lebens so viel *Gemeinschaftssinn*, und von Männern der *Wissenschaft* so viel *Wohlwollen* zur Schau getragen worden, wobei ohne Zweifel so viele falsche Anmaßungen bei ihnen aufgedeckt wurden, daß Männer von Welt, ohne jede böse Absicht, geneigt sind, diesen beiden moralischen Vorzügen eine hartnäckige Ungläubigkeit entgegenzubringen und manchmal sogar ihre Existenz und Wirklichkeit gänzlich zu leugnen. Ebenso finde ich, daß in alter Zeit das beständige Gerede der *Stoiker* und *Kyniker*[43] über die *Tugend*, ihre großen Worte und geringfügigen Taten, in den Menschen einen Widerwillen erzeugten; und Lukian, obwohl freizügig gegenüber dem Vergnügen, doch in anderer Hinsicht ein sehr moralischer Schriftsteller, kann manchmal von der so vielgerühmten Tugend nicht sprechen, ohne Anzeichen von Ärger und Ironie zu verraten.* Aber diese übellaunige Empfindsamkeit, egal worauf sie beruhen

* »Wenn sie von so etwas wie Tugend und von unkörperlichen Wesen und Narrenpossen mit lauter Stimme reden.« Luc. Timon. 9. [Lukian.] Wiederum: »Und wenn sie leicht zu täuschende junge Leute gesammelt haben, spielen sie sich mit der vielgepriesenen Tugend auf.« Icaro-men. [Lukian, *Ikaromenippus* 30.] An anderer Stelle: »Oder wo wäre denn etwa diese Tugend, von der so viel Aufhebens gemacht wird, wo die Natur, und das Verhängnis, und das Glück – große Worte, deren Begriffe sich untereinander selbst aufheben«; Deor. Concil. 13. [Lukian, *Die Götterversammlung* 13.]

mag, kann niemals soweit getrieben werden, daß wir unter ihrem Einfluß die Existenz jeder Art von Wert und jeden Unterschied der Sitten und des Betragens leugnen wollten. Außer *Besonnenheit, Vorsicht, Unternehmungsgeist, Fleiß, Beharrlichkeit, Genügsamkeit, Sparsamkeit, Vernünftigkeit, Klugheit, Unterscheidungskraft*, außer diesen Eigenschaften, sage ich, deren bloße Nennung schon zur Anerkennung ihres Wertes zwingt, gibt es noch viele andere, denen auch der entschiedenste Skeptizismus keinen Augenblick den Tribut des Lobes und des Beifalls verweigern kann. *Mäßigkeit, Nüchternheit, Geduld, Beständigkeit, Ausdauer, Vorsorge, Rücksichtnahme, Verschwiegenheit, Ordnung, Liebenswürdigkeit, Anstand, Geistesgegenwart, rasche Auffassungsgabe, Gewandtheit im Ausdruck*; daß diese, und noch tausend andere derselben Art, Vorzüge und Vollkommenheiten sind, wird kein Mensch jemals leugnen. Da ihr Wert in der Tendenz liegt, ihrem Besitzer zu nützen, ohne irgendwelche großartigen Ansprüche auf öffentliches oder soziales Verdienst, stehen wir ihren Ansprüchen um so weniger eifersüchtig gegenüber und nehmen sie bereitwillig in den Katalog der lobenswerten Eigenschaften auf. Wir merken nicht, daß wir mit diesem Zugeständnis allen anderen moralischen Vorzügen den Weg geebnet haben und konsequenterweise nicht länger zögern können, an uneigennütziges Wohlwollen, an Patriotismus und an Menschlichkeit zu glauben.

Es scheint allerdings sicher, daß hier, wie so oft, der erste Anschein äußerst trügerisch ist und daß es auf spekulativem Weg noch größere Schwierigkeiten macht, den Wert, der den obengenannten ichbezogenen Tugenden zugeschrieben wird, auf Selbstliebe zurückzuführen, als bei den sozialen Tugenden, der Gerechtigkeit und Wohltätigkeit. Für diesen letzteren Zweck genügt es, zu sagen, daß jedes dem Wohl der Gemeinschaft förderliche Verhalten von der Gemeinschaft gelobt, gerühmt und geschätzt wird, aufgrund jenes Nutzens und Vorteils, an dem jedermann teilhat; und wenn auch diese Zuneigung und Achtung in Wirklichkeit

Dankbarkeit und nicht Selbstliebe sein mag, so wird doch eine solche Unterscheidung, selbst von so einleuchtender Art, von oberflächlichen Denkern nicht ohne weiteres gemacht; und es bleibt, zumindest für einen Augenblick, Raum für Spitzfindigkeiten und Diskussionen. Aber nachdem Eigenschaften, die nur auf den Nutzen ihres Besitzers hinzielen, ohne jeden Bezug auf uns oder die Gemeinschaft, dennoch geachtet und geschätzt werden: Mit Hilfe welcher Theorie oder welchen Systems können wir dieses Gefühl aus der Selbstliebe erklären oder es aus dieser so gern benutzten Quelle herleiten? Hier scheint es notwendig zu sein, zuzugeben, daß das Glück und Elend anderer für uns kein gänzlich gleichgültiges Schauspiel ist, sondern daß der Anblick von Glück, sei es in seinen Ursachen oder Wirkungen, ähnlich wie der Sonnenschein oder die Aussicht auf wohlbestellte Felder (um unsere Ansprüche nicht höher zu stellen) eine stille Freude und Befriedigung vermittelt und das Bild von Elend wie eine drohende Wolke oder eine unfruchtbare Landschaft einen düsteren Schatten auf unsere Phantasie wirft. Ist dieses Zugeständnis einmal gemacht, ist die Schwierigkeit überwunden; und eine natürliche, ungezwungene Interpretation der Phänomene des menschlichen Lebens wird, so dürfen wir hoffen, in der Folge bei allen Philosophen zum Durchbruch gelangen.

Zweiter Teil

Es ist vielleicht an dieser Stelle nicht unangebracht, den Einfluß körperlicher Vorzüge und wirtschaftlicher Güter auf unsere Gefühle der Achtung und Wertschätzung zu untersuchen und der Frage nachzugehen, ob diese Phänomene die vorliegende Theorie stärken oder schwächen. Man wird natürlich erwarten, daß die körperliche Schönheit, wie von allen Moralphilosophen des Altertums angenommen, in mancher Hinsicht der geistigen ähnlich sei; und daß alle

Arten der Achtung, die einem Menschen erwiesen werden, in ihrer Entstehung etwas Ähnliches haben, ob sie nun auf seinen geistigen Anlagen oder auf der Beschaffenheit seiner äußeren Umstände beruhen.

Es ist klar, daß *eine* wesentliche Quelle der *Schönheit* bei allen Tieren in dem Vorteil liegt, den sie aus dem besonderen Bau ihrer Glieder und Körperteile ziehen, entsprechend der besonderen Lebensweise, zu der sie von Natur aus bestimmt sind. Die richtigen Proportionen eines Pferdes, wie sie von Xenophon und Vergil[44] beschrieben werden, sind dieselben, die auch von heutigen Jockeys anerkannt werden, weil ihre Grundlage die gleiche ist, nämlich die Erfahrung dessen, was an einem Tier schädlich oder nützlich ist.

Breite Schultern, ein schlanker Bauch, starke Gelenke, schmal zulaufende Beine; alles dies gilt bei uns Menschen als schön, weil es von Kraft und Vitalität zeugt. Obgleich Vorstellungen von Nützlichkeit und ihrem Gegenteil nicht ausschließlich darüber entscheiden, was schön oder häßlich ist, bilden sie offenbar doch im beträchtlichen Ausmaß die Grundlage für Zustimmung und Ablehnung.

In alten Zeiten wurde die körperliche Kraft und Gewandtheit, da sie von höherem Nutzen und größerer Bedeutung im Krieg war, auch höher geschätzt und bewertet als heute. Wir können beobachten, ohne uns auf Homer und die Dichter zu berufen, daß die Historiker keine Bedenken haben, die *Körperkraft* unter anderen Vorzügen zu erwähnen, sogar bei Epaminondas, den sie als den größten Helden, Staatsmann und Feldherrn aller Griechen anerkennen.*

* Diodorus Siculus, lib. XV. [*Bibliotheke* XV,88,3.] Es ist vielleicht nicht unangebracht, die Charakterisierung des Epaminondas anzuführen, so wie sie vom Historiker gezeichnet wurde, um zu zeigen, welche Vorstellungen von vollkommenem Wert in jenem Zeitalter herrschten. Bei anderen Männern, sagt er, wird man bemerken, daß jeder irgendeine glänzende Eigenschaft besaß, die die Grundlage seines Ruhmes bildete; bei Epaminondas finden sich alle *Tugenden* vereint: Körperkraft, beredter Ausdruck, geistige Vitalität, Verachtung des Reichtums, Herzensgüte, und, *was besonders hochzuschätzen ist*, Mut und die Gabe zur Kriegsführung.

Ein gleiches Lob wird Pompeius, einem der größten Römer, erteilt.*

Welcher Spott und welche Verachtung trifft bei beiden Geschlechtern die *Impotenz*; der Unglückliche gilt als einer so wesentlichen Freude des Lebens beraubt und zugleich als unfähig, sie anderen zu vermitteln. *Unfruchtbarkeit* bei Frauen, da auch eine Art von *Nutzlosigkeit*, ist ein Vorwurf, wenn auch nicht in demselben Ausmaß; aus welchem Grund, ist aus der vorliegenden Theorie klar ersichtlich.

In der Malerei und Bildhauerei gibt es keine unentbehrlichere Regel als die, den Figuren ihr Gleichgewicht zu geben und sie mit größter Genauigkeit nach ihrem entsprechenden Schwerpunkt aufzustellen. Eine Figur, die nicht im richtigen Gleichgewicht steht, ist häßlich, weil sie die unangenehmen Vorstellungen des Fallens, der Verletzung und des Schmerzes wachruft.**

Eine Veranlagung oder geistige Struktur, die einen Menschen befähigt, in der Welt emporzukommen und sein Glück zu machen, hat, wie bereits erklärt wurde, einen Anspruch auf Achtung und Wertschätzung. Man kann daher

* *Mit den Behenden wetteiferte er im Sprung; mit den Schnellen im Wettlauf; mit den Starken bei der Bedienung des Hebebaumes.* Sallust apud Veget. [Sallust, in: Vegetius, *Epitoma rei militaris* I,9.]

** Alle Menschen sind in gleicher Weise dem Schmerz, dem Leiden und der Krankheit unterworfen; und können Gesundheit und Wohlbefinden wiedererlangen. Diese Umstände bewirken keinen Unterschied zwischen einem Menschen und einem anderen und sind darum auch nicht der Grund für Hochmut oder Erniedrigung, Achtung oder Verachtung. Aber wenn wir Menschen uns mit höheren Wesen vergleichen, ist es eine überaus bedrückende Betrachtungsweise, daß wir alle so sehr Krankheiten und Gebrechen unterworfen sind; dementsprechend verwenden die Geistlichen dieses Argument, um Überheblichkeit und Eitelkeit zu unterdrücken. Ihr Erfolg würde größer sein, wenn unsere Gedanken im allgemeinen nicht ständig damit beschäftigt wären, uns mit anderen zu vergleichen. Die Gebrechlichkeit des Alters ist bedrückend, weil man einen Vergleich mit der Jugend anstellen kann. Die Skrofulose wird sorgfältig verheimlicht, weil sie ansteckend ist und oft auf die Nachkommenschaft vererbt wird. Ungefähr das gleiche gilt von Krankheiten, die ekelerregend oder gräßlich anzusehen sind, z. B. Epilepsie, Geschwüre, offene Wunden, Schorf, etc.

natürlicherweise annehmen, daß der tatsächliche Besitz von Reichtum und Macht einen bedeutenden Einfluß auf diese Gefühle haben wird.

Man prüfe jede Hypothese, durch welche wir die den Reichen und Mächtigen erwiesene Achtung erklären können; und wir werden keine andere Hypothese befriedigend finden als jene, die die Achtung aus dem Vergnügen ableitet, das die Vorstellungen von Wohlstand, Glück, Behagen, Überfluß, Macht und die Befriedigung jedes Wunsches im Betrachter hervorrufen. Die Selbstliebe zum Beispiel, die einige so gerne als die Quelle jeglichen Gefühls ins Auge fassen, ist für diesen Zweck offensichtlich unzureichend. Wo Wohlwollen und Freundschaft fehlen, ist es schwer vorstellbar, worauf wir unsere Hoffnung auf einen Vorteil aus den Reichtümern anderer gründen können; dennoch bringen wir den Reichen von Natur aus Achtung entgegen, sogar noch ehe sie irgendeine uns gegenüber günstige Gesinnung zeigen.

Dieselben Gefühle werden in uns wach, wenn wir so weit außerhalb des Bereiches ihrer Wirksamkeit stehen, daß wir nicht einmal vermuten könnten, sie besäßen die Macht, uns zu dienen. Bei allen zivilisierten Nationen wird ein Kriegsgefangener mit der seiner Stellung entsprechenden Rücksicht behandelt; und Reichtümer, das ist klar, können viel dazu beitragen, die Stellung eines Menschen zu bestimmen. Wenn auch Geburt und Rang daran einen Anteil haben, liefert uns dies ein weiteres Argument für unseren augenblicklichen Zweck. Denn wen sonst nennen wir einen »Mann von Stand«, wenn nicht den, der von einer langen Reihe reicher und mächtiger Vorfahren abstammt und der unsere Achtung durch seine Beziehung zu Personen erwirbt, die wir hochschätzen? Seine Vorfahren werden daher, obwohl sie tot sind, gewissermaßen wegen ihres Reichtums geachtet; und folglich ohne irgendwelche Art von berechnender Erwartung.

Wir müssen aber gar nicht auf Kriegsgefangene oder Tote

zurückgreifen, um Beispiele für diese uneigennützige Achtung vor dem Reichtum zu finden; es genügt, mit ein wenig Aufmerksamkeit jene Phänomene zu beobachten, die im täglichen Leben und im Gespräch sich ereignen. Nehmen wir an, ein Mann, der über ein ausreichendes Vermögen verfügt und keinen Beruf ausübt, wird in eine Gesellschaft von Fremden eingeführt; naturgemäß wird er ihnen verschiedene Grade von Achtung entgegenbringen, je nachdem er über ihre verschiedenen Vermögenslagen und Lebensumstände informiert ist, obwohl er unmöglich so plötzlich sich von ihnen irgendeinen Vermögensvorteil erwarten kann, ja einen solchen vielleicht ablehnen würde. Die Aufnahme eines Reisenden in die Gesellschaft und die Höflichkeit, mit der man ihm begegnet, stehen immer in einem Verhältnis dazu, wie sehr ihn sein Gefolge und seine Reiseausstattung als Mann von großem oder bescheidenem Vermögen erscheinen lassen. Kurz, der verschiedene Rang der Menschen wird in einem hohen Maße durch Reichtümer bestimmt; und das gilt sowohl für Höhere als auch für Niedrigerstehende, für Unbekannte ebenso wie für Bekannte.

Was bleibt daher übrig als der Schluß, daß die Reichtümer, da wir sie uns nur als Mittel zur Befriedigung gegenwärtiger oder vorgestellter zukünftiger Begierden wünschen, in anderen die Achtung nur deshalb hervorbringen, weil sie diese Macht besitzen. Das macht in der Tat ihre eigentliche Natur und ihr Wesen aus: Sie haben eine direkte Beziehung zu den Annehmlichkeiten, Bequemlichkeiten und Freuden des Lebens. Der Wechsel eines bankrotten Bankiers oder Gold auf einer einsamen Insel wären ansonsten genauso wertvoll. Treffen wir einen Menschen, der, wie man sagt, in guten Verhältnissen lebt, so erwachen in uns die willkommenen Vorstellungen von Überfluß, Zufriedenheit, Sauberkeit, Wärme, von einem freundlichen Haus, geschmackvoller Einrichtung, aufmerksamer Bedienung und von allem, was an Speisen, Getränken und Kleidung begehrenswert ist.

Wenn andererseits ein armer Mensch erscheint, drängen sich unserer Phantasie sofort die unangenehmen Bilder von Mangel, Armut, schwerer Arbeit, schmutziger Einrichtung, grober oder zerlumpter Kleidung, von ekeliger Nahrung und widerlichen Getränken auf. Was sonst meinen wir, wenn wir sagen, der eine ist reich und der andere arm? Und nachdem Achtung oder Verachtung die natürliche Konsequenz dieser verschiedenen Lebenslagen ist, kann man leicht ersehen, welche zusätzliche Klarheit und Beweiskraft unsere obige Theorie dadurch hinsichtlich aller moralischen Unterscheidungen gewinnt.*

Ein Mensch, der sich von allen lächerlichen Vorurteilen befreit hat und der sowohl aus der Erfahrung als auch aus der Philosophie die vollkommene, aufrichtige und feste Überzeugung gewonnen hat, daß der Unterschied an Wohlstand einen geringeren Unterschied an Glücklichsein ausmacht, als gemeinhin angenommen wird; ein solcher Mensch bemißt den Grad seiner Achtung nicht nach dem Zinseinkommen seiner Bekannten. Zwar wird er vielleicht äußerlich dem mächtigen Herrn eine größere Ehrerbietung erweisen als dem Vasallen, da der Reichtum die bequemste, weil am meisten festgelegte und bestimmte Grundlage für

* Es liegt etwas Außergewöhnliches und scheinbar Unerklärliches in der Art, wie unsere Neigungen bei der Betrachtung des Schicksals und der Lage anderer funktionieren. Sehr häufig erzeugt das Emporkommen und der Wohlstand anderer Neid, der einen starken Beigeschmack von Haß hat und der hauptsächlich aus dem Vergleich unserer eigenen Person mit der anderen entspringt. Zur gleichen Zeit, oder zumindest in sehr kurzen Intervallen, können wir ein Gefühl der Achtung haben, die eine Art von Zuneigung oder Wohlwollen ist, mit einer Beimischung von Bescheidenheit. Andererseits verursacht das Unglück unserer Mitmenschen häufig Mitleid, das eine starke Beimischung von Wohlwollen hat. Dieses Gefühl des Mitleids ist eng verwandt mit dem der Verachtung, die eine Art von Abneigung mit einem Zusatz von Stolz ist. Ich weise auf diese Phänomene nur hin als ein Thema für Philosophen, die sich für moralische Untersuchungen interessieren. Für unseren gegenwärtigen Zweck genügt die allgemeine Beobachtung, daß Macht und Reichtum üblicherweise Achtung, Armut und Niedrigkeit Verachtung erzeugen, obwohl besondere Standpunkte und Umstände manchmal die Gefühle des Neides und des Mitleids erregen können.

die gesellschaftliche Stellung bildet; aber seine innersten Gefühle richten sich mehr nach dem persönlichen Charakter der Menschen als nach der zufälligen und launenhaften Begünstigung durch das Schicksal.
In den meisten europäischen Ländern ist der Adel, das heißt ererbter Reichtum, vom Monarchen mit Titeln und Symbolen ausgezeichnet, die Hauptgrundlage der Unterscheidung; in England wird gegenwärtiger Reichtum und Überfluß höher bewertet. Jede dieser Praktiken hat ihre Vor- und Nachteile. Wo die Geburt geachtet wird, verbleiben untätige, geistlose Menschen in hochmütiger Trägheit und träumen von nichts anderem als von Stammbäumen und Ahnentafeln; die Edlen und Ehrgeizigen streben nach Ehre und Einfluß, Ansehen und Gunst. Wo Reichtum der oberste Götze ist, dort herrschen Korruption, Käuflichkeit und Ausbeutung; Künste, Gewerbe, Handel und Landwirtschaft blühen. Das erstere Vorurteil begünstigt die kriegerischen Tugenden und ist daher eher den Monarchien angepaßt; das letztere Vorurteil, der wichtigste Ansporn für Betriebsamkeit, stimmt besser mit einer republikanischen Regierung überein. Demzufolge finden wir, daß jede dieser Regierungsformen dadurch, daß sie die *Nützlichkeit* dieser Lebensformen in verschiedener Weise zur Geltung bringt, im allgemeinen eine dementsprechende Wirkung auf die Gefühle der Menschen ausübt.

Siebter Abschnitt

Über Eigenschaften, die uns selbst unmittelbar angenehm sind

Jeder, der einen Abend mit ernsten, melancholischen Menschen verbracht und dabei beobachtet hat, wie sich plötzlich die Unterhaltung belebte und welche Munterkeit sich im Gesichtsausdruck, Gespräch und Verhalten jedes einzelnen zeigte, als ein gutgelaunter, anregender Gesellschafter hinzukam, der wird bereitwillig zugeben, daß Heiterkeit etwas sehr Schätzenswertes ist und von selbst das Wohlwollen der Menschen gewinnt. Tatsächlich überträgt sich keine Eigenschaft leichter auf die gesamte Umgebung, weil keine Eigenschaft eine stärkere Tendenz besitzt, sich im fröhlichen Gespräch und in angenehmer Unterhaltung zu entfalten. Der Funke springt auf den ganzen Kreis über und erfaßt oft genug auch den verdrossensten Griesgram. Daß der Schwermütige den Fröhlichen hasse, das zuzugeben fällt mir einigermaßen schwer, obwohl Horaz es behauptet;[45] denn ich habe immer beobachtet, daß dort, wo die Heiterkeit mäßig und unaufdringlich ist, ernste Menschen um so mehr erfreut werden, weil dadurch die gewöhnlich auf ihnen lastende düstere Stimmung verscheucht und ihnen ein ungewohntes Vergnügen bereitet wird.

Aus dieser Wirkung der Heiterkeit, die sich sowohl selbst mitteilt als auch Zustimmung auslöst, können wir ersehen, daß es eine weitere Gruppe geistiger Eigenschaften gibt, die dem Betrachter Befriedigung vermitteln und Freundschaft und Achtung erzeugen; ohne irgendeinen Nutzen oder irgendeine Tendenz, das Wohl entweder der Gemeinschaft oder ihres Besitzers zu fördern. Das unmittelbare Gefühl, das sie dem, der sie besitzt, geben, ist angenehm. Andere kommen in dieselbe Stimmung und werden von demselben Gefühl erfaßt, entweder durch eine Art Ansteckung oder

durch eine Art natürlichen Mitgefühls;[46] und da wir nicht anders können als das zu lieben, was uns gefällt, entstehen in uns freundliche Emotionen gegenüber demjenigen, der uns so viel Befriedigung vermittelt. Sein Anblick wirkt belebender, seine Gegenwart stimmt uns heiterer, behaglicher und freudiger; unsere Einbildungskraft, die sich in seine Gefühle und Stimmungen versetzt, wird angenehmer berührt, als wenn wir mit einem schwermütigen, niedergeschlagenen, verschlossenen, ängstlichen Charakter konfrontiert werden. Daher die Zuneigung und Billigung, die dem ersteren zuteil wird; und die Abneigung und der Widerwille, mit dem wir den letzteren betrachten.*
Wenige Menschen würden Cassius um die Charakterisierung beneiden, die ihm Caesar gibt:

> Er liebt kein Spiel
> Wie du, Antonius; hört nicht Musik;
> Er lächelt selten, und auf solche Weise,
> Als spott' er sein, verachte seinen Geist,
> Den irgendwas zum Lächeln bringen konnte.[47]

Solche Menschen sind, wie Caesar hinzufügt, nicht nur meistens *gefährlich*, sondern können auch, weil sie in sich selbst wenig Freude haben, nie für andere angenehm werden oder zu geselliger Unterhaltung beitragen. Bei allen gebildeten Völkern hat zu allen Zeiten ein Sinn für Freude, wenn von Mäßigung und Anstand begleitet, als ein bedeutendes Verdienst gegolten, selbst bei den größten Männern; noch mehr erforderlich ist er sogar bei Menschen von untergeordneter Stellung und Charakteranlage. Es ist eine angenehme

* Es gibt niemanden, der nicht bei bestimmten Gelegenheiten von all den unangenehmen Gefühlen wie Furcht, Zorn, Niedergeschlagenheit, Trauer, Schwermut, Ängstlichkeit etc. erfaßt würde. Doch diese machen, soweit sie natürlich und allgemein sind, keinen Unterschied zwischen einem Menschen und einem anderen und können nie ein Anlaß zum Vorwurf sein. Erst wenn die charakterliche Anlage eine *Neigung* zu einem dieser unangenehmen Gefühle zeigt, dann entstellen sie den Charakter und rufen, weil sie Unbehagen bereiten, beim Betrachter das Gefühl der Mißbilligung hervor.

Darstellung, die uns ein französischer Schriftsteller in diesem Punkt von seiner eigenen Gemütsverfassung gibt: *Die Tugend liebe ich*, sagt er, *ohne Schroffheit; das Vergnügen, ohne Verweichlichung; und das Leben, ohne sein Ende zu fürchten.**

Wen ergreift nicht ein hervorragendes Beispiel von Seelengröße oder Charakterwürde, jene Erhabenheit der Empfindung, jene Verachtung der Knechtschaft und jener edle Stolz und Mut, der aus dem Bewußtsein der Tugend entspringt? Das Erhabene, sagt Longinus, ist oft nichts anderes als das Echo oder Spiegelbild der Seelengröße; und wo diese Eigenschaft bei jemandem sichtbar wird, weckt sie, selbst wenn keine Silbe gesprochen wird, unseren Beifall und unsere Bewunderung; wie man aus dem berühmten Schweigen des Ajax in der Odyssee ersehen kann, das mehr vornehme Verachtung und entschiedene Empörung ausdrückt, als irgendeine Sprache vermitteln könnte.**

Wäre ich Alexander, sagt Parmenio, *würde ich diese von* Darius *gemachten Angebote annehmen. Ich auch*, entgegnete Alexander, *wenn ich* Parmenio *wäre*. Dieser Ausspruch, sagt Longinus, ist aus demselben Grund bewundernswert.***

Geht!, ruft derselbe Held seinen Soldaten zu, als sie sich weigerten, ihm nach Indien zu folgen, *geht und sagt euren Landsleuten, daß ihr* Alexander *verließet, als er im Begriffe war, die Eroberung der Welt zu vollenden.* »Alexander«, sagte der Prinz von Condé[48], der diese Passage immer bewunderte, »verlassen von seinen Soldaten, inmitten von noch nicht völlig unterworfenen Barbaren, fühlte in sich eine solche Würde und ein solches Recht zu herrschen, daß

* »J'aime la vertu, sans rudesse;
J'aime le plaisir, sans molesse;
J'aime la vie, et n'en crains point la fin.« – *St. Evremond.*

** Cap. 9. [Longinus, *Vom Erhabenen* IX; zu Ajax vgl. Homer, *Odyssee* 11, 543–564.]

*** Idem. [Ebd.]

er es nicht für möglich halten konnte, irgend jemand würde ihm den Gehorsam verweigern. Ob er in Europa oder Asien war, unter Griechen oder Persern, das alles war ihm gleichgültig: Wo immer er Menschen fand, glaubte er, er müsse Untertanen finden.«

Die Vertraute der Medea in der Tragödie rät zur Vorsicht und zur Unterwerfung; und während sie all das Leid dieser unglücklichen Heldin aufzählt, stellt sie ihr die Frage, was sie besitze, das sie gegen ihre zahlreichen und unversöhnlichen Feinde unterstütze. *Mich selbst*, antwortet sie, *mich selbst, sage ich, und das ist genug*. Boileau[49] führt diese Stelle mit Recht als ein Beispiel für wahrhaft Erhabenes an.*

Als Phokion[50], der bescheidene, der sanftmütige Phokion, zur Hinrichtung geführt wurde, wandte er sich zu einem seiner Leidensgefährten, der sein eigenes hartes Schicksal beklagte: *Ist es für dich nicht Ruhm genug*, sagt er, *mit* Phokion *zu sterben?***

Man betrachte im Gegensatz dazu die Schilderung, die Tacitus von Vitellius[51] gibt, der, vom Thron gestürzt, ausgeliefert dem erbarmungslosen Pöbel, aus einer erbärmlichen Liebe zum Leben seine Schande verlängert; wie er umhergestoßen, geschlagen, getreten und mit einem unter das Kinn gehaltenen Dolch gezwungen wird, den Kopf aufrecht zu halten und sich so jeder Beschimpfung auszusetzen. Welch schmachvolle Ehrlosigkeit! Welch tiefe Erniedrigung! Aber sogar in dieser Lage, sagt der Historiker, verriet er einige Anzeichen eines nicht ganz verkommenen Charakters. Einem Tribun, der ihn beschimpfte, entgegnete er: *Ich bin immer noch dein Kaiser.****

* Réflexion 10 sur Longin.

** Plutarch in Phoc. [*Phokion* 36.]

*** Tacit. hist. lib. III. [Tacitus, *Historien* III,85.] Der Autor sagt zu Beginn seiner Darstellung: *»Mit zerrissenem Kleid, ein häßlicher Anblick, wurde er abgeführt, wobei viele johlten, aber keiner ihn beweinte:* die Niedrigkeit seines Endes hatte das Mitleid vertrieben.« [*Historien* III,84.] Um diese Denkweise gründlich zu verstehen, müssen wir den Grundsatz der Antike im Auge behalten, wonach man sein Leben nicht verlängern sollte, nachdem es ehrlos

Wir entschuldigen niemals den vollkommenen Mangel an Selbstwertgefühl und Charakterwürde, oder ein richtiges Gefühl für das, was man sich selbst, in der Gesellschaft und im täglichen Leben, schuldig ist. Dieses Laster ist das, was wir eigentlich *niedrige Gesinnung* nennen: Wenn ein Mensch fähig ist, sich der gemeinsten Knechtschaft zu unterwerfen, um seine Ziele zu erreichen; wenn er fähig ist, vor denjenigen zu kriechen, die ihn mißhandeln; und wenn er fähig ist, sich durch Intimitäten und Vertraulichkeiten mit unwürdigen Untergebenen zu erniedrigen. Ein gewisses Maß an edlem Stolz oder an Selbstachtung ist so notwendig, daß sein Fehlen in einem Charakter ebenso unerfreulich ist, wie das Fehlen einer Nase, eines Auges oder irgendeines der wichtigsten Teile des Gesichtes oder eines wesentlichen Körperteiles.*
Der Nutzen des Mutes, sowohl für die Öffentlichkeit als auch für den Mutigen selbst, ist ein einleuchtender Grund für seinen Wert. Aber jeder, der die Sachlage genau betrachtet, wird sehen, daß diese Eigenschaft von einem besonderen Glanz umgeben ist, der gänzlich aus ihr selbst und aus der edlen Würde stammt, die von ihr untrennbar ist. Das Bild des Mutes, so wie es von Malern und Dichtern gezeichnet wird, zeigt in jeder Einzelheit eine Erhabenheit und kühne Zuversicht, die den Blick fesselt, Zuneigung gewinnt und durch Mitgefühl die gleiche Erhabenheit auf jeden Zuschauer überträgt.

geworden war; da man immer ein Recht hatte, über sein Leben zu verfügen, wurde es aber dann seine Pflicht, es zu beenden.

* Das Fehlen einer Tugend kann oft ein Laster sein; und zwar eines der schlimmsten Art, was beispielsweise für Undankbarkeit ebenso gilt wie für niedrige Gesinnung. Wo wir Schönheit erwarten, verursacht die Enttäuschung eine unangenehme Empfindung und läßt etwas wirklich als häßlich erscheinen. Auch in einer anderen Beziehung wirkt ein niedriger Charakter widerwärtig und verächtlich. Wenn jemand kein Bewußtsein seines eigenen Wertes hat, werden wir ihm wahrscheinlich keine höhere Achtung entgegenbringen. Und wenn dieselbe Person, die vor ihren Vorgesetzten kriecht, zu ihren Untergebenen anmaßend ist (wie es häufig geschieht), dann verstärkt dieses widersprüchliche Verhalten das erste Laster, anstatt es auszugleichen, um so mehr, als es ein noch hassenswerteres Laster hinzufügt. Siehe VIII. Abschnitt.

Mit welch leuchtenden Farben schildert Demosthenes* Philipp[52] an der Stelle, wo der Redner seine eigene Amtsführung verteidigt und jene beharrliche Freiheitsliebe rechtfertigt, mit der er die Athener inspiriert hatte. »Ich sah Philipp«, sagt er, »ihn, mit dem ihr euch im Streit befandet, wie er sich in seiner Jagd nach Thron und Herrschaft entschlossen jeder Verwundung aussetzte; das Auge durchbohrt, den Hals verrenkt, Arm und Schenkel durchstochen, opferte er gerne jeden Teil seines Körpers, den das Schicksal fordern sollte, vorausgesetzt, er könnte mit dem, was übrig blieb, in Ruhm und Ehre leben. Und sollte gesagt werden, daß er, in Pella geboren, einem bislang unbedeutenden und unbekannten Ort, von einem so großen Ehrgeiz und Ruhmesdurst erfüllt gewesen sei, während ihr, Athener, etc.« Diese Lobpreisungen erregen die lebhafteste Bewunderung; und doch sehen wir, daß die Darstellungen des Redners uns nicht über die Person des Helden hinaustragen und daß sie auch die künftigen vorteilhaften Folgen seiner Tapferkeit ganz außer acht lassen.

Der kriegerische Geist der Römer, angefacht durch ununterbrochene Kriege, hatte die Wertschätzung des Mutes so sehr gesteigert, daß er in ihrer Sprache *Tugend* genannt wurde, was ihn vor allen anderen moralischen Eigenschaften auszeichnete und hervorhob. *Die* Sueben *veränderten*, nach der Meinung des Tacitus**, *ihre Haartracht aus einer lobenswerten Absicht: Nicht um zu lieben oder geliebt zu werden, schmückten sie sich, sondern nur für ihre Feinde, und um furchtbarer zu erscheinen.* Eine Auffassung des Historikers, die bei anderen Völkern und in anderen Zeiten ein wenig sonderbar klingen würde.

Herodot*** berichtet, daß die Skythen ihre Feinde skalpierten, dann die Kopfhaut zu Leder verarbeiteten und als Tücher benutzten; und derjenige, der die meisten dieser

* Pro Corona. [Demosthenes, *Kranzrede* 67 f.]

** De moribus Germ. [*Germania* 38.]

*** Lib. IV. [Herodot, *Historien* IV,64.]

Tücher besaß, war unter ihnen der Geachtetste. So sehr hatte bei diesem Volk, wie auch bei vielen anderen, der kriegerische Mut die Gefühle der Menschlichkeit zerstört; eine Tugend, die gewiß viel nützlicher und gewinnender ist.

Man kann tatsächlich beobachten, daß bei allen unzivilisierten Völkern, die noch keine vollständige Erfahrung von den Vorteilen gemacht haben, die Wohlwollen, Gerechtigkeit und die sozialen Tugenden mit sich bringen, der Mut der vorherrschende Wert ist; von den Dichtern am meisten gefeiert, von Eltern und Lehrern empfohlen und von der Gemeinschaft allgemein bewundert. Die Ethik des Homer ist in dieser Beziehung sehr verschieden von der des Fénelon[53], seines feinsinnigen Nachahmers; und sie war als solche einem Zeitalter gut angepaßt, in der ein Held, wie Thukydides* bemerkt, einen anderen ohne Beleidigung fragen konnte, ob er ein Räuber sei oder nicht. Ähnlicher Art war auch das noch vor ganz kurzer Zeit in vielen unzivilisierten Teilen Irlands herrschende ethische System, wenn wir Spensers sachkundigem Bericht über den Zustand dieses Königreiches glauben dürfen.**

Zu derselben Gruppe von Tugenden wie der Mut gehört auch jene unerschütterliche philosophische Ruhe, die erhaben ist über Schmerz, Leid, Angst und alle widrigen Schicksalsschläge. Im Bewußtsein seiner Tugend, sagen die Philosophen, erhebt sich der Weise über alles, was ihm im Leben widerfährt; und blickt, im Tempel der Weisheit sicher geborgen, auf niedrige Sterbliche herab, die damit beschäf-

* Lib. 1. [Thukydides, *Historien* I,5,2.]

** Es ist, sagt er, bei den Söhnen der Edelleute üblich, daß sie, sobald sie Waffen zu gebrauchen imstande sind, drei oder vier Landstreicher um sich versammeln, mit denen sie eine Zeitlang müßig im Land umherziehen, wobei sie nur Fleisch essen, bis sich endlich eine Gelegenheit bietet, etwas Übles anzustellen; sobald das einmal bekannt geworden ist, gelten sie von nun an als wertvolle Männer, die Mut besitzen. [E. Spenser, *A View of the State of Ireland as it was in the Reign of Queen Elizabeth* (1633), Neudr. Oxford 1970, S. 145.]

tigt sind, nach Ehre, Reichtum, Ansehen und jedem nichtigen Vergnügen zu jagen. Diese Anforderungen, wenn sie auf die Spitze getrieben werden, sind ohne Zweifel bei weitem zu hoch für die menschliche Natur. Sie haben jedoch etwas Großartiges an sich, das den Betrachter ergreift und ihn mit Bewunderung erfüllt. Und je mehr wir uns in der Praxis dieser erhabenen Ruhe und Gleichgültigkeit nähern können (denn wir müssen sie von einer dumpfen Gefühllosigkeit unterscheiden), desto ungetrübtere Freude werden wir in uns selbst finden, und desto mehr charakterliche Größe werden wir gegenüber der Welt an den Tag legen. Die philosophische Ruhe darf tatsächlich nur als eine Art von Seelengröße betrachtet werden.

Wer bewundert nicht Sokrates; seine beständige Heiterkeit und Zufriedenheit inmitten größter Armut und häuslichen Verdrusses; seine entschiedene Verachtung von Reichtümern und seine edelmütige Sorge um die Bewahrung von Freiheit, wobei er jede Unterstützung durch Freunde und Schüler ablehnt und es sogar vermeidet, durch eine Verpflichtung in Abhängigkeit zu geraten? Epiktet hatte nicht einmal eine Tür zu seinem Haus oder seiner Hütte und büßte daher bald seine eiserne Lampe ein, sein einziges Hausgerät, das wert war, gestohlen zu werden. Aber entschlossen, in Zukunft alle Diebe zu enttäuschen, ersetzte er es durch eine tönerne Lampe, die fortan ganz ungestört in seinem Besitz blieb.

Unter den Männern des Altertums besitzen die Helden der Philosophie, ebenso wie jene des Krieges und der Vaterlandsliebe, eine Größe und Empfindungskraft, die uns engherzige Geister in Staunen versetzt und die allzu schnell als übertrieben und übernatürlich abgetan wird. Andererseits hätten sie, das gebe ich zu, ebensoviel Grund gehabt, den Grad von Menschlichkeit, Milde, Ordnung, Ruhe sowie von anderen sozialen Tugenden, den wir in unserem heutigen Staatsleben erreicht haben, für romantisch und unglaubwürdig zu halten, hätte ihnen zu ihrer Zeit irgend jemand eine richtige Darstellung davon geben können. Das ist der Ausgleich, den die Natur, oder vielmehr die Erziehung, bei der Verteilung von Vorzügen und Tugenden in diesen verschiedenen Zeitaltern gemacht hat.

Der Wert des Wohlwollens, der auf seiner Nützlichkeit beruht, und seine Tendenz, das Wohl der Menschheit zu fördern, sind schon dargelegt worden und bilden ohne Zweifel die Quelle eines *erheblichen* Teils jener Achtung, die ihm so allgemein erwiesen wird. Aber man wird auch zugeben, daß gerade die Milde und Innigkeit dieses Gefühls, seine gewinnende Zärtlichkeit, seine liebevollen Äußerungen, seine taktvolle Aufmerksamkeit und der gesamte Fluß gegenseitigen Vertrauens und gegenseitiger Achtung, die Bestandteile einer herzlichen Liebes- und Freundschaftsbeziehung sind; man wird zugeben, sage ich, daß diese Gefühle, die an sich angenehm sind, sich notwendigerweise auf den Betrachter übertragen und bei ihm die gleiche Zuneigung und dasselbe Zartgefühl auslösen. Die Träne entquillt unwillkürlich unserem Auge, wenn es ein warmes Gefühl dieser Art wahrnimmt; unsere Brust hebt sich, unser Herz schlägt schneller, und jede menschliche, zarte Saite unserer Natur gerät in Bewegung und gewährt uns das reinste und befriedigendste Vergnügen.

Wenn die Dichter die Gefilde des Elysiums beschreiben, dessen selige Bewohner keiner gegenseitigen Unterstützung bedürfen, stellen sie diese dennoch in einem beständigen Liebes- und Freundschaftsverhältnis dar, und das angenehme Bild dieser weichen und zarten Gefühle wirkt besänftigend auf unsere Phantasie. Die Vorstellung von der sanften Ruhe des Hirtenlebens in Arkadien ist aus demselben Grund angenehm, wie bereits oben bemerkt wurde.*

Wer wollte unter fortwährendem Streit, Schelten und gegenseitigen Vorwürfen leben? Die Roheit und Derbheit solcher Regungen beunruhigen und mißfallen uns; sie übertragen

* V. Abschnitt, 2. Teil.

sich auf uns, und wir leiden mit; auch können wir nicht gleichgültige Zuschauer bleiben, selbst wenn wir wüßten, daß sich aus derartigen Zorngefühlen niemals schädliche Folgen ergeben werden.

Als einen sicheren Beweis dafür, daß nicht der gesamte Wert des Wohlwollens auf seiner Nützlichkeit beruht, können wir anführen, daß man im Sinne eines freundlichen Vorwurfs von jemandem sagen kann, er sei *zu gut*; wenn er seine Aufgabe in der Gesellschaft zu weit faßt und seine Aufmerksamkeit für andere über die angemessenen Grenzen hinaus ausdehnt. Ebenso sagen wir, jemand sei *zu hochherzig*, *zu unerschrocken*, *zu gleichgültig gegenüber Geld*: Vorwürfe, die im Grunde in Wirklichkeit mehr Hochachtung in sich schließen als viele Lobreden. Gewohnt, den Wert oder Unwert von Charakteren in erster Linie nach ihren nützlichen oder schädlichen Tendenzen zu bemessen, können wir nicht umhin, Worte des Tadels auszusprechen, wenn wir ein Gefühl entdecken, das sich bis zur Schädlichkeit steigert. Zu gleicher Zeit kann es aber geschehen, daß die edle Größe des Gefühls und seine gewinnende Zärtlichkeit unser Herz so gefangennimmt, daß unsere Freundschaft und Achtung für die Person eher wächst.*

Die Liebschaften und Abenteuer Heinrichs IV. von Frankreich während der Bürgerkriege der Ligue[54] schadeten häufig seinem Interesse und seiner Sache; aber zumindest alle Jungen und Verliebten, die diese zärtlichen Gefühle mitempfinden können, werden zugeben, daß gerade diese Schwäche (denn als solche werden sie es bereitwillig bezeichnen) ihnen den Helden besonders liebenswert macht und sie für sein Schicksal interessiert.

Die maßlose Kühnheit und entschlossene Unbeugsamkeit Karls XII.[55] richteten sein eigenes Land zugrunde und wur-

* Übergroße Heiterkeit könnte kaum getadelt werden, wäre nicht Ausgelassenheit, ohne entsprechenden Grund oder Gegenstand, ein sicheres Merkmal und charakteristisches Zeichen von Narrheit und aus diesem Grunde widerlich.

den zu einer Plage für alle seine Nachbarn; aber sie erscheinen als so glänzend und großartig, daß sie uns mit Bewunderung erfüllen; und sie könnten bis zu einem gewissen Grad sogar Zustimmung finden, verrieten sie nicht manchmal zu deutliche Symptome von Wahnsinn und Geistesgestörtheit.

Die Athener erhoben den Anspruch, den Ackerbau und die Gesetze zuerst erfunden zu haben, und bewerteten den Dienst, den sie damit der gesamten Menschheit erwiesen, stets als außerordentlich hoch. Sie rühmten sich auch, und zwar mit Recht, ihrer kriegerischen Unternehmungen, besonders gegen die unzähligen Flotten und Armeen der Perser, die während der Regierung des Darius und Xerxes[56] in Griechenland einfielen. Aber obwohl diese friedlichen und kriegerischen Ehren hinsichtlich ihrer Nützlichkeit keinen Vergleich zulassen, finden wir doch, daß die Redner, die so kunstvolle Lobeshymnen auf jene berühmte Stadt verfaßt haben, besonders bei der Schilderung der kriegerischen Errungenschaften triumphierten. Lysias, Thukydides, Platon und Isokrates,[57] sie alle zeigen dieselbe Voreingenommenheit, die, wenn auch vom kühlen Verstand und ruhiger Überlegung verurteilt, für das menschliche Gemüt so natürlich zu sein scheint.

Man kann beobachten, daß der große Reiz der Dichtung in der lebendigen Schilderung der erhabenen Leidenschaften, der Seelengröße, des Mutes und der Verachtung von Reichtum besteht; sowie in der Schilderung jener zarten Neigungen, wie Liebe und Freundschaft, die das Herz erwärmen und es mit ähnlichen Gefühlen und Regungen erfüllen. Und auch wenn man bemerken kann, daß alle Arten von Gefühlsregungen, sogar die unangenehmsten, wie Kummer und Zorn, wenn sie durch die Poesie erregt werden, aufgrund eines nicht leicht zu erklärenden natürlichen Mechanismus eine Befriedigung gewähren, so üben doch jene höheren und sanfteren Leidenschaften einen besonderen Einfluß aus und gefallen uns aus mehr als einem Anlaß oder

Grundsatz. Gar nicht zu reden davon, daß nur sie unser Interesse für das Schicksal der dargestellten Personen wekken oder uns Achtung und Neigung für ihren Charakter vermitteln können.

Und kann es irgendeinen Zweifel daran geben, daß diese Gabe der Dichter, die Leidenschaften, dieses Ergreifende und Erhabene der Empfindung zu erregen, an sich ein sehr bedeutendes Verdienst ist? Und daß diese Gabe, noch erhöht durch ihre außerordentliche Seltenheit, deshalb den Dichter, der sie besitzt, über jede Persönlichkeit des Zeitalters, in dem er lebt, erheben kann? Die Klugheit, Gewandtheit, Beständigkeit und gütige Herrschaft des Augustus[58], mit all dem Glanz seiner edlen Geburt und seiner kaiserlichen Krone, machen ihn doch nur zu einem nicht ebenbürtigen Mitbewerber um den Ruhm im Vergleich zu Vergil, obwohl dieser nichts in die andere Waagschale legt als die göttlichen Schönheiten seines dichterischen Genies.

Die bloße Empfänglichkeit für die Schönheiten oder eine Feinheit des Geschmacks ist an sich eine Schönheit jedes Charakters, weil sie die reinsten, dauerhaftesten und unschuldigsten aller Freuden bereiten.

Dies sind einige Beispiele für die verschiedenen Arten von Wert, die um des unmittelbaren Vergnügens willen geschätzt werden, welches sie der Person bereiten, die sie besitzt. Keine Aussichten auf Nützlichkeit oder zukünftige vorteilhafte Folgen treten zu diesem Gefühl der Billigung hinzu; dennoch ist es jenem anderen Gefühl in gewisser Weise ähnlich, das aus Reflexionen über den öffentlichen oder privaten Nutzen entsteht. Die gleiche soziale Sympathie oder dasselbe Mitgefühl mit menschlichem Glück oder Unglück ruft, wie wir beobachten können, jene beiden Gefühle hervor, und diese in allen Teilen der hier vorgetragenen Theorie sich findende Analogie darf mit Recht als eine Bestätigung derselben angesehen werden.

Achter Abschnitt

Über Eigenschaften, die anderen unmittelbar angenehm sind*

So wie die gegenseitigen Zusammenstöße innerhalb der *Gesellschaft* und die Gegensätze von Interessen und Selbstliebe die Menschen gezwungen haben, die Gesetze der *Gerechtigkeit* aufzustellen, um die Vorteile gegenseitigen Beistandes und Schutzes zu erhalten, sind wegen der unaufhörlichen Konflikte im *gesellschaftlichen Leben*, aufgrund des Stolzes und des Eigendünkels, die Regeln des guten Tons und der Höflichkeit eingeführt worden, um den geistigen Austausch und einen ungestörten Umgang und freies Gespräch zu erleichtern. Unter wohlerzogenen Leuten legt man gern gegenseitige Rücksichtnahme an den Tag; Verachtung anderer wird verhüllt; Autorität verborgen gehalten; jedem wird der Reihe nach Aufmerksamkeit erwiesen; und eine zwanglos fließende Unterhaltung wird aufrechterhalten, ohne Ereiferung, ohne Unterbrechung, ohne Rechthaberei und ohne Anspruch auf Überlegenheit. Solche Aufmerksamkeiten und Rücksichten sind anderen unmittelbar *angenehm*, ganz abgesehen von irgendeiner Erwägung der Nützlichkeit oder vorteilhafter Tendenzen: Sie gewinnen Zuneigung, fördern die Achtung und steigern in höchstem Maße die Wertschätzung der Person, die ihr Verhalten danach einrichtet.

Viele Formen der feinen Lebensart sind willkürlich und zufällig, aber was sie zum Ausdruck bringen, ist immer das

* Es ist das Wesen, ja tatsächlich die Definition von Tugend, daß sie *eine Charaktereigenschaft ist, die jedem, der darüber nachdenkt oder sie betrachtet, angenehm ist oder von ihm gebilligt wird.* Aber gewisse Eigenschaften bewirken Vergnügen, weil sie der Gesellschaft nützlich oder der Person selbst nützlich oder angenehm sind; andere wecken es unmittelbarer, was der Fall ist bei der Gruppe der hier besprochenen Tugenden.

gleiche. Ein Spanier tritt vor seinem Gast aus seinem Haus, um anzudeuten, daß er ihn als Herrn über alles zurückläßt. In anderen Ländern tritt der Hausherr zuletzt hinaus, als übliches Zeichen seiner Ehrerbietung und Achtung.

Aber um ein vollkommen *guter Gesellschafter* zu sein, muß jemand Witz und Scharfsinn ebenso wie gute Manieren haben. Was Witz ist, dürfte nicht leicht zu definieren sein; aber es ist sicherlich leicht festzustellen, daß er eine für andere unmittelbar *angenehme* Eigenschaft ist, die bei ihrem ersten Auftreten jedem, der einen Sinn dafür hat, eine lebhafte Freude und Befriedigung vermittelt. Man könnte wohl die tiefgründigsten Spekulationen anstellen, um die verschiedenen Typen und Arten des Witzes darzulegen; und viele seiner Formen, die jetzt auf das alleinige Zeugnis des Geschmacks und Gefühls hin anerkannt werden, könnten vielleicht auf allgemeinere Prinzipien zurückgeführt werden. Aber für unseren gegenwärtigen Zweck genügt es, zu bemerken, daß der Witz auf Geschmack und Gefühl wirkt und, da er ein unmittelbares Vergnügen bereitet, eine sichere Quelle der Zustimmung und Zuneigung ist.

In Ländern, wo Menschen den größten Teil ihrer Zeit mit Konversation, Besuchen und Zusammenkünften verbringen, werden diese *umgänglichen* Eigenschaften, um diesen Ausdruck zu gebrauchen, hoch bewertet und bilden einen wesentlichen Teil des persönlichen Wertes. In Ländern, wo die Menschen ein eher häusliches Leben führen und entweder mit Geschäften befaßt sind oder sich in einem engeren Bekanntenkreis vergnügen, werden vornehmlich die gediegeneren Tugenden geachtet. So habe ich oft beobachtet, daß bei den Franzosen die ersten Fragen über einen Fremden lauten: *Ist er höflich? Hat er Witz?* Bei uns ist das höchste Lob, das erteilt wird, immer: ein *gutmütiger, vernünftiger Mensch.*

In der Unterhaltung ist die Lebendigkeit eines Dialogs selbst jenen *angenehm*, die an dem Gespräch gar nicht teilzunehmen wünschen; deshalb finden Erzähler langatmiger

Geschichten und hochtönende Wortemacher sehr wenig Beifall. Doch die meisten Menschen möchten im Gespräch ebenfalls zu Wort kommen und betrachten mit sehr scheelem Blick jene *Geschwätzigkeit*, die sie eines Rechts beraubt, auf das sie naturgemäß so bedacht sind.

Man begegnet in der Gesellschaft häufig einer Art harmloser *Lügner*, die sich viel mit wundersamen Dingen beschäftigen. Üblicherweise ist es ihre Absicht, zu erfreuen und zu unterhalten; aber da den Menschen das am besten gefällt, was sie für wahr halten, irren sich diese Leute außerordentlich in den Mitteln, Gefallen zu erregen, und ziehen allgemeinen Vorwurf auf sich. Eine gewisse Nachsicht findet dagegen Lüge und Fiktion in *humoristischen* Geschichten; weil es dort wirklich angenehm und unterhaltend ist und es auf die Wahrheit gar nicht ankommt.

Beredsamkeit, Talente jeder Art, sogar gesunder Verstand und gesundes Urteilsvermögen, wenn es stark ausgeprägt ist und auf Gegenstände angewandt wird, die von erheblicher Bedeutung sind und eine feine Unterscheidungsgabe verlangen; alle diese Begabungen scheinen unmittelbar angenehm zu sein und haben einen von ihrer Nützlichkeit unabhängigen Wert. Die Seltenheit, die die Kostbarkeit aller Dinge so sehr erhöht, muß auch diesen edlen Gaben des menschlichen Geistes einen zusätzlichen Wert verleihen.

Bescheidenheit kann auf verschiedene Weise verstanden werden, sogar gesondert von der Keuschheit, die bereits behandelt wurde. Manchmal versteht man darunter jenes zarte und feine Ehrgefühl, jene Furcht vor Tadel, jene Scheu vor Aufdringlichkeit oder Unrecht gegen andere, jenen Pudor[59], der der eigentliche Hüter jeder Art von Tugend ist und einen sicheren Schutz vor Laster und Verdorbenheit bietet. Aber die üblichste Bedeutung der Bescheidenheit ist, wenn sie der *Unverschämtheit* und *Anmaßung* entgegengesetzt wird und eine gewisse Schüchternheit gegenüber dem eigenen Urteil und eine gebührende Aufmerksamkeit und Rücksicht gegenüber anderen ausdrückt. Besonders bei jungen Menschen ist diese Eigenschaft ein sicheres Zeichen von Klugheit und ist zugleich das zuverlässige Mittel, diese Gabe zu vermehren, indem sie ihre Ohren für Belehrung offenhält und sie veranlaßt, nach immer neuen Kenntnissen zu streben. Aber sie besitzt noch eine weitere Anziehungskraft für jeden Betrachter: Jeder fühlt sich in seiner Eitelkeit geschmeichelt und sieht vor sich das Bild eines gelehrigen Schülers, der jedes Wort, das gesprochen wird, mit gebührender Aufmerksamkeit und Achtung aufnimmt.

Die Menschen neigen im allgemeinen viel eher dazu, sich zu überschätzen als zu unterschätzen, ungeachtet der Meinung des Aristoteles*. Deshalb sind wir empfindlicher gegen ein Übermaß auf jene Seite hin und betrachten aus diesem Grund mit besonderer Nachsicht jede Tendenz zur Bescheidenheit und zu mangelndem Selbstvertrauen, da wir die Gefahr für geringer erachten, in ein verderbliches Extrem dieser Art zu verfallen. So wird auch in Ländern, wo die Menschen zu übermäßiger Korpulenz neigen, ein weit höheres Maß an Schlankheit als schön angesehen als in Ländern, wo gerade dies der herkömmlichste Fehler ist. Da sie so oft Beispielen einer bestimmten Art von Häßlichkeit begegnen, glauben die Menschen, sich niemals weit genug davon distanzieren zu können, und wünschen, stets in die andere Richtung zu neigen. Wenn auf die gleiche Weise dem Eigenlob das Tor geöffnet und die Maxime Montaignes[60] befolgt würde, daß jeder offen sagen sollte: *Ich habe Verstand, ich habe Wissen, bin mutig, schön und geistreich*, so wie wir es zweifellos häufig denken; wäre das der Fall, sage ich, so würde, dessen ist sich jeder bewußt, eine derartige Flut von Unverschämtheit über uns hereinbrechen, daß sie das Beisammensein gänzlich unerträglich machen würde. Aus diesem Grund hat für das übliche Gemeinschaftsleben die Sitte es als Regel festgelegt, daß sich Menschen nicht dem Selbstlob hingeben, ja nicht einmal viel von sich reden sollten; und

* Ethic. ad Nicomachum. [1122a 14.]

daß es nur unter vertrauten Freunden oder unter Leuten mit ausgeprägt mannhaftem Verhalten erlaubt ist, sich Gerechtigkeit widerfahren zu lassen. Niemand nimmt Anstoß an der Antwort, die Prinz Moritz von Oranien[61] auf die Frage gab, wen er für den größten Heerführer seiner Zeit halte: *Der Marquis von Spinola*, sagte er, *ist der zweite*. Freilich ist zu bemerken, daß das darin enthaltene Selbstlob besser ausgedrückt ist, als wenn es direkt, ohne Deckmantel und Verhüllung, ausgesprochen worden wäre.

Es muß ein sehr oberflächlicher Denker sein, der sich einbildet, alle Beispiele gegenseitiger Ehrerbietung seien ernstgemeint und ein Mensch sei höher zu schätzen, dem seine eigenen Verdienste und Vorzüge unbekannt seien. Ein geringfügiger Hang zur Bescheidenheit, sogar in dem inneren Empfinden seiner selbst, wird günstig beurteilt, besonders bei jungen Leuten; und ein ausgeprägter Hang zur Bescheidenheit ist für das Verhalten nach außenhin unerläßlich; dies schließt jedoch edlen Stolz und Selbstwertgefühl nicht aus, die sich offen in ihrer ganzen Größe zeigen dürfen, wenn jemand einer Verleumdung oder Unterdrückung irgendwelcher Art unterliegt. Die hochherzige Starrköpfigkeit des Sokrates, wie Cicero sie nennt, wurde zu allen Zeiten nachdrücklich gefeiert; und sie liefert, in Verbindung mit der üblichen Bescheidenheit seines Verhaltens, ein leuchtendes Charakterbild. Iphikrates[62], der Athener, den man beschuldigt hatte, die Interessen seines Vaterlandes verraten zu haben, fragte seinen Ankläger: *Hättest du dich*, sagte er, *unter den gleichen Umständen dieses Verbrechens schuldig gemacht? Auf keinen Fall*, antwortete der andere. *Und kannst du dir dann vorstellen*, rief der Held, *daß* Iphikrates *dessen schuldig werden könnte*?* Kurz, edles Selbstwertgefühl und edle Selbstachtung, wohl begründet und bescheiden verborgen, aber mutig behauptet, wenn man sich in Not befindet oder verleumdet wird, sind ein großer

* Quinctil. lib. V. cap. 12. [Quintilian, *Institutio oratoria* V,12,10.]

Vorzug, dessen Wert auf der vornehmen Erhabenheit des Gefühls zu beruhen scheint oder darauf, daß er seinem Besitzer unmittelbar angenehm ist. Bei gewöhnlichen Charakteren billigen wir eine Neigung zur Bescheidenheit, die eine Eigenschaft ist, welche anderen unmittelbar angenehm ist: das tadelnswerte Übermaß der ersteren Tugend, nämlich Anmaßung und Überheblichkeit, ist anderen unmittelbar unangenehm; das Übermaß der letzteren ist ihrem Besitzer unangenehm. So sind die Grenzen, die für diese Pflichten gelten, abgesteckt.

Ein Streben nach Berühmtheit, Geltung oder Ansehen bei anderen ist so weit davon entfernt, einen Vorwurf auf sich zu ziehen, daß es untrennbar mit Tugend, Genie, Fähigkeit und einer großzügigen und edlen Veranlagung verbunden scheint. Um zu gefallen, wird von der Gesellschaft sogar eine Aufmerksamkeit gegenüber unwichtigen Dingen erwartet und verlangt; und niemand ist überrascht, wenn sich jemand in Gesellschaft eleganter kleidet und liebenswürdiger unterhält, als wenn er zu Hause und mit seiner eigenen Familie die Zeit verbringt.

Worin besteht dann die Eitelkeit, die so berechtigterweise als ein Fehler und als eine Unvollkommenheit gilt? Sie scheint hauptsächlich in einer so übermäßigen Zurschaustellung unserer Vorzüge, Ehren und Leistungen zu liegen, in einem so aufdringlich und unverhohlen gezeigten Verlangen nach Lob und Bewunderung, daß es für andere verletzend und als Eingriff in *ihre* geheime Eitelkeit und *ihren* Ehrgeiz wirkt. Außerdem ist sie ein sicheres Zeichen für den Mangel an echter Würde und Seelengröße, die eine so hohe Zierde jeden Charakters ist. Denn wozu dieses ungeduldige Verlangen nach Anerkennung, als ob du darauf keinen gerechten Anspruch hättest und nicht mit gutem Grund damit rechnen könntest, daß sie dir immer zukommen wird? Warum so eifrig die vornehme Gesellschaft erwähnen, mit der du Umgang gehabt hast, die schmeichelhaften Worte, die du zu hören bekommen hast, die Ehrungen und Auszeichnungen, die dir zuteil wurden, als ob das nicht selbstverständliche Dinge wären, die wir uns leicht selbst hätten ausdenken können, ohne daß sie uns erzählt worden wären?

Der Anstand, oder eine gebührende Rücksicht auf Alter, Geschlecht, Charakter und Stellung in der Welt, kann zu den Eigenschaften gezählt werden, die anderen unmittelbar angenehm sind und die dadurch Lob und Anerkennung gewinnen. Ein verweichlichtes Benehmen bei einem Mann, ein rohes bei einer Frau sind häßlich, weil sie ihren Charakteren nicht angemessen sind und von denjenigen Eigenschaften abweichen, die wir von den Geschlechtern erwarten. Das ist gerade so, als wenn eine Tragödie an komischen und eine Komödie an tragischen Schönheiten reich wäre. Die Mißverhältnisse schmerzen das Auge und vermitteln dem Betrachter eine unangenehme Empfindung, die Quelle von Tadel und Mißbilligung. Das ist jenes *indecorum*, das Cicero in seinem Werk über die Pflichten so ausführlich darlegt.[63]

Unter den anderen Tugenden können wir auch der Reinlichkeit einen Platz einräumen, weil sie uns selbstverständlich für andere angenehm macht und keine unbeträchtliche Quelle von Liebe und Zuneigung ist. Niemand wird bestreiten, daß eine Nachlässigkeit in dieser Hinsicht ein Fehler ist; und da Fehler nichts anderes sind als kleinere Laster und da dieser Fehler keinen anderen Ursprung haben kann als die unbehagliche Empfindung, die er in anderen weckt, können wir an diesem scheinbar so unbedeutenden Beispiel klar den Ursprung moralischer Unterscheidungen erkennen, worüber sich die Gelehrten in solche Labyrinthe von Ratlosigkeit und Irrtum verwickelt haben.

Aber neben all den *angenehmen* Eigenschaften, deren Schönheit wir ihrem Ursprung nach einigermaßen erklären und begründen können, bleibt noch etwas Geheimnisvolles und Unerklärliches, das dem Betrachter eine unmittelbare Befriedigung gewährt, aber wie, warum und weshalb, darüber kann er keinen Aufschluß geben. Es gibt ein gewisses

Wesen, eine Grazie, eine Leichtigkeit, eine Vornehmheit, ein »gewisses Etwas«, das einige Menschen mehr als andere besitzen, das von äußerer Schönheit und Anmut sehr verschieden ist und das dennoch unsere Zuneigung fast ebenso plötzlich und eindringlich gewinnt. Und obwohl man von diesem »Wesen« hauptsächlich bei der Liebe zwischen den Geschlechtern spricht, wo der geheime Zauber leicht zu erklären ist, so hat doch jede Einschätzung von Charakteren sicherlich viel damit zu tun und bildet einen nicht geringen Teil persönlichen Wertes. Diese Gruppe von Vorzügen muß daher vollkommen dem blinden, aber sicheren Zeugnis des Geschmacks und des Gefühls überlassen bleiben und muß als ein Teil der Ethik angesehen werden, den die Natur verliehen hat, um allen Stolz der Philosophie zu beschämen und sie an ihre engen Grenzen und geringen Erfolge zu erinnern.

Wir schätzen einen anderen wegen seines Witzes, seiner Höflichkeit, Bescheidenheit, Anständigkeit oder irgendeiner angenehmen Eigenschaft, die er besitzt; auch wenn er nicht zu unserem Bekanntenkreis gehört und uns selbst durch diese Vorzüge niemals irgendein Vergnügen bereitet hat. Die Vorstellung, die wir uns von ihrer Wirkung auf seine Bekannten machen, hat einen angenehmen Einfluß auf unsere Einbildungskraft und erweckt in uns das Gefühl der Zustimmung. Dieses Prinzip ist bei allen Urteilen beteiligt, die wir über Sitten und Charaktere bilden.

Neunter Abschnitt

Schluß

Erster Teil

Es kann mit Recht überraschend erscheinen, daß es heute noch jemand notwendig finden sollte, durch ausführliche Begründung zu beweisen, daß persönliches Ansehen gänzlich in dem Besitz charakterlicher Eigenschaften besteht, die *der Person selbst* oder *anderen nützlich* oder *angenehm* sind. Man sollte erwarten, daß schon die ersten unerfahrenen und ungeübten Erforscher ethischer Fragen auf dieses Prinzip gestoßen wären und es aufgrund seiner ihm eigenen Evidenz, ohne Argumentation oder Diskussion, akzeptiert hätten. Alles, was irgendwie wertvoll ist, reiht sich so selbstverständlich in die Unterteilungen *nützlich* oder *angenehm* ein, in das *utile* oder das *dulce*, daß man sich nur schwer vorstellen kann, warum wir überhaupt noch weitersuchen oder diese Frage zum Gegenstand eingehender Forschung und Untersuchung machen sollten. Und da jedes nützliche oder angenehme Ding diese Eigenschaften entweder in bezug auf die *Person selbst* oder auf *andere* haben muß, scheint die vollständige Darstellung oder Beschreibung der Tugend sich ebenso ungezwungen zu ergeben wie von der Sonne ein Schatten geworfen oder ein Bild vom Wasser gespiegelt wird. Ist der Boden, auf den der Schatten fällt, nicht durchfurcht oder uneben; oder die Oberfläche, von der das Bild zurückgeworfen wird, nicht unruhig und getrübt, dann wird sofort, ohne jede Kunst oder Mühe, eine korrekte Figur abgebildet. Und es scheint eine begründete Annahme zu sein, daß Systeme und Hypothesen unser natürliches Verständnis verdorben haben, wenn eine so einfache und einleuchtende Theorie der sorgfältigsten Prüfung so lange entgehen konnte.

Doch wie es dieser Angelegenheit in der Philosophie auch immer ergangen sein mag, diese Prinzipien behalten im täglichen Leben doch stillschweigend ihre Gültigkeit, und man greift auch niemals auf irgendeine andere Begründung für Lob und Tadel zurück, wenn wir menschliches Handeln oder Verhalten verherrlichen oder verspotten, loben oder tadeln. Wenn wir Menschen beobachten, im geschäftlichen Umgang oder beim Vergnügen, in jeglichem Gespräch und in jeglicher Unterhaltung; außer in den Schulen werden wir nirgendwo finden, daß sie in diesem Punkt irgendeine Unsicherheit zeigen. Was ist zum Beispiel natürlicher als das folgende Gespräch? »Du bist sehr glücklich«, sagt angenommenerweise jemand, zu einem anderen gewandt, »weil du deine Tochter dem Cleanthes gegeben hast. Er ist ein Ehrenmann und ein Menschenfreund. Jeder, der mit ihm irgendwie zu tun hat, ist sich sicher, *gerecht* und *freundlich* behandelt zu werden.«* »Auch ich gratuliere dir«, sagt ein Zweiter, »zu den vielversprechenden Aussichten dieses Schwiegersohnes, dessen emsiges Rechtsstudium, rasche Auffassungsgabe und frühzeitiges Wissen um die Lage eines Menschen oder Geschäftes die größten Auszeichnungen und Beförderungen erwarten lassen.«** »Du überraschst mich«, entgegnet ein Dritter, » wenn du von Cleanthes als einem geschäftstüchtigen und fleißigen Menschen sprichst. Ich traf ihn kürzlich in einem Kreis fröhlicher Gefährten, und er war geradezu das Leben und die Seele unserer Unterhaltung; so viel Witz gepaart mit guten Manieren; so viel Höflichkeit ohne Geziertheit; so viel herausragendes Wissen so taktvoll vorgebracht habe ich vorher noch nie bei jemandem bemerkt.«*** »Ihr würdet ihn noch mehr bewundern«, sagt ein Vierter, »wäret ihr näher mit ihm bekannt. Diese Heiterkeit, die ihr an ihm bemerken könnt, ist kein momentanes Aufflackern, das durch geselliges Beisammensein entzündet

* Eigenschaften, die anderen nützlich sind.

** Eigenschaften, die der Person selbst nützlich sind.

*** Eigenschaften, die anderen unmittelbar angenehm sind.

wird; sie durchdringt sein ganzes Leben und verleiht seinem Gesichtsausdruck eine ständige Gelassenheit und gewährt seiner Seele eine beständige Ruhe. Er hat harte Prüfungen, Unglücksfälle und auch gefährliche Situationen durchgemacht; aber dank seiner Seelengröße blieb er über sie alle erhaben.«* »Das Bild, meine Herren, das ihr da von Cleanthes gezeichnet habt«, rief ich aus, »ist das Bild vollendeter Tugend. Jeder von euch hat einen Pinselstrich zu seiner Gestalt hinzugefügt, und ohne es zu wissen, habt ihr alle von Gracián oder Castiglione[64] entworfenen Darstellungen übertroffen. Ein Philosoph könnte diesen Charakter als Muster vollkommener Tugend wählen.«

Und da jede Eigenschaft, die uns oder anderen nützlich oder angenehm ist, im täglichen Leben als Teil des persönlichen Wertes Anerkennung findet, wird keine andere jemals akzeptiert werden, wenn Menschen mit ihrem natürlichen, unvoreingenommenen Verstand urteilen, ohne die trügerischen Auslegungen des Aberglaubens und der falschen Religion. Zölibat, Fasten, Buße, Kasteiungen, Selbstverleugnung, Erniedrigung, Schweigen, Einsamkeit und die ganze Reihe mönchischer Tugenden; aus welchem anderen Grund werden sie überall von vernünftigen Menschen verworfen, wenn nicht deshalb, weil sie völlig zwecklos sind, weder das Glück des Menschen in der Welt fördern, noch ihn zu einem wertvolleren Mitglied der Gesellschaft machen, ihn weder zur geselligen Unterhaltung befähigen, noch die Gabe, an sich selbst Gefallen zu finden, vergrößern? Im Gegenteil beobachten wir, daß sie alle wünschenswerten Ziele durchkreuzen, den Verstand abstumpfen, das Herz verhärten, die Phantasie verdüstern und das Gemüt verbittern. Wir setzen sie daher mit Recht auf die Gegenliste und reihen sie unter die Laster ein; auch hat kein Aberglaube bei Männern von Welt genügend Macht, diese natürlichen Empfindungen gänzlich zu verderben. Ein düsterer, verrückter Schwärmer

* Eigenschaften, die der Person selbst unmittelbar angenehm sind.

mag vielleicht nach seinem Tod eine Stelle im Kalender finden; aber bei Lebzeiten wird er kaum jemals zu vertrautem Umgang und zur Gesellschaft zugelassen werden, es sei denn von jenen, die ebenso wahnsinnig und bedrückend sind wie er.

Es scheint für die vorliegende Theorie ein glücklicher Umstand zu sein, daß sie nicht auf den herkömmlichen Streit über die in der menschlichen Natur vorherrschenden *Grade* des Wohlwollens und der Selbstliebe eingeht; ein Streit, der wahrscheinlich niemals ein Ende haben wird, weil einerseits jemand, der einmal Stellung bezogen hat, nicht leicht überzeugt werden kann und weil andererseits die Phänomene, auf die beide Seiten hinweisen können, so verstreut, so ungewiß und so verschieden interpretierbar sind, daß es kaum möglich ist, sie genau zu vergleichen oder aus ihnen entscheidende Folgerungen oder Schlüsse zu ziehen. Für unseren gegenwärtigen Zweck genügt es, wenn zugegeben wird, was sicherlich ohne die größte Absurdität niemals bestritten werden kann, daß ein gewisses, egal wie geringes Maß an Wohlwollen in unserem Herzen wohnt, ein Funke Freundschaft für die Menschheit; daß etwas vom Wesen der Taube neben Elementen des Wolfes und der Schlange in unser Gemüt verwoben ist. Man mag diese großzügigen Empfindungen auch für noch so schwach halten; mögen sie auch nicht einmal stark genug sein, um eine Hand oder einen Finger unseres Körpers in Bewegung zu setzen, so müssen sie dennoch die Entscheidungen unseres Geistes leiten; und unter sonst gleichen Voraussetzungen eine kühle Bevorzugung dessen bewirken, was für die Menschheit nützlich und dienlich ist gegenüber dem, was schädlich und gefährlich ist. Es entsteht daher sofort eine *moralische Unterscheidung*, ein allgemeines Gefühl des Tadels und der Zustimmung; eine wenn auch noch so schwache Hinneigung zu den Gegenständen des einen, und eine entsprechende Abneigung gegen die Objekte des anderen. Auch werden jene Denker, dic so ernsthaft den überwiegenden Egoismus der Menschen behaupten, keinerlei Anstoß daran nehmen, wenn sie von den schwachen Gefühlen der Tugend hören, die in unserer Natur eingepflanzt sind. Im Gegenteil findet man, daß sie den einen Lehrsatz genauso bereitwillig wie den anderen vertreten, und ihr satirischer Geist (denn das scheint er eher zu sein als ein verdorbener) bringt von selbst beide Ansichten hervor, die tatsächlich eng und beinahe unlösbar miteinander verbunden sind.

Habsucht, Ehrgeiz, Eitelkeit und alle Leidenschaften, die man gewöhnlich, obwohl unzutreffenderweise, unter der Bezeichnung *Selbstliebe* zusammenfaßt, bleiben bei unserer Theorie über den Ursprung der Moral außer Betracht, nicht weil sie zu schwach sind, sondern weil sie nicht eigentlich auf jenes Ziel hin gerichtet sind. Der Begriff der Moral schließt ein allen Menschen gemeinsames Gefühl ein, das denselben Gegenstand der allgemeinen Zustimmung empfiehlt; und das alle oder die meisten Menschen veranlaßt, sich davon die gleiche Meinung zu bilden oder darüber dieselbe Entscheidung zu treffen. Dieser Begriff der Moral schließt ferner ein Gefühl ein, das so universell und umfassend ist, daß es sich auf die gesamte Menschheit erstreckt; und das die Handlungen und das Verhalten selbst ganz fernstehender Personen zu einem Gegenstand des Beifalls oder des Tadels macht, je nachdem, ob diese mit jenem anerkannten Rechtsgrundsatz übereinstimmen oder nicht. Diese beiden notwendigen Bedingungen treffen allein auf das Gefühl der Menschlichkeit zu, auf das hier Gewicht gelegt wurde. Andere Neigungen erzeugen in jeder Brust viele starke Gefühle des Verlangens und des Widerwillens, der Zuneigung und des Hasses; aber diese werden weder so allgemein empfunden, noch sind sie umfassend genug, um Grundlage irgendeines allgemeinen Systems oder einer anerkannten Theorie des Tadels und der Billigung sein zu können.

Wenn jemand einen anderen seinen *Feind*, seinen *Rivalen*,

seinen *Widersacher*, seinen *Gegner* nennt, so meint man, daß er die Sprache der Selbstliebe spricht und daß er Gefühle ausdrückt, die ihm eigen sind und die auf seinen besonderen Umständen und seiner besonderen Lage beruhen. Aber wenn er irgend jemanden als *lasterhaft*, *hassenswert* und *verdorben* bezeichnet, dann spricht er eine andere Sprache und drückt Gefühle aus, von denen er erwartet, daß alle seine Zuhörer darin mit ihm übereinstimmen. Er muß daher in diesem Fall von seiner privaten und besonderen Situation absehen und einen Standpunkt wählen, den er mit anderen gemeinsam hat; er muß auf ein allgemeines Prinzip der menschlichen Natur einwirken und eine Saite anschlagen, die bei allen Menschen harmonisch widerklingt. Wenn er daher zum Ausdruck bringen möchte, daß dieser Mensch Eigenschaften besitzt, deren Tendenz für die Gesellschaft schädlich ist, so hat er diesen gemeinsamen Standpunkt gewählt und hat das Prinzip der Menschlichkeit berührt, an dem alle Menschen bis zu einem gewissen Grad Anteil haben. Solange das menschliche Herz aus denselben Elementen zusammengesetzt ist wie jetzt, wird es niemals gegenüber dem allgemeinen Wohl gänzlich gleichgültig sein noch von der Tendenz der Charaktere und Sitten vollkommen unberührt bleiben. Und obwohl man dieses Gefühl der Menschlichkeit im allgemeinen nicht für so mächtig halten mag als Eitelkeit oder Ehrgeiz, kann doch nur es allein, weil es allen Menschen gemeinsam ist, die Grundlage für die Moral oder für ein allgemeines System des Lobes und des Tadels bilden. Der Ehrgeiz eines Menschen ist nicht der eines anderen, auch wird dasselbe Ereignis oder Objekt nicht beide befriedigen; aber die Menschlichkeit des einen ist die Menschlichkeit eines jeden, und derselbe Gegenstand erregt bei allen menschlichen Wesen dieses Gefühl.

Aber die auf der Menschlichkeit beruhenden Gefühle sind nicht nur bei allen menschlichen Wesen dieselben und rufen dieselbe Zustimmung oder denselben Tadel hervor, sondern sie schließen auch alle menschlichen Wesen ein; und es gibt auch niemanden, dessen Verhalten oder Charakter durch sie nicht für jeden zum Gegenstand der Billigung oder Mißbilligung würde. Dagegen wecken jene anderen Neigungen, die gemeinhin als »egoistische« bezeichnet werden, nicht nur bei jedem Individuum verschiedene Gefühle (je nach der besonderen Situation, in der es sich befindet), sondern sie verhalten sich auch gegenüber dem größeren Teil der Menschheit mit äußerster Gleichgültigkeit und Teilnahmslosigkeit. Wer mir Hochachtung entgegenbringt und mich schätzt, schmeichelt meiner Eitelkeit; wer Verachtung ausdrückt, kränkt und verletzt mich; aber da mein Name nur einem kleinen Teil der Menschheit bekannt ist, gibt es nur wenige, die in den Wirkungsbereich dieses Gefühls geraten und die seinetwegen entweder meine Zu- oder Abneigung hervorrufen. Wenn man mir aber ein tyrannisches, anmaßendes oder barbarisches Verhalten schildert, egal aus welchem Land der Welt oder aus welcher Zeit, so richte ich mein Augenmerk bald auf die schädliche Tendenz eines solchen Auftretens und empfinde ihm gegenüber ein Gefühl des Widerwillens und der Abneigung. Kein Charakter kann mir so fernstehen, daß er mich, in diesem Licht betrachtet, völlig gleichgültig ließe. Was der Gesellschaft oder der Person selbst nützlich ist, muß immer noch vorgezogen werden. Und jede Eigenschaft oder Handlung eines jeden menschlichen Wesens muß auf diese Weise unter eine Klasse oder Bezeichnung eingeordnet werden, die allgemeinen Tadel oder Beifall ausdrückt.

Was können wir also noch verlangen, um die auf der Menschlichkeit beruhenden Gefühle von denjenigen zu unterscheiden, die mit irgendeiner anderen Leidenschaft verknüpft sind? Oder um uns zu überzeugen, warum die ersteren der Ursprung der Moral sind, nicht aber die letzteren? Jedes Verhalten, das meine Zustimmung gewinnt, weil es meine Menschlichkeit berührt, erwirbt sich auch den Beifall aller Menschen, indem es in ihnen auf dasselbe Prinzip wirkt; doch das, was meiner Habgier oder meinem

Ehrgeiz dient, befriedigt diese Leidenschaften in mir allein und hat keinen Einfluß auf die Habgier und den Ehrgeiz der übrigen Menschheit. Es gibt keinen Umstand im Verhalten irgendeines Menschen, vorausgesetzt, derselbe habe eine wohltätige Tendenz, von dem sich mein menschliches Empfinden nicht angenehm berührt fände, wie fern mir auch immer die Person sein mag; aber jeder Mensch, der so weit entfernt ist, daß er meiner Habgier und meinem Ehrgeiz weder hinderlich noch dienlich sein kann, ist jenen Leidenschaften gänzlich gleichgültig. Da also der Unterschied zwischen diesen Arten des Gefühls so groß und offensichtlich ist, muß sich die Sprache bald danach formen und eine besondere Gruppe von Begriffen erfinden, um diese allgemeinen Gefühle des Tadels und der Zustimmung auszudrücken, die auf der Menschlichkeit und auf Erwägungen allgemeiner Nützlichkeit oder ihres Gegenteils beruhen. Dann werden Tugend und Laster erkannt; die Moral findet Anerkennung; gewisse allgemeine Vorstellungen menschlichen Verhaltens und Betragens werden gebildet; und diese oder jene Handlungsweise wird dann in dieser oder jener Situation von Menschen erwartet. Diese Handlung wird als vereinbar mit unseren abstrakten Vorschriften angesehen; jene andere als ihnen widersprechend. Und durch solche allgemeinen Prinzipien werden die besonderen Gefühle der Selbstliebe häufig kontrolliert und eingeschränkt.*

* Sowohl aus Verstandesgründen wie aus Erfahrung scheint es sicher zu sein, daß ein roher, unzivilisierter Wilder sich bei Liebe und Haß hauptsächlich durch die Vorstellungen persönlichen Schadens und Nutzens leiten läßt und nur einen sehr schwachen Begriff von einer allgemeinen Regel oder einem System des Verhaltens hat. Den Menschen, der ihm in der Schlacht gegenübersteht, haßt er aus vollem Herzen, nicht nur im gegenwärtigen Augenblick, was beinahe unvermeidlich ist, sondern auch für alle Zukunft; auch gibt er sich ohne äußerste Bestrafung und Rache nicht zufrieden. Doch wir, die wir an Gesellschaft und an weitergehende Überlegungen gewöhnt sind, erwägen, daß dieser Mensch seinem eigenen Land und seiner Gemeinschaft dient; daß jeder in derselben Lage ebenso handeln würde; daß wir selbst unter gleichen Umständen dasselbe Verhalten beobachten; daß im allgemeinen die menschliche Gesellschaft durch solche Grundsätze am besten aufrechterhalten wird;

An Beispielen von Volksunruhen, Aufständen, Parteibildungen, Paniken und allen Leidenschaften, die mit vielen geteilt werden, können wir erkennen, wie groß der Einfluß der Gesellschaft bei der Entstehung und Aufrechterhaltung eines jeden Gefühls ist; auch beobachten wir, wie dadurch aus den geringfügigsten und nichtigsten Anlässen die heillosesten Verwirrungen entstehen. Solon[65] war kein sehr grausamer, wenn auch vielleicht ein ungerechter Gesetzgeber, da er diejenigen bestrafte, die bei Bürgerkriegen nicht Partei ergriffen; nur wenige würden, glaube ich, in solchen Fällen die Strafe auf sich ziehen, wenn man sie bloß nach ihren Gemütsbewegungen und Worten richtete. Kein Egoismus und kaum irgendeine Philosophie haben in einer solchen Situation Macht genug, um eine völlige Kühle und Gleichgültigkeit zu bewahren; und wer vom allgemeinen Feuer nicht entzündet wird, muß entweder mehr oder weniger als ein Mensch sein. Ist es daher ein Wunder, daß sich die moralischen Gefühle als so einflußreich im Leben erweisen, obwohl sie einer Grundlage entstammen, die zunächst als ziemlich geringfügig und unbedeutend erscheinen mag? Aber diese Grundlagen, müssen wir bemerken, sind sozial und universell; sie bilden, in einem gewissen Sinn, die *Partei* der Menschheit gegen Laster und Unordnung, ihren gemeinsamen Feind. Und da das wohlwollende Interesse für andere in einem größeren oder geringeren Maß allen Menschen gemeinsam und in allen dasselbe ist, so ist es häufiger

und durch diese Annahmen und Anschauungen korrigieren wir bis zu einem gewissen Maß unsere roheren und engherzigeren Leidenschaften. Und obwohl ein großer Teil unserer Freundschaft und Feindschaft noch durch persönliche Erwägungen des Vorteils und Nachteils bestimmt sein mag, so erweisen wir doch den allgemeinen Regeln, die wir zu respektieren gewohnt sind, zumindest diese Achtung, daß wir das Verhalten unseres Gegners üblicherweise dadurch entstellen, daß wir ihm Bosheit oder Ungerechtigkeit unterstellen, um jenen Gefühlen Luft zu machen, die in der Selbstliebe und in persönlichem Interesse ihren Ursprung haben. Wenn das Herz von Wut erfüllt ist, braucht es niemals Vorwände dieser Art; obwohl sie manchmal so nichtig sind wie jener des Horaz, der, von einem fallenden Baum fast erschlagen, den Mann, der ihn gepflanzt hatte, des Mordes anklagen wollte.

Gegenstand der Diskussion und wird von der Gesellschaft und in der Unterhaltung begünstigt; und die hieraus folgende Mißbilligung und Billigung werden dadurch aus jener Lethargie geweckt, in die sie wahrscheinlich im einsamen und unzivilisierten Naturzustand versinken. Andere Neigungen, obwohl vielleicht ursprünglich stärker, aber egoistisch und auf das Individuum bezogen, werden doch durch die Macht dieses Gefühls zurückgedrängt und überlassen die Herrschaft über unser Inneres jenen sozialen und an der Allgemeinheit orientierten Prinzipien.

Eine weitere Triebfeder unserer Natur, die die Kraft des moralischen Gefühls wesentlich verstärkt, ist die Liebe zum Ruhm, die in allen edlen Geistern mit so uneingeschränkter Autorität herrscht und häufig das höchste Ziel aller ihrer Pläne und Unternehmungen ist. In unserem unablässigen und eifrigen Streben nach Ansehen, nach einem guten Ruf und Namen in der Welt prüfen wir rückschauend häufig unser Betragen und Verhalten; und überlegen, wie es in den Augen derer erscheinen mag, die um uns sind und uns beachten. Diese ständige Gewohnheit, uns selbst gleichsam im Spiegel zu mustern, hält alle Gefühle für Recht und Unrecht lebendig und erzeugt in edlen Charakteren eine gewisse Achtung vor sich selbst wie auch vor anderen, was der sicherste Wächter jeder Tugend ist. Die tierischen Annehmlichkeiten und Vergnügungen sinken allmählich in ihrem Wert, während jede innere Schönheit und moralische Würde mit Eifer angeeignet wird und der Charakter sich in allen Fähigkeiten vervollkommnet, die ein vernunftbegabtes Wesen schmücken und verschönern können.

Hier ist die vollkommenste Sittlichkeit, die uns bekannt ist: hier zeigt sich die Kraft vieler sympathetischer Gefühle. Unser moralisches Empfinden ist selbst im wesentlichen ein Gefühl dieser Art, und unser Streben nach Ansehen bei anderen scheint nur der Sorge zu entspringen, unsere Achtung vor uns selbst zu wahren; und um diesen Zweck zu erreichen, finden wir es notwendig, unser schwankendes

Urteil auf die entsprechende Billigung der Menschen zu stützen.

Aber um in dieser Frage zu einer Übereinstimmung zu gelangen und, wenn möglich, jede Schwierigkeit zu beseitigen, wollen wir einmal annehmen, alle diese Schlußfolgerungen seien falsch. Nehmen wir an, wir seien einer falschen Theorie gefolgt, als wir das aus Erwägungen der Nützlichkeit entspringende Vergnügen auf die Gefühle von Menschlichkeit und Sympathie zurückführten. Geben wir zu, es sei notwendig, eine andere Erklärung für jenen Beifall zu finden, der solchen Gegenständen, seien sie unbelebt, belebt oder vernunftbegabt, gewährt wird, wenn sie eine Tendenz besitzen, den Wohlstand und den Nutzen der Menschheit zu fördern. Wie schwierig es auch immer sein mag, zu begreifen, daß ein Gegenstand Anerkennung findet, weil er zu einem bestimmten Zweck dienlich ist, während der Zweck selbst uns vollkommen gleichgültig ist: Wir wollen auch diese Absurdität hinnehmen und überlegen, was die Konsequenzen daraus sind. Die vorangehende Beschreibung oder Definition von persönlichem Ansehen müßte immer noch ihre Evidenz und Geltung behalten; es müßte immer noch zugegeben werden, daß jede charakterliche Eigenschaft, die der *Person selbst* oder *anderen nützlich* oder *angenehm* ist, dem Betrachter ein Vergnügen vermittelt, seine Achtung gewinnt und die ehrenvolle Bezeichnung »Tugend« oder »Verdienst« erhält. Werden nicht Gerechtigkeit, Treue, Ehre, Wahrhaftigkeit, Loyalität und Keuschheit einzig und allein aufgrund ihrer Tendenz geschätzt, das Wohl der Gesellschaft zu fördern? Ist nicht diese Tendenz untrennbar verbunden mit Menschlichkeit, Wohlwollen, Milde, Großzügigkeit, Dankbarkeit, Bescheidenheit, Zärtlichkeit, Freundschaft und all den anderen sozialen Tugenden? Kann es irgendwie bezweifelt werden, daß Fleiß, Besonnenheit, Sparsamkeit, Verschwiegenheit, Ordnungsliebe, Ausdauer, Voraussicht, Urteilsfähigkeit und diese ganze Gruppe von Tugenden und Vorzügen, für deren Auf-

zählung viele Seiten nicht ausreichen würden; kann es bezweifelt werden, sage ich, daß die Tendenz dieser Eigenschaften, das Interesse und Glück derer, die sie besitzen, zu fördern, die alleinige Grundlage ihrer Wertschätzung ist? Wer kann bestreiten, daß ein Charakter, der eine beständige Heiterkeit und Fröhlichkeit, eine edle Würde und einen unerschrockenen Mut, eine innige Zuneigung und Wohlwollen für die Umgebung zeigt, eben deshalb, da er mehr Freude in sich birgt, auch einen belebenderen und erfreulicheren Anblick bietet als ein solcher, der von Schwermut gedrückt, von Ängstlichkeit gequält, von Zorn erregt oder zur verächtlichsten Gewöhnlichkeit und Verworfenheit herabgesunken ist? Und was die Eigenschaften betrifft, die *anderen* unmittelbar *angenehm* sind, so sprechen sie ausreichend für sich selbst; denn derjenige muß in der Tat unglücklich sein, entweder in seinem Temperament oder in seiner Lebenslage und seinem Umgang, der niemals die Reize schalkhaften Witzes oder überströmender Liebenswürdigkeit, feinfühliger Bescheidenheit oder taktvoller Höflichkeit im Auftreten oder Benehmen kennengelernt hat.
Ich bin mir bewußt, daß nichts unphilosophischer sein könnte, als auf irgendeinem Gebiet unumstößlich überzeugt oder dogmatisch zu sein; und daß selbst *äußerster* Skeptizismus, wenn er sich durchführen ließe, für das richtige Denken und Forschen nicht destruktiver wäre. Ich bin überzeugt, daß die Menschen dort, wo sie am sichersten und anmaßendsten sind, sich gewöhnlich am meisten irren und dabei ihrer Leidenschaft die Zügel schießen lassen, ohne die entsprechende Reflexion und Zurückhaltung, die sie allein vor den gröbsten Absurditäten bewahren können. Dennoch muß ich zugeben, daß diese Darstellung die Sache in ein so helles Licht rückt, daß ich *gegenwärtig* von keiner Wahrheit, die ich aus Überlegungen und Argumenten gewinne, überzeugter sein kann als von dieser, daß das persönliche Ansehen ausschließlich darin besteht, daß bestimmte Eigenschaften, die ein Mensch besitzt, ihm selbst oder anderen,

die zu ihm in irgendeiner Beziehung stehen, nützlich oder angenehm sind. Aber wenn ich bedenke, daß zwar die Größe und Gestalt der Erde gemessen und beschrieben, die Bewegungen der Gezeiten erklärt, die Ordnung und Beschaffenheit der Himmelskörper auf die ihnen eigenen Gesetze zurückgeführt und selbst das *Unendliche* der Berechnung unterzogen wurde, während die Menschen noch immer über die Grundlage ihrer moralischen Pflichten streiten; wenn ich, sage ich, darüber nachdenke, so falle ich wieder in Zweifel und Skepsis, und die Befürchtung drängt sich auf, daß eine so einleuchtende Hypothese, wäre sie richtig, schon längst die einhellige Zustimmung und Anerkennung der Menschheit gefunden hätte.

Zweiter Teil

Nach diesen Ausführungen über die moralische *Zustimmung*, die Verdienst oder Tugend begleitet, bleibt nur noch, die uns vom Eigeninteresse gebotene *Verpflichtung* zur Tugendhaftigkeit zu erörtern und uns zu fragen, ob nicht jeder Mensch, der sein eigenes Glück und Wohl im Auge hat, durch Ausübung aller moralischen Pflichten sich am besten seine Erwartungen erfüllt. Wenn dies aus der vorhergehenden Theorie eindeutig bewiesen werden kann, dann werden wir die Genugtuung haben, uns darüber klarzuwerden, daß wir Prinzipien aufgestellt haben, die nicht nur, wie zu hoffen ist, dem Test rationalen Denkens und Überlegens standhalten werden, sondern die auch zur Verbesserung des Lebens der Menschen und zu ihrem Fortschritt in der Moral und in den sozialen Tugenden beitragen werden. Und obwohl die philosophische Wahrheit eines beliebigen Satzes keineswegs von seiner Tendenz abhängt, die Interessen der Gesellschaft zu fördern, so ist man doch einem Menschen schlecht gesinnt, der eine Theorie aufstellt, von der er, sei sie auch noch so wahr, zugeben muß, daß sie zu einer gefährlichen und verderblichen Praxis führt. Warum in jenen Winkeln der Natur stöbern, die ringsherum Ärgernis verbreiten? Warum die Pest aus der Grube holen, in der sie begraben liegt? Der Scharfsinn deiner Forschungen mag bewundert, aber deine Systeme werden verabscheut werden; und die Menschheit wird, wenn sie dieselben nicht widerlegen kann, darin übereinkommen, sie zumindest in ewiges Stillschweigen und in ewige Vergessenheit sinken zu lassen. Wahrheiten, die der Gesellschaft *schädlich* sind, wenn es solche gibt, werden Irrtümern weichen, die heilsam und *vorteilhaft* sind.

Aber welche philosophischen Wahrheiten könnten vorteilhafter für die Gesellschaft sein als die hier dargelegten, welche die Tugend in ihrem ganzen echten und überaus gewinnenden Zauber schildern und bewirken, daß wir uns ihr mit Unbefangenheit, Vertrauen und Zuneigung nähern? Das düstere Gewand fällt ab, das ihr viele Theologen und manche Philosophen umgehängt haben; und nichts zeigt sich als Zartgefühl, Menschlichkeit, Wohltätigkeit, Liebenswürdigkeit, ja zur rechten Zeit sogar Leichtsinn, Scherz und Fröhlichkeit. Sie spricht nicht von zweckloser Härte und Strenge, Leiden und Selbstverleugnung. Sie erklärt, daß es ihr einziges Ziel ist, ihre Anhänger und die gesamte Menschheit in jedem Augenblick ihres Daseins, wenn dies möglich ist, heiter und glücklich zu machen; auch verweigert sie niemals gerne irgendein Vergnügen, außer wenn Hoffnung auf reichliche Kompensation in einem späteren Lebensabschnitt besteht. Die einzige Mühe, die sie verlangt, ist die einer genauen Abwägung und einer beständigen Bevorzugung des größeren Glücks. Und wenn sich ihr irgendwelche strengen Bewerber, Feinde der Freude und des Vergnügens, nähern, werden sie von ihr als Heuchler und Betrüger zurückgewiesen; oder sollte sie dieselben in ihr Gefolge aufnehmen, werden sie allenfalls unter die am wenigsten Begünstigten ihrer Verehrer eingereiht.

Und in der Tat, um alle bildliche Ausdrucksweise beiseite zu lassen, wie können wir je hoffen, die Menschen für eine

Lebensführung zu gewinnen, die anerkanntermaßen voller Härte und Strenge ist? Oder welche Moraltheorie kann jemals irgendeinem nützlichen Zweck dienen, außer wenn sie im einzelnen zeigen kann, daß alle Pflichten, die sie empfiehlt, auch die wahren Interessen eines jeden Individuums sind? Der eigentümliche Vorzug des oben dargelegten Systems scheint zu sein, daß es die geeigneten Mittel für diesen Zweck liefert.

Daß die Tugenden, die der sie besitzenden Person unmittelbar *nützlich* oder *angenehm* sind, aus Gründen des Eigeninteresses begehrenswert sind, das zu beweisen wäre sicherlich überflüssig. Moralisten können sich wirklich all die Mühe ersparen, die sie häufig aufwenden, um diese Pflichten zu empfehlen. Zu welchem Zweck sollte man Argumente sammeln, um zu beweisen, daß Mäßigkeit vorteilhaft und das Übermaß an Genuß schädlich ist, wenn es doch einleuchtet, daß dieses Übermaß nur deshalb so genannt wird, weil es schädlich ist, und daß zum Beispiel der unbeschränkte Genuß starker Getränke, wenn er die Gesundheit und die geistigen und körperlichen Fähigkeiten nicht mehr beeinträchtigte als der Genuß von Luft und Wasser, auch um kein Haar lasterhafter und tadelnswerter wäre?

Ebenso überflüssig erscheint der Nachweis, daß die *geselligen* Tugenden, wie gutes Benehmen und Witz, Anstand und Vornehmheit, wünschenswerter sind als die gegenteiligen Eigenschaften. Eitelkeit allein, ohne irgendeine andere Überlegung, ist ein ausreichendes Motiv für den Wunsch, diese Vorzüge zu besitzen. Kein Mensch hat es jemals aus freiem Willen daran mangeln lassen. Alle unsere Unterlassungen auf diesem Gebiet beruhen auf mangelhafter Erziehung und Begabung oder auf Widerspenstigkeit und Schwerfälligkeit. Wäre es dir lieber, daß man deine Gesellschaft wünscht, bewundert und aufsucht, als daß man sie haßt, verachtet und meidet? Kann irgend jemand in diesem Fall ernsthaft überlegen? So wie kein Vergnügen wahr ist, das keinerlei Beziehung zu Freunden und zur Gesellschaft hat, so kann auch keine Gesellschaft angenehm oder auch nur erträglich sein, in der ein Mensch seine Gegenwart als unerwünscht empfindet und bei seiner Umgebung Zeichen des Widerwillens und der Abneigung entdeckt.

Warum aber sollte in der größeren Gesellschaft oder dem Bündnis der Menschheit nicht dasselbe gelten wie in privaten Clubs und Gemeinschaften? Warum ist es bei den Tugenden der Menschlichkeit, der Großzügigkeit und der Wohltätigkeit, deren Einfluß weitreichender ist, eher zweifelhaft, ob sie für unser Glück und unser Eigeninteresse wünschenswert sind, als bei den beschränkten Gaben des Scharfsinns und der Höflichkeit? Befürchten wir denn, daß jene sozialen Neigungen unmittelbarer und in einem größeren Ausmaß als irgendwelche anderen Interessen unseren persönlichen Nutzen beeinträchtigen und ohne ein bedeutendes Opfer an Ehre und Vorteil nicht zufriedengestellt werden können? Ist dem so, dann sind wir nur schlecht über die Natur der menschlichen Gefühle unterrichtet und werden mehr durch sprachliche Unterscheidungen als durch wirkliche Unterschiede beeinflußt.

Welchen Gegensatz man auch gemeinhin zwischen *egoistischen* und *sozialen* Gefühlen und Einstellungen annehmen mag, in Wirklichkeit sind diese einander nicht mehr entgegengesetzt als die egoistischen und die ehrgeizigen, die egoistischen und die rachsüchtigen, die egoistischen und die eitlen. Es muß notwendigerweise eine ursprüngliche Neigung dieser Art vorhanden sein, die eine Grundlage für die Selbstliebe ist, indem sie den von ihr angestrebten Gegenständen einen bestimmten Reiz verleiht; und nichts ist für diesen Zweck besser geeignet als Wohlwollen oder Menschlichkeit.[66] Die Vermögensgüter verwendet man, um auf die eine oder andere Weise Befriedigung zu finden: Der Geizhals, der sein jährliches Einkommen anhäuft und gegen Zinsen ausleiht, hat es in Wirklichkeit nur zur Befriedigung seiner Habgier ausgegeben. Und es wäre schwierig zu beweisen, warum ein Mensch durch eine großzügigere

Handlung mehr verlieren sollte als durch irgendeine andere Art des Aufwands, da doch das Äußerste, was man durch den ausgeklügeltsten Egoismus erreichen kann, die Befriedigung irgendeiner Neigung ist.

Wenn nun das Leben ohne Leidenschaft vollkommen fade und langweilig sein muß; nehmen wir einmal an, ein Mensch hat die unbeschränkte Macht, seine eigene Veranlagung zu formen, und wir lassen ihn überlegen, welches Begehren oder Verlangen er als Grundlage seines Glücks und seiner Freude wählen würde. Er würde bemerken, daß jede Neigung, wenn sie durch Erfolg befriedigt wird, eine ihrer Stärke und Intensität entsprechende Genugtuung gewährt; aber abgesehen von diesem, allen Neigungen gemeinsamen Vorteil, ist das unmittelbare Gefühl des Wohlwollens und der Freundschaft, der Menschlichkeit und der Güte lieblich, wohltuend, zart und angenehm, unabhängig von allen Glücks- und Unglücksfällen. Diese Tugenden sind außerdem noch von einem angenehmen Bewußtsein oder einer angenehmen Erinnerung begleitet und halten uns in guter Laune mit uns selbst und mit anderen, solange uns der angenehme Gedanke bleibt, gegenüber der Menschheit und der Gesellschaft unseren Anteil geleistet zu haben. Und obwohl alle Menschen bei habgierigen und ehrgeizigen Bestrebungen auf unseren Erfolg eifersüchtig sind, so sind wir andererseits ihres Wohlwollens und ihrer guten Wünsche fast sicher, solange wir auf den Pfaden der Tugend verbleiben und uns mit der Ausführung großzügiger Pläne und Ziele beschäftigen. Welche andere Neigung gibt es, bei der wir so viele Vorteile vereint finden: ein angenehmes Gefühl, ein ruhiges Gewissen, einen guten Ruf? Aber wir können beobachten, daß die Menschen von diesen Wahrheiten schon von selbst ziemlich überzeugt sind; und wenn sie es an der Erfüllung ihrer Pflicht gegenüber der Gesellschaft fehlen lassen, geschieht dies nicht deshalb, weil sie nicht wünschten, großzügig, freundlich und human zu sein, sondern weil sie fühlen, daß sie es nicht sind.

Wenn wir das Laster mit größter Objektivität behandeln und ihm alle möglichen Zugeständnisse machen, müssen wir doch anerkennen, daß es in keinem Fall den geringsten Vorwand gibt, ihm aus Gründen des Eigeninteresses den Vorzug vor der Tugend zu geben; ausgenommen vielleicht im Falle der Gerechtigkeit, wo es von einem gewissen Standpunkt aus scheinen mag, daß jemand durch seine Integrität häufig im Nachteil ist. Und obwohl man zugeben muß, daß ohne Achtung vor dem Eigentum keine Gesellschaft bestehen könnte, kann es bei der unvollkommenen Weise, in der menschliche Angelegenheiten ausgeführt werden, geschehen, daß ein gescheiter Spitzbube in besonderen Fällen denken mag, eine ungerechte oder treulose Handlung könnte sein Vermögen beträchtlich vermehren, ohne die soziale Gemeinschaft und das soziale Bündnis wesentlich zu beeinträchtigen. Daß *Ehrlichkeit am längsten währt*, mag eine gute allgemeine Regel sein, sie unterliegt aber vielen Ausnahmen; und man könnte vielleicht meinen, daß derjenige am weisesten handelt, der die allgemeine Regel beachtet und aus allen Ausnahmen einen Vorteil zieht.

Wenn jemand denkt, daß diese Beweisführung dringend eine Antwort verlangt, so muß ich zugeben, daß es etwas schwierig wäre, eine zu finden, die ihm befriedigend und überzeugend scheinen würde. Wenn sein Herz sich nicht über solche verderblichen Grundsätze empört, wenn er kein Widerstreben gegen Gedanken der Bosheit und Gemeinheit empfindet, hat er tatsächlich ein bedeutendes Motiv zur Tugendhaftigkeit verloren; und wir können erwarten, daß seine Handlungsweise seiner Denkweise entsprechen wird. Aber bei allen edleren Naturen ist die Abneigung gegen Verrat und Betrug zu stark, um durch Aussichten auf Nutzen oder pekuniären Vorteil aufgewogen werden zu können. Innerer Seelenfriede, ein Bewußtsein eigener Integrität, ein befriedigender Rückblick auf unser eigenes Verhalten; das sind sehr wesentliche Voraussetzungen für das Glück und werden von jedem ehrlichen Menschen, der ihre Wichtigkeit fühlt, hochgeschätzt und gepflegt werden.

So ein Mensch hat überdies häufig die Genugtuung, zu sehen, wie Gauner trotz all ihrer vermeintlichen Schlauheit und Geschicklichkeit durch ihre eigenen Grundsätze betrogen werden; und während sie sich vornehmen, mit Maß und in aller Heimlichkeit zu betrügen, kommt eine verführerische Gelegenheit, die Natur ist schwach, und sie gehen in die Falle, aus der sie sich nicht wieder herauswinden können, ohne ihren Ruf gänzlich verloren und sich alles künftige Vertrauen und jeden weiteren Kredit bei den Menschen verscherzt zu haben.

Aber blieben sie noch so unentdeckt und erfolgreich, der ehrliche Mensch, wenn er nur etwas Philosoph ist oder auch nur gewöhnliche Beobachtungs- und Reflexionsgabe hat, wird bemerken, daß sie zuletzt doch die am meisten Betrogenen sind und das, wenigstens für sie selbst, unschätzbare Gut eines Charakters für den Erwerb wertlosen Spielzeugs und Plunders geopfert haben. Wie wenig braucht es, um die *Notwendigkeiten* der Natur zu befriedigen? Und was das *Vergnügen* anbelangt, welcher Vergleich zwischen den nicht gekauften Freuden der Unterhaltung, der Gesellschaft, des Studiums, sogar der Gesundheit und der gewöhnlichen Schönheiten der Natur, vor allem aber des Friedens bei dem Nachdenken über das eigene Verhalten; welcher Vergleich, sage ich, zwischen diesen und den fieberhaften, leeren Vergnügungen des Luxus und Aufwands? Diese natürlichen Freuden sind wahrlich ohne Preis, denn so wie sie durch nichts erkauft werden können, so ist ihr Genuß über jeden Preis erhaben.

Anhang I

Über das moralische Gefühl

Falls der vorangegangene Lösungsversuch Anklang findet, wird es nun einfach für uns sein, die anfangs* gestellte Frage nach den allgemeinen Grundlagen der Moral zu bestimmen; und obwohl wir die Entscheidung dieser Frage aufgeschoben hatten, um uns zu dem damaligen Zeitpunkt nicht in komplizierte Spekulationen zu verwickeln, die für moralische Abhandlungen unpassend sind, können wir sie jetzt wieder aufnehmen und untersuchen, inwieweit entweder der *Verstand* oder das *Gefühl* bei allen Entscheidungen über Lob und Tadel beteiligt sind.

Da unserer Annahme zufolge ein Hauptgrund für moralisches Lob in der Nützlichkeit einer Eigenschaft oder Handlung besteht, ist es offensichtlich, daß der *Verstand* bei allen Entscheidungen dieser Art einen wesentlichen Anteil haben muß, denn außer dieser Fähigkeit gibt es nichts, das uns über die Tendenzen von Eigenschaften und Handlungen informieren und uns auf ihre vorteilhaften Konsequenzen für die Gesellschaft oder ihren Besitzer aufmerksam machen kann. In vielen Fällen gibt diese Angelegenheit Anlaß zu großen Meinungsverschiedenheiten: Zweifel können entstehen; entgegengesetzte Interessen können auftauchen; und einer Seite muß der Vorzug gegeben werden aufgrund genauer Überlegungen und eines geringfügigen Übergewichts an Nützlichkeit. Das macht sich besonders bei Fragen der Gerechtigkeit bemerkbar, wie es sich bei der Art von Nützlichkeit, die dieser Tugend eigen ist, tatsächlich als natürlich erwarten läßt.** Wäre jeder einzelne Akt der Gerechtigkeit wie jede Tat des Wohlwollens der Gesellschaft nützlich, so würden die Dinge viel einfacher liegen und

* I. Abschnitt.

** Siehe Anhang III.

selten zu großen Kontroversen Anlaß geben. Aber da einzelne Fälle von Gerechtigkeit in ihrer ersten und unmittelbaren Tendenz oft schädlich sind und der Gesellschaft der Vorteil erst aus der Beachtung der allgemeinen Regel erwächst sowie aus dem Zusammenwirken und Zusammenschluß verschiedener Individuen zu demselben rechtlichen Verhalten, wird die Angelegenheit hier schwieriger und verwickelter.[67] Die mannigfachen Zustände der Gesellschaft; die mannigfachen Konsequenzen einer jeden Handlungsweise; die mannigfachen Interessen, die vorgebracht werden können; alles das ist in vielen Fällen zweifelhaft und Gegenstand ausführlicher Diskussion und Untersuchung. Zweck der bürgerlichen Gesetze ist es, alle Fragen hinsichtlich der Gerechtigkeit zu bestimmen: die Debatten der Rechtsgelehrten; die Überlegungen der Politiker; die Erarbeitung von Präzedenzfällen aus der Geschichte und aus öffentlichen Archiven; sie alle dienen demselben Zweck, und häufig bedarf es eines sehr genauen *Verstandes* und einer sehr genauen *Urteilsfähigkeit*, um bei so verwickelten Fragen, wie sie die Undurchsichtigkeit oder Gegensätzlichkeit nützlicher Tendenzen mit sich bringt, die richtige Entscheidung zu treffen.

Aber auch wenn der Verstand, falls er vollkommen ausgebildet und entwickelt ist, dafür ausreicht, um uns über die schädliche oder nützliche Tendenz von Eigenschaften oder Handlungen aufzuklären, genügt er dennoch nicht, um irgendeine moralische Ablehnung oder Zustimmung hervorzurufen. Nützlichkeit ist nichts anderes als eine Tendenz auf einen bestimmten Zweck hin; und wäre uns der Zweck gänzlich gleichgültig, so würden wir dieselbe Gleichgültigkeit auch gegenüber den Mitteln empfinden. Es ist erforderlich, daß sich hier ein *Gefühl* einstellt, damit den nützlichen gegenüber den schädlichen Tendenzen der Vorzug gegeben wird. Dieses Gefühl kann kein anderes sein als eine Sympathie mit dem Glück der Menschheit und eine Empörung über ihr Elend, da dies die verschiedenen Ziele sind, auf deren Förderung Tugend und Laster hinarbeiten. Hier gibt uns also der *Verstand* Aufschluß über die verschiedenen Tendenzen der Handlungen, und die *Menschlichkeit* macht eine Unterscheidung zugunsten derjenigen, die nützlich und wohltätig sind.

Diese Abgrenzung der Kompetenzen des Verstandes und des Gefühls bei allen moralischen Entscheidungen scheint nach der oben dargelegten Hypothese wohl einleuchtend. Aber ich nehme einmal an, diese Hypothese sei falsch; dann wird es erforderlich sein, uns nach einer anderen, befriedigenderen Theorie umzusehen; und ich wage zu behaupten, daß eine solche niemals gefunden werden wird, solange wir den Verstand als die einzige Quelle der Moral annehmen. Um das zu beweisen, wird es angemessen sein, die folgenden fünf Überlegungen zu prüfen.

I. Es ist leicht für eine falsche Hypothese, einen gewissen Anschein von Wahrheit aufrechtzuerhalten, solange sie ausschließlich bei Allgemeinheiten bleibt, undefinierte Begriffe benützt und Vergleiche anstellt, anstatt mit Beispielen zu arbeiten. Das ist in besonders auffallender Weise bei jener Philosophie zu bemerken, die das Erkennen aller moralischen Unterschiede dem Verstand allein, ohne Mitwirkung des Gefühls, zuschreibt. Es ist unmöglich, daß diese Hypothese in irgendeinem besonderen Fall auch nur verständlich gemacht werden könnte, welch glänzende Figur sie auch bei allgemein gehaltenen Reden und Gesprächen abgeben mag. Man untersuche zum Beispiel das Vergehen der *Undankbarkeit*, das sich überall dort findet, wo man auf der einen Seite Wohlwollen beobachtet, das sich kundgibt und erkannt wird, sowie gute Dienste, die geleistet werden; und wo auf der anderen Seite mit Übelwollen oder Gleichgültigkeit und mit schlechten Diensten oder Vernachlässigung geantwortet wird. Man zergliedere alle diese Umstände und untersuche allein mit Hilfe des Verstandes, worin das Unrecht oder der Tadel besteht. Niemals wird man zu irgendeinem Ergebnis oder einer Entscheidung kommen.

Der Verstand urteilt entweder über *Tatbestände* oder über *Relationen*. Man erforsche dann *zuerst*, welches der Tatbestand ist, den wir *Vergehen* nennen; man weise ihn nach; man bestimme die Dauer seiner Existenz; man beschreibe sein Wesen oder seine Natur; man erkläre, welchem Sinnesorgan oder welcher geistigen Fähigkeit er sich offenbart. Er befindet sich im Inneren des undankbaren Menschen. Daher muß ihn dieser fühlen und sich seiner bewußt sein. Aber dort ist nichts als das Gefühl des Übelwollens oder absolute Gleichgültigkeit. Von diesen kann man nicht sagen, daß sie an sich, immer und unter allen Umständen Vergehen sind. Nein, Vergehen sind sie nur, wenn sie gegen Personen gerichtet sind, die vorher uns gegenüber Wohlwollen ausgedrückt und gezeigt haben. Infolgedessen können wir den Schluß ziehen, daß das Vergehen der Undankbarkeit nicht ein besonderer, isolierter *Tatbestand* ist, sondern sich aus einer Verflechtung von Umständen ergibt, die, wenn der Betrachter sie wahrnimmt, in ihm aufgrund einer besonderen seelischen Struktur und Veranlagung ein *Gefühl* des Tadels hervorrufen.
Diese Darstellung, sagst du, ist falsch. Das Vergehen ist in der Tat nicht eine besondere *Tatsache*, von deren Realität uns der *Verstand* überzeugt; sondern es besteht in gewissen *moralischen Relationen*, die vom Verstand in derselben Weise entdeckt werden, wie wir durch den Verstand geometrische und algebraische Wahrheiten entdecken. Aber von welcher Art sind die Relationen, frage ich, von denen du hier sprichst? In dem oben dargelegten Fall sehe ich zunächst Wohlwollen und gute Dienste bei einer Person, und dann Übelwollen und schlechte Dienste bei der anderen. Zwischen diesen gibt es eine Relation der *Gegensätzlichkeit*. Besteht das Vergehen in dieser Relation? Aber angenommen, jemand wäre mir übel gesinnt und leistete mir schlechte Dienste; ich aber wäre umgekehrt ihm gegenüber gleichgültig eingestellt oder erwiese ihm gute Dienste. Hier liegt dieselbe Relation der *Gegensätzlichkeit* vor, und den-

noch ist mein Verhalten oft sehr lobenswert. Drehe und wende diesen Sachverhalt, wie du willst, du kannst doch niemals die Moral auf eine Relation gründen, sondern du mußt zu Gefühlsentscheidungen deine Zuflucht nehmen.

Wenn behauptet wird, zwei und drei ist gleich der Hälfte von zehn, so verstehe ich diese Relation der Gleichheit vollkommen. Ich begreife, daß wenn man zehn in zwei Teile teilt, von denen jeder so viele Einheiten hat wie der andere, und wenn einer dieser Teile mit der Summe aus zwei und drei verglichen wird, daß er genauso viele Einheiten enthält wie die zusammengesetzte Zahl. Wenn du aber daraus einen Vergleich mit moralischen Relationen herleiten willst, so gestehe ich, daß ich dich überhaupt nicht verstehen kann. Eine moralische Handlung, ein Vergehen, wie etwa die Undankbarkeit, ist eine komplizierte Sache. Besteht die Moralität in der Relation ihrer Teile zueinander? Wie? Auf welche Weise? Sei in deinen Behauptungen genauer und bestimmter, und du wirst unschwer ihre Unhaltbarkeit erkennen.

Nein, sagst du, Moralität besteht in der Relation zwischen den Handlungen und der Rechtsnorm; und diese werden gut oder schlecht genannt, je nachdem ob sie mit der Rechtsnorm übereinstimmen oder zu ihr in Widerspruch stehen. Was ist denn diese Rechtsnorm? Worin besteht sie? Wie wird sie festgelegt? Durch den Verstand, sagst du, der die moralischen Relationen von Handlungen untersucht. So daß also moralische Relationen durch den Vergleich einer Handlung mit einer Norm bestimmt werden; und diese Norm wiederum wird dadurch bestimmt, daß man die moralischen Relationen der Objekte untersucht. Ist das nicht eine elegante Beweisführung?

Alles das ist Metaphysik, rufst du. Das genügt; es ist nichts weiter nötig, um große Trugschlüsse vermuten zu können. Ja, antworte ich, hier ist gewiß Metaphysik; aber sie ist ganz auf deiner Seite, der du eine abstruse Hypothese aufstellst, die niemals verständlich gemacht, noch mit irgendeinem besonderen Fall oder Beispiel in Einklang gebracht werden kann. Die Hypothese, die wir annehmen, ist einfach; sie behauptet, Moralität werde durch das Gefühl bestimmt. Sie versteht unter Tugend *jede geistige Tätigkeit oder Eigenschaft, die einem Betrachter das angenehme Gefühl der Zustimmung gibt*; und unter Laster das Gegenteil. Danach gehen wir daran, eine einfache Tatsache zu untersuchen, nämlich die Frage, welche Handlungen diesen Einfluß haben. Wir erwägen alle Umstände, in welchen diese Handlungen übereinstimmen, und versuchen davon ausgehend, einige allgemeine Beobachtungen über diese Gefühle herzuleiten. Nennst du das Metaphysik und findest du darin irgend etwas Ungereimtes, so brauchst du nur den Schluß zu ziehen, daß die Ausrichtung deines Geistes für die moralischen Wissenschaften ungeeignet ist.

II. Wenn ein Mensch sich irgendwann Gedanken über sein eigenes Verhalten macht (z. B. ob er in einem besonderen Notfall eher seinem Bruder oder seinem Wohltäter helfen sollte), dann muß er diese getrennten Beziehungen und auch alle Umstände und Situationen der beteiligten Personen in Erwägung ziehen, um die höhere Pflicht und Verbindlichkeit zu ermitteln; so wie man das Wesen des Dreiecks und die Relationen ihrer verschiedenen Teile zueinander untersuchen muß, um das Verhältnis der Linien in dieser Figur zu bestimmen. Aber ungeachtet der scheinbaren Ähnlichkeit dieser beiden Fälle besteht zwischen ihnen im Grunde doch ein wesentlicher Unterschied. Wer sich theoretisch mit Dreiecken oder Kreisen beschäftigt, betrachtet die verschiedenen bekannten und gegebenen Relationen, in denen die Teile dieser Figuren zueinander stehen, und erschließt daraus irgendeine unbekannte Relation, die auf den erstgenannten beruht. Aber bei moralischen Untersuchungen müssen wir von vornherein mit sämtlichen Objekten und allen ihren Beziehungen untereinander bekannt sein und aus einem Vergleich des Ganzen unsere Wahl treffen oder ein Urteil der Zustimmung fällen. Keine neue Tatsache ist zu ermitteln; keine neue Relation ist zu entdecken. Es wird vorausgesetzt, daß uns alle Einzelheiten des Falles vorliegen, ehe wir ein Urteil des Tadels oder der Zustimmung aussprechen können. Wenn irgendein wesentlicher Umstand noch unbekannt oder zweifelhaft ist, müssen wir als erstes Nachforschungen anstellen oder unsere intellektuellen Fähigkeiten bemühen, um uns darüber Klarheit zu verschaffen; und wir müssen uns in dieser Zeit jeder moralischen Entscheidung oder Empfindung enthalten. Solange wir nicht wissen, ob jemand der Angreifende war oder nicht, wie können wir entscheiden, ob die Person, die ihn getötet hat, schuldig oder unschuldig ist? Aber wenn jede Einzelheit und jede Beziehung bekannt ist, dann hat der Verstand keinen Wirkungsbereich und auch kein Objekt mehr, an dem er sich betätigen könnte. Die Zustimmung oder Mißbilligung, die dann folgt, kann nicht das Werk der Urteilskraft, sondern nur das des Herzens sein; und sie ist keine spekulative Aussage oder Behauptung, sondern ein aktives Gefühl oder Empfinden. Bei rationalen Untersuchungen schließen wir aus bekannten Umständen und Beziehungen auf neue und uns unbekannte. Bei moralischen Entscheidungen müssen alle Umstände und Beziehungen zuvor bekannt sein; und die Seele empfindet infolge der Betrachtung des Ganzen einen neuen Eindruck der Zuneigung oder Abneigung, der Achtung oder Verachtung, der Zustimmung oder Mißbilligung.

Daher der große Unterschied zwischen einem *faktischen* oder einem *Rechts*irrtum; und daher der Grund, warum der eine üblicherweise strafbar ist und der andere nicht. Als Ödipus den Laios tötete, war ihm die Beziehung zu ihm unbekannt, und er bildete sich aus den Umständen, unschuldig und unfreiwillig, eine irrige Meinung über die Tat, die er begangen hatte. Aber als Nero Agrippina tötete, waren ihm alle Beziehungen zwischen ihm und ihr und alle Umstände der Tat vorher bekannt; aber das Motiv der Rache oder der Furcht oder der Selbstsucht siegte in seinem grausamen

Herzen über die Gefühle der Pflicht und Menschlichkeit.[68] Wenn wir jedoch den Abscheu vor ihm, gegen den er selbst in so kurzer Zeit unempfindlich wurde, zum Ausdruck bringen, dann geschieht dies nicht deshalb, weil wir irgendwelche Beziehungen wahrnehmen, die ihm unbekannt waren; sondern weil wir aufgrund unseres aufrechten Charakters Gefühle empfinden, gegen welche er durch Schmeichelei und durch das lange Verharren in abscheulichsten Verbrechen abgestumpft war. Diese Gefühle, nicht aber die Aufdeckung von Relationen irgendwelcher Art, machen also in Wirklichkeit alle moralischen Feststellungen aus. Ehe wir uns anmaßen können, irgendeine derartige Entscheidung zu fällen, muß alles, was sich auf das Objekt oder die Handlung bezieht, bekannt und genau angegeben sein. Es bleibt dann nur noch, unsererseits ein Gefühl der Mißbilligung oder Zustimmung zu empfinden, aufgrund dessen wir die Handlung für unrecht oder tugendhaft erklären.

III. Diese Lehre wird noch einsichtiger werden, wenn wir die moralische Schönheit mit der natürlichen vergleichen, mit der sie in vielen Einzelheiten eine so große Ähnlichkeit aufweist. Alle natürliche Schönheit beruht auf der Proportion, der Relation und der Anordnung der Teile; aber es wäre absurd, daraus zu schließen, daß das Wahrnehmen der Schönheit wie das der Wahrheit bei geometrischen Problemen ausschließlich in der Wahrnehmung von Relationen bestehe und gänzlich durch Leistungen des Verstandes oder der intellektuellen Fähigkeiten zustande gekommen sei. In allen Wissenschaften untersucht der Geist die unbekannten Relationen auf der Grundlage der bekannten. Aber bei allen Entscheidungen des Geschmacks und solchen über äußere Schönheit liegen alle Beziehungen schon vorher klar zutage; und erst danach gelangen wir zu einem Gefühl des Gefallens oder Mißfallens, je nach der Natur des Gegenstandes und der Beschaffenheit der Sinnesorgane.

Euklid hat alle Eigenschaften des Kreises vollkommen erklärt; aber in keinem Lehrsatz hat er ein Wort über seine

Schönheit verloren. Der Grund liegt auf der Hand. Die Schönheit ist keine Eigenschaft des Kreises; sie liegt in keinem der Punkte der Linie, deren Teile von einem gemeinsamen Mittelpunkt gleich weit entfernt sind. Sie ist nur die Wirkung, die diese Figur auf den Geist ausübt, dessen besondere Art und Beschaffenheit ihn für solche Empfindungen fähig macht. Vergeblich würde man sie am Kreis suchen oder sie, sei es durch die Sinne, sei es durch mathematisches Schließen, in all den Eigenschaften dieser Figur entdecken wollen.

Man höre Palladio und Perrault[69] zu, während sie alle Teile und Proportionen einer Säule erklären. Sie sprechen vom Kranzgesims, vom Fries, vom Säulenfuß, vom Gebälk, vom Säulenschaft und vom Architrav; sie beschreiben das Aussehen und die Lage jedes dieser Teile. Würde man aber nach einer Beschreibung und nach dem Ort ihrer Schönheit fragen, so würden sie sogleich erwidern, die Schönheit sei nicht in irgendeinem Teil oder Stück derselben enthalten, sondern ergebe sich aus dem Ganzen, wenn dieses komplizierte Gebilde von einem verständnisvollen, für jene feineren Empfindungen empfänglichen Geist wahrgenommen wird. Solange kein solcher Beobachter erscheint, ist nichts weiter vorhanden als eine Figur mit diesen oder jenen besonderen Dimensionen und Proportionen; Anmut und Schönheit der Säule ergeben sich allein aus den Gefühlen des Betrachters.

Und weiter: Man höre Cicero zu, während er die Verbrechen eines Verres oder eines Catilina beschreibt.[70] Man muß zugeben, daß sich die moralische Häßlichkeit in gleicher Weise aus der Betrachtung des Ganzen ergibt, sobald es jemandem dargestellt wird, dessen Geist diese besondere Anlage und Bildung besitzt. Der Redner mag auf der einen Seite Wut, Überheblichkeit und Barbarei schildern; auf der anderen Sanftmut, Leiden, Kummer und Unschuld. Aber wenn du nicht fühlst, wie infolge dieses Zusammentreffens von Umständen in dir Entrüstung und Mitleid aufsteigen, würdest du ihn vergeblich fragen, worin das Verbrechen oder die Schandtat bestehe, über die er sich so heftig ereifert; wann und bei wem sich das Verbrechen zuerst äußerte; und was einige Monate später daraus geworden wäre, wenn sich die gesamte Einstellung oder Denkweise aller Beteiligten völlig geändert hätte oder ausgelöscht worden sei. Auf keine dieser Fragen kann auf der Basis einer abstrakten Theorie der Moral eine befriedigende Antwort gegeben werden, und wir müssen schließlich zugeben, daß das Verbrechen oder die Immoralität keine spezielle Tatsache oder Relation ist, die das Objekt des Verstandes sein kann, sondern ausschließlich auf dem Gefühl der Mißbilligung beruht, das wir aufgrund der Beschaffenheit der menschlichen Natur unvermeidlich bei der Wahrnehmung von Barbarei oder Verrat empfinden.

IV. Unbelebte Objekte können zueinander in genau den gleichen Relationen stehen, wie wir sie bei moralisch handelnden Wesen beobachten, obwohl die ersteren niemals Gegenstand der Liebe oder des Hasses sein können und folglich auch nicht des Verdienstes oder des Unrechts fähig sind. Ein junger Baum, der über seinen Mutterstamm hinauswächst und ihn zerstört, steht zu ihm in derselben Beziehung wie Nero zu Agrippina, als er sie ermordete; und er wäre zweifellos ebenso verbrecherisch, bestünde die Moral bloß in Relationen.

V. Es scheint klar zu sein, daß der *Verstand* über die letzten Ziele menschlichen Handelns niemals und in keinem Fall Rechenschaft ablegen kann, sondern daß sie gänzlich den Gefühlen und Neigungen der Menschen überlassen sind, ohne irgendwie von den intellektuellen Fähigkeiten abzuhängen. Man frage einen Menschen, *warum er Gymnastik mache*; er wird antworten, *weil er seine Gesundheit erhalten wolle*. Wenn man dann fragt, *warum er Gesundheit anstrebe*, wird er sofort antworten, *weil Krankheit schmerzhaft sei*. Treibt man seine Nachforschungen weiter und will wissen, *warum er den Schmerz hasse*, so wird er unmöglich einen Grund angeben können. Dies ist ein letzter Zweck, und er wird niemals auf ein noch anderes Objekt zurückgeführt.

Vielleicht antwortet er auf die zweite Frage, *warum er Gesundheit anstrebe*, daß *sie zur Ausübung seines Berufes notwendig sei.* Wenn man fragt, *warum ihm daran gelegen sei*, wird er antworten, *weil er Geld verdienen möchte*. Fragt man *Warum?*, so sagt er: *Es ist das Mittel zum Vergnügen.* Und darüber hinaus nach einem Grund zu fragen, ist eine Absurdität. Es ist unmöglich, daß es hier ein Fortschreiten *in infinitum* geben könne; es kann nicht immer ein Ding der Grund sein, warum ein anderes gewünscht wird. Irgend etwas muß um seiner selbst willen und wegen seiner unmittelbaren Harmonie und Übereinstimmung mit dem menschlichen Gefühl und menschlicher Neigung erstrebenswert sein.

Da nun Tugend ein Endzweck und um ihrer selbst willen, ohne Entgelt oder Belohnung, lediglich um der unmittelbaren Befriedigung willen, die sie gewährt, erstrebenswert ist, so muß notwendigerweise irgendein Gefühl vorhanden sein, an welches sie rührt, eine innere Neigung oder ein inneres Empfinden, oder wie immer man es sonst nennen mag, das zwischen dem moralisch Guten und Bösen unterscheidet und das sich dem einen zuwendet und das andere verwirft.

So sind also die getrennten Gebiete und Aufgaben des *Verstandes* und des *Geschmacks* leicht zu bestimmen. Von jenem stammt das Wissen um Wahrheit und Falschheit; von diesem das Gefühl für Schönheit und Häßlichkeit, für Laster und Tugend. Der eine entdeckt Gegenstände, wie sie sich in Wirklichkeit in der Natur finden, ohne etwas hinzuzufügen oder wegzunehmen; der andere besitzt eine produktive Kraft und bringt gleichsam eine neue Schöpfung hervor, indem er alle Gegenstände der Natur mit den Farben, die aus dem inneren Gefühl stammen, entweder vergoldet oder befleckt. Der Verstand, weil kühl und gleichgültig, liefert kein Handlungsmotiv und weist nur dem von Begierde oder

Neigung empfangenen Impuls den Weg, indem er uns die Mittel zur Erreichung des Glücks und Vermeidung des Unglücks zeigt. Der Geschmack, da er Lust oder Unlust bringt und dadurch Glück oder Unglück schafft, wird zu einem Handlungsmotiv und ist der erste Antrieb oder Impuls zum Begehren oder Wollen. Von bekannten oder angenommenen Ereignissen und Relationen führt uns der erstere zur Entdeckung der verborgenen und unbekannten; nachdem alle Ereignisse und Relationen vorliegen, läßt uns der letztere aus dem Ganzen ein neues Gefühl des Tadels oder der Billigung empfinden. Der Maßstab des einen, weil auf der Natur der Dinge gegründet, ist ewig und unveränderlich, selbst für den Willen des höchsten Wesens; der Maßstab des anderen, weil aus der inneren Struktur und Beschaffenheit lebender Wesen entspringend, geht in letzter Instanz auf jenen höchsten Willen zurück, der jedem Wesen seine besondere Natur verliehen und die verschiedenen Klassen und Ordnungen des Seins eingerichtet hat.

Anhang II

Über die Selbstliebe

Es gibt einen Grundsatz, dem weithin Geltung zugeschrieben wird und der mit jeder Tugend und jedem moralischen Gefühl absolut unverträglich ist; und wie er nur einer äußerst verdorbenen Charakteranlage entspringen kann, so tendiert er seinerseits dazu, diese Verdorbenheit noch weiter zu ermutigen. Dieser Grundsatz lautet: Alles *Wohlwollen* ist bloße Heuchelei, Freundschaft ist Betrug, Gemeinsinn eine Posse, Treue eine Falle, um Glauben und Vertrauen zu gewinnen; und während wir alle im Grunde nur unsere persönlichen Interessen verfolgen, tragen wir diese schönen Masken, um die anderen in Sicherheit zu wiegen und sie dann um so eher unseren Tücken und Machenschaften auszusetzen. Was für ein Herz jemand besitzen muß, der sich zu solchen Grundsätzen bekennt und der in sich kein inneres Gefühl empfindet, das eine so verderbliche Theorie Lügen straft, kann man sich leicht vorstellen; auch kann man sich denken, welchen Grad von Zuneigung und Wohlwollen er der Menschheit entgegenbringen kann, die er in so schrecklichen Farben schildert und von der er annimmt, daß sie so wenig für Dankbarkeit oder irgendwelche Gegenliebe empfänglich ist. Wenn wir diese Grundsätze nicht gänzlich einem korrupten Herzen zuschreiben sollen, so müssen wir sie zumindest als das Ergebnis einer äußerst nachlässigen und vorschnellen Untersuchung erklären. In der Tat mögen oberflächliche Denker, die bei ihren Mitmenschen viel falschen Schein beobachten und die vielleicht in ihrer eigenen Natur keinen sehr kräftigen Widerstand verspüren, den allgemeinen Schluß ziehen, daß alles gleichermaßen verdorben sei und daß die Menschen, im Gegensatz zu allen anderen Lebewesen, ja überhaupt zu allen anderen Arten des Seienden, keine Grade des Guten oder Bösen anerkennen, sondern in jedem Fall dieselben Geschöpfe in verschiedenen Verkleidungen und Erscheinungsformen sind.

Es gibt einen zweiten, dem ebengenannten einigermaßen ähnlichen Grundsatz, auf den die Philosophen sehr viel Wert legten und der so manchem System als Grundlage gedient hat: daß, wieviel Zuneigung für andere man empfinden möge oder zu empfinden glaube, doch keine Neigung jemals uneigennützig sein könne; daß die edelste Freundschaft, so aufrichtig sie auch sein mag, nur eine Modifikation der Selbstliebe sei; und daß wir, ohne uns selbst dessen bewußt zu sein, nur unsere eigene Befriedigung suchen, während wir ganz von Plänen für die Freiheit und das Glück der Menschheit erfüllt zu sein scheinen. Infolge eines Spiels der Einbildungskraft, einer spitzfindigen Reflexion und eines enthusiastischen Gefühls meinen wir, am Interesse anderer Anteil zu nehmen, und bilden uns ein, von allen egoistischen Erwägungen frei zu sein; aber im Grunde nehmen der hochherzigste Patriot und der schäbigste Geizhals, der tapferste Held und der verachtungswürdigste Feigling bei jeder Handlung die gleiche Rücksicht auf ihr eigenes Glück und Wohlergehen.

Wer aus der scheinbaren Tendenz dieser Lehre schließt, daß jene, die sich zu ihr bekennen, unmöglich die echten Gefühle des Wohlwollens empfinden oder irgendeine Achtung vor der wahren Tugend haben können, wird sich in der Praxis sehr oft getäuscht sehen. Redlichkeit und Ehrgefühl waren Epikur und seinen Schülern nicht fremd. Atticus[71] und Horaz scheinen ebenso großzügige und freundliche Charakteranlagen von Natur aus besessen und durch Reflexion gepflegt zu haben wie irgendein Anhänger der strengeren Schulen. Und unter den Neueren haben Hobbes und Locke, die das egoistische System der Moral verteidigten, ein untadeliges Leben geführt, obwohl der erstere unter keinem Einfluß der Religion stand, der die Mängel seiner Philosophie hätte ausgleichen können.

Ein Anhänger des Epikur oder Hobbes gibt bereitwillig zu,

daß es in der Welt so etwas wie Freundschaft ohne Heuchelei oder Verstellung gibt; obwohl er versuchen mag, mit Hilfe einer philosophischen Chemie, wenn ich so sagen darf, die Elemente dieses Gefühls auf die eines anderen zurückzuführen und zu erklären, daß jede Zuneigung Selbstliebe ist, die wir infolge eines eigentümlichen Spiels der Einbildungskraft in eine Vielzahl verschiedener Erscheinungsformen verzerren und verformen. Da aber dasselbe Spiel der Einbildungskraft nicht bei allen Menschen dominierend ist und es auch dem ursprünglichen Gefühl nicht immer die gleiche Richtung gibt, so reicht dieser Tatbestand sogar nach dem System des Egoismus aus, um die größten Unterschiede zwischen den menschlichen Charakteren zu schaffen und um den einen Menschen als tugendhaft und human, den anderen als lasterhaft und niedriggesinnt zu bezeichnen. Ich achte den Menschen, dessen Selbstliebe ihn, auf welche Weise auch immer, so beeinflußt, daß er Anteilnahme für andere empfindet und sich für die Gesellschaft als nützlich erweist; so wie ich jenen hasse oder verachte, der auf nichts anderes Rücksicht nimmt als auf seine eigenen Genüsse und Freuden. Und doch würdest du vergeblicherweise darauf hinweisen, daß diese Charaktere, obwohl scheinbar entgegengesetzt, im Grunde gleich seien und daß nur eine sehr geringfügige Abweichung des Denkens den gesamten Unterschied zwischen ihnen ausmache. Denn ungeachtet dieser geringfügigen Unterschiede erscheint mir jeder dieser Charaktere in der Praxis als ziemlich beständig und unveränderlich. Und ich finde hier ebensowenig wie auf anderen Gebieten, daß die aus den allgemeinen Erscheinungen der Dinge sich ergebenden natürlichen Gefühle durch subtile Einzelerwägungen über den genauen Ursprung dieser Erscheinungen leicht zu zerstören wären. Erweckt nicht eine lebhafte und frische Gesichtsfarbe mein Wohlgefallen und Vergnügen, obwohl ich aus der Philosophie weiß, daß jeder Unterschied im Aussehen auf feinsten Unterschieden in der Dichte der kleinsten Hautteile beruht, wodurch die Oberfläche die

Eigenschaft erhält, eine der Grundfarben des Lichts zu reflektieren und die anderen zu absorbieren?

Aber obwohl die Frage nach dem universellen oder teilweisen Egoismus des Menschen für die Moral und das praktische Verhalten nicht so wesentlich ist, wie man gewöhnlich annimmt, so ist sie doch gewiß für die spekulative Wissenschaft von der menschlichen Natur von Bedeutung und stellt ein geeignetes Objekt für Nachforschung und Untersuchung dar. Es ist daher an dieser Stelle wohl nicht unpassend, darüber einige Überlegungen anzustellen.*

Der nächstliegende Einwand gegen die These von der Selbstliebe ist der, daß sie unserem allgemeinen Gefühl und unseren vorurteilsfreien Vorstellungen widerspricht und daß daher die größte Anspannung philosophischen Denkens notwendig ist, um ein so außergewöhnliches Paradoxon zu begründen. Auch dem oberflächlichsten Beobachter drängen sich solche Charakteranlagen wie Wohlwollen und Großzügigkeit, solche Neigungen wie Liebe, Freundschaft, Mitleid und Dankbarkeit auf. Diese Empfindungen haben ihre Ursachen, Wirkungen, Objekte und Verlaufsweisen, die durch gemeinsame Sprache und Beobachtung gekennzeichnet werden und von denen der egoistischen Neigungen klar unterschieden sind. Und da dies offensichtlich die Art und Weise ist, in der sich diese Dinge zeigen, muß man sie

* Das Wohlwollen teilt sich naturgemäß in zwei Arten, das *allgemeine* und das *besondere*. Das erstere liegt dann vor, wenn uns mit dem betreffenden Menschen keine Freundschaft, Bekanntschaft oder Verehrung verbindet, sondern wir nur eine allgemeine Sympathie für ihn empfinden, d. h. ein Mitgefühl mit seinen Schmerzen und eine Mitfreude an seinem Vergnügen. Die andere Art des Wohlwollens gründet sich auf die Annahme einer Tugend, auf uns geleistete Dienste oder auf irgendwelche besondere Beziehungen. Jedes dieser beiden Gefühle muß als in der menschlichen Natur wirklich vorhanden anerkannt werden; aber ob sie sich auf einige feine Erwägungen der Selbstliebe zurückführen lassen, ist eine Frage, die eher reizvoll als wichtig ist. Das erstere Gefühl, nämlich das des allgemeinen Wohlwollens oder der Menschlichkeit, oder der Sympathie, werden wir im Verlauf dieser Untersuchung noch häufig zu behandeln Gelegenheit haben; und ich nehme es aufgrund allgemeiner Erfahrung ohne irgendeinen weiteren Beweis als wirklich existierend an.

gelten lassen, bis irgendeine Hypothese entdeckt wird, die durch ein tieferes Eindringen in die menschliche Natur beweisen kann, daß die ersteren Neigungen nichts als Modifikationen der letzteren sind. Alle Versuche dieser Art haben sich bisher als fruchtlos erwiesen und scheinen ausschließlich aus jener Liebe zur *Vereinfachung* zu stammen, die in der Philosophie die Quelle vieler falscher Schlüsse gewesen ist. Ich werde an dieser Stelle nicht auf irgendwelche Einzelheiten dieses Themas eingehen. Viele fähige Philosophen haben die Unzulänglichkeit dieser Systeme gezeigt. Und ich werde das als selbstverständlich voraussetzen, was sich, wie ich glaube, aufgrund einfachster Überlegung für jeden unparteiischen Forscher als evident erweist.

Aber die Natur des Gegenstandes gibt zu der stärksten Vermutung Anlaß, daß auch in Zukunft niemals ein besseres System erfunden werden wird, um den Ursprung der wohlwollenden Neigungen aus den egoistischen zu erklären und all die vielfältigen Regungen der menschlichen Seele auf eine vollkommen einfache Ursache zurückzuführen. Auf diesem Gebiet der Philosophie liegt der Fall anders als in der Physik. So manche naturwissenschaftliche Hypothese hat sich im Gegensatz zum ersten Anschein bei genauerer Nachprüfung als zuverlässig und überzeugend erwiesen. Fälle dieser Art sind so häufig, daß ein ebenso scharfsinniger wie geistreicher Philosoph* die Behauptung wagte, daß dann, wenn ein Phänomen auf mehr als eine Art entstehen kann, die allgemeine Annahme berechtigt ist, daß es auf den uns am wenigsten naheliegenden und vertrauten Ursachen beruht. Aber bei allen Untersuchungen über den Ursprung unserer Neigungen und über die inneren Vorgänge des menschlichen Geistes geht die Vermutung immer in die andere Richtung. Die einfachste und offensichtlichste Ursache, die hier für irgendein Phänomen nachgewiesen werden kann, ist wahrscheinlich die richtige. Wenn ein Philosoph

* Mons. Fontenelle. [Bernard Le Bovier de F. (1657–1757), französischer Gelehrter.]

bei der Darlegung seines Systems zu sehr verwickelten und komplizierten Überlegungen Zuflucht nehmen und sie als wesentlich für die Entstehung irgendeiner Neigung oder Emotion annehmen muß, dann haben wir Grund zur äußersten Vorsicht gegenüber einer so verfänglichen Hypothese. Die Affekte sind in keiner Weise empfänglich für die Spitzfindigkeiten des Verstandes oder der Einbildungskraft; und man kann immer beobachten, daß eine angestrengte Betätigung der letzteren Fähigkeiten infolge der begrenzten Fassungskraft des menschlichen Geistes notwendigerweise alle Aktivitäten der ersteren unterbindet. Das uns leitende Motiv oder die uns leitende Absicht bleiben tatsächlich häufig uns selbst verborgen, wenn sie mit anderen Motiven vermengt und verknüpft sind, die der Verstand gern aus Eitelkeit oder Selbstgefälligkeit für die vorherrschenden ausgeben möchte; es gibt aber kein Beispiel dafür, daß ein derartiges Verborgensein jemals aus der Unklarheit und Kompliziertheit des Motivs herrührte. Ein Mann, der einen Freund oder Gönner verloren hat, mag sich schmeicheln, daß seine gesamte Trauer aus edlen Gefühlen stammt, ohne irgendwelche Beimengung engherziger oder egoistischer Erwägungen; wenn aber jemand um einen lieben Freund trauert, der seiner Gunst und Hilfe bedurfte, wie können wir dann annehmen, daß die Innigkeit seines Gefühls aus einer metaphysischen Rücksicht auf ein Eigeninteresse entsteht, das unbegründet und gegenstandslos ist? Wir könnten uns ebensogut vorstellen, daß winzige Räder und Federn, wie die einer Taschenuhr, einen beladenen Fuhrwagen in Bewegung setzen, wie den Ursprung des Gefühls aus solch abstrusen Überlegungen erklären zu wollen.

Wir finden, daß Tiere der Zuneigung sowohl zu ihresgleichen als auch zu uns Menschen fähig sind; auch besteht in diesem Fall nicht der geringste Verdacht einer Verstellung oder List. Sollen wir auch alle *ihre* Gefühle auf verfeinerte Deduktionen des Eigeninteresses zurückführen? Und wenn wir bei der niederen Gattung ein uneigennütziges Wohlwollen anerkennen, nach welcher Analogieregel können wir es bei der höheren bestreiten?

Die Liebe zwischen den Geschlechtern erzeugt ein Gefallen und Wohlwollen, das von der Befriedigung eines Triebes sehr verschieden ist. Zärtlichkeit gegen die Nachkommenschaft ist bei allen empfindenden Wesen im allgemeinen allein imstande, die stärksten Motive der Selbstliebe aufzuwiegen, und ist von dieser Leidenschaft in keiner Weise abhängig. Welches Interesse kann eine liebende Mutter im Auge haben, die durch die unablässige Pflege ihres kranken Kindes ihre Gesundheit einbüßt, die später dahinsiecht und aus Kummer stirbt, wenn sie durch dessen Tod von der Sklaverei dieser Pflege befreit wird?

Ist Dankbarkeit nicht ein Gefühl der menschlichen Brust, oder ist sie bloß ein Wort ohne Inhalt und Wirklichkeit? Empfinden wir nicht in der Gesellschaft des einen Menschen mehr Befriedigung als in der des anderen? Und wünschen wir nicht das Wohlergehen unseres Freundes, auch wenn wir durch Abwesenheit oder Tod gehindert werden sollten, daran irgendwie teilzuhaben? Oder wodurch wird in der Regel eine solche Teilnahme bewirkt, selbst wenn wir leben und in seiner Gegenwart sind, wenn nicht durch unsere Liebe und Achtung für ihn?

Diese und tausend andere Fälle sind Beweise eines allgemeinen Wohlwollens in der menschlichen Natur, auch ohne daß uns ein *wirkliches* Interesse mit dem Gegenüber verbindet. Und wie ein *eingebildetes* Interesse, das als solches bekannt und anerkannt ist, der Ursprung eines Gefühls oder einer Emotion sein kann, scheint schwierig erklärbar zu sein. Bis jetzt ist noch keine befriedigende Hypothese dieser Art entdeckt worden; auch besteht nicht die geringste Wahrscheinlichkeit, daß künftige Bemühungen der Menschen jemals von einem günstigeren Erfolg begleitet sein werden.

Aber weiter: wenn wir die Frage richtig erwägen, werden wir finden, daß die Hypothese, die ein uneigennütziges, von der Selbstliebe verschiedenes Wohlwollen anerkennt, in Wirklichkeit *einfacher* ist und der Analogie mit der Natur weit eher entspricht als jene, die vorgibt, alle Freundschaft und Menschlichkeit auf dieses letztere Prinzip zurückzuführen. Es gibt körperliche Bedürfnisse oder Triebe, die von jedermann anerkannt werden, die notwendigerweise jedem sinnlichen Genuß vorausgehen und die uns direkt dazu antreiben, von dem Gegenstand Besitz zu ergreifen. So haben Hunger und Durst Essen und Trinken zum Ziel; und aus der Befriedigung dieser primären Triebe entsteht eine Lust, die das Objekt einer anderen Art von Begierde oder Neigung werden kann, die dann sekundär und eigennützig ist. In derselben Weise gibt es geistige Neigungen, die uns dazu antreiben, unmittelbar bestimmte Ziele anzustreben, wie Ruhm, Macht oder Rache, ohne Rücksicht auf das eigene Interesse; und wenn diese Ziele erreicht sind, stellt sich ein angenehmes Wohlgefühl als Folge unserer befriedigten Bedürfnisse ein. Die Natur muß vermöge der inneren Struktur und Beschaffenheit des Geistes einen ursprünglichen Hang nach Ruhm schaffen, ehe uns aus seiner Erlangung irgendwelche Freude erwachsen kann oder wir ihn aus Motiven der Selbstliebe und aus dem Verlangen nach Glück zu erstreben imstande sind. Wenn ich keine Eitelkeit besitze, so finde ich keine Freude am Lob; wenn ich ohne Ehrgeiz bin, gewährt mir die Macht keinen Genuß; wenn ich nicht zornig bin, dann ist mir die Bestrafung eines Gegners völlig gleichgültig. In allen diesen Fällen gibt es eine Leidenschaft, die unmittelbar auf den Gegenstand hinzielt und ihn uns als ein Gut oder als einen Gegenstand des Glücks erscheinen läßt; so wie es weitere, sekundäre Leidenschaften gibt, die hinterher entstehen und denselben als Teil unseres Glücks anstreben, wenn er erst einmal durch unsere ursprünglichen Neigungen zu einem solchen gemacht wurde. Gäbe es vor der Selbstliebe keine Begierde irgendwelcher Art, so könnte sich diese Neigung kaum jemals äußern, denn in diesem Fall hätten wir wenige oder schwache Schmerzen oder Freuden empfunden,

oder wenig Glück oder Unglück zu vermeiden oder anzustreben gehabt.
Wo liegt nun die Schwierigkeit, sich vorzustellen, daß dies vom Wohlwollen und der Freundschaft ebenso gelten könne und daß wir infolge einer ursprünglichen Charakteranlage ein Verlangen nach dem Glück oder der Zufriedenheit anderer empfinden können, welches durch ebendiese Neigung Teil unserer eigenen Zufriedenheit wird und welches danach aus den gemeinsamen Motiven des Wohlwollens und der Freude an uns selbst erstrebt wird? Wer sieht nicht, daß wir uns der Rache, allein schon wegen der Stärke dieser Leidenschaft, so völlig hingeben können, daß wir wissentlich jede Rücksicht auf Bequemlichkeit, Interesse oder Sicherheit vernachlässigen und wie einige rachsüchtige Tiere unsere ganze Seele in die Wunden legen, die wir einem Feind schlagen*; und was für eine böswillige Philosophie muß das sein, die der Menschlichkeit und Freundschaft nicht dieselben Vorrechte zugestehen will, die sie den finsteren Leidenschaften der Feindschaft und des Hasses widerspruchslos zuerkennt? Eine solche Philosophie ist einer Satire ähnlicher als einer wahren Schilderung oder Beschreibung der menschlichen Natur; und sie mag für paradoxen Witz und Spott eine gute Grundlage sein, aber sie ist eine sehr schlechte Grundlage für alles ernsthafte Denken und Folgern.

* Animasque in vulnere ponunt. VIRG. [Vergil, *Georgica* IV,238.] »Seinen eigenen Vorteil mißachtend, während er einem anderen schaden will«, sagt Seneca vom Zorn. De Ira, I.1.

Anhang III

Einige weitere Überlegungen zur Frage der Gerechtigkeit

Der Zweck dieses Anhangs ist es, eine genauere Erklärung des Ursprungs und des Wesens der Gerechtigkeit zu geben, und einige Unterschiede zwischen ihr und den anderen Tugenden hervorzuheben.

Die sozialen Tugenden der Menschlichkeit und des Wohlwollens üben ihren Einfluß unmittelbar, durch eine direkte Tendenz oder einen direkten Instinkt aus, der hauptsächlich das die Neigungen bewegende einfache Objekt im Auge behält und weder ein Schema oder System noch die aus dem Zusammenwirken, der Nachahmung oder dem Beispiel anderer entstehenden Folgen bedenkt. Eltern eilen ihrem Kind zu Hilfe, getrieben durch die sie bewegende natürliche Sympathie, die ihnen keine Zeit läßt, über die Gefühle oder das Verhalten der übrigen Menschheit unter gleichen Umständen nachzudenken. Ein edler Mensch ergreift freudig die Gelegenheit, seinem Freund einen Dienst zu erweisen, weil er sich eben von den wohlwollenden Gefühlen beherrscht fühlt; und er kümmert sich nicht darum, ob irgend jemand auf der Welt schon jemals von so edlen Motiven bewegt wurde oder ob jemals in Zukunft ihr Einfluß bewiesen werden wird. In allen diesen Fällen haben die sozialen Empfindungen ein einziges, individuelles Objekt vor Augen und streben die Sicherheit oder das Glück der geliebten und geschätzten Person allein an. Und da das Gute, das sich aus ihrem segensreichen Einfluß ergibt, in sich vollständig und vollkommen ist, löst es auch das moralische Gefühl der Zustimmung aus, ohne jeglichen Gedanken an weitere Folgen und ohne weitergehenden Ausblick auf die Mitwirkung oder Nachahmung seitens der übrigen Mitglieder der Gesellschaft. Im Gegenteil: sollte der großzügige

Freund oder uneigennützige Patriot mit seinen wohltätigen Handlungen alleinstehen, würde das sein Ansehen in unseren Augen eher erhöhen und seine anderen hervorragenden Verdienste noch um das Lob der Seltenheit und Ungewöhnlichkeit vermehren.

Anders verhält es sich mit den sozialen Tugenden der Gerechtigkeit und Treue. Sie sind in hohem Maße nützlich und tatsächlich absolut unentbehrlich für das Wohlergehen der Menschheit. Aber der aus ihnen erwachsende Nutzen ist nicht die Folge jeder einzelnen individuellen Handlung, sondern ergibt sich aus dem gesamten Plan oder System, worin die ganze Gesellschaft oder doch ihre Mehrheit übereinstimmen. Allgemeine Ruhe und Ordnung sind die Begleiterscheinungen der Gerechtigkeit oder eines generellen Nichteingreifens in das Eigentum anderer; aber eine besondere Rücksicht auf das Sonderrecht eines einzelnen Bürgers kann oft, für sich allein betrachtet, schädliche Folgen nach sich ziehen. Das Ergebnis einzelner Handlungen ist hier in vielen Fällen dem Gesamtsystem der Handlungen direkt entgegengesetzt; und jenes kann äußerst schädlich sein, während dieses in höchstem Maße vorteilhaft ist. Von den Eltern ererbte Reichtümer sind in der Hand eines schlechten Menschen das Mittel, um Unheil zu stiften. Das Recht der Erbfolge kann in einem speziellen Fall schädlich sein. Sein Nutzen ergibt sich nur aus der Beachtung der allgemeinen Regel, und es genügt, wenn dadurch alle Übel und Nachteile ausgeglichen werden, die sich aus einzelnen Charakteren und Situationen ergeben.

Cyrus, jung und unerfahren, zog nur den vor ihm liegenden Einzelfall in Betracht und dachte nur an eine begrenzte Brauchbarkeit und Zweckmäßigkeit, als er den langen Rock dem großen Knaben, den kurzen Rock dem anderen, kleineren zusprach. Sein Erzieher belehrte ihn eines Besseren, indem er, seinen Gesichtskreis erweiternd, ihn auf entferntere Folgen hinwies und seinen Schüler über die allgemeinen, unveränderlichen Regeln aufklärte, die zur Erhaltung allgemeiner Ruhe und Ordnung in der Gesellschaft notwendig sind.[72]

Das Glück und Wohlergehen der Menschen, das aus der sozialen Tugend des Wohlwollens und ihren Unterarten entspringt, kann mit einer Mauer verglichen werden, die, von vielen Händen erbaut, mit jedem hinzugefügten Stein immer höher wird und die im Verhältnis zum Fleiß und zur Sorgfalt jedes Arbeiters wächst. Dasselbe Glück, das auf den sozialen Tugenden der Gerechtigkeit und ihren Unterarten beruht, kann mit einem Gewölbebau verglichen werden, wo jeder einzelne Stein, für sich allein, zu Boden fallen würde und wo die ganze Konstruktion nur durch die gegenseitige Stützung und Verbindung ihrer entsprechenden Teile erhalten wird.

Alle Gesetze der Natur, die das Eigentum regeln, wie auch alle bürgerlichen Gesetze, sind allgemein und berücksichtigen nur einige wesentliche Umstände des Falles, ohne die Charaktere, Situationen und Beziehungen der betroffenen Personen oder irgendwelche Einzelfolgen, die sich aus der Anwendung dieser Gesetze in einem besonderen Fall ergeben können, in Erwägung zu ziehen. Sie berauben ohne Bedenken einen wohltätigen Menschen seines gesamten Besitzes, wenn es irrtümlich, ohne einen Rechtsanspruch erworben wurde, um es einem selbstsüchtigen Geizhals zu übertragen, der schon ungeheure Mengen überflüssigen Reichtums angehäuft hat. Der öffentliche Nutzen verlangt, daß Besitzverhältnisse durch allgemeine, unveränderliche Regeln bestimmt werden; und obwohl solche Regeln aufgestellt werden, die diesem Zweck des öffentlichen Nutzens am besten dienen, ist es doch unmöglich, daß sie alle persönlichen Härten verhindern oder wohltätige Wirkungen aus jedem einzelnen Fall entstehen lassen. Es genügt, daß der ganze Plan oder Entwurf zur Erhaltung der bürgerlichen Gesellschaft notwendig ist und daß dadurch im wesentlichen das Gute gegenüber dem Bösen tatsächlich ein starkes Übergewicht erhält. Sogar die allgemeinen Gesetze des Weltalls, obwohl von einer unendlichen Weisheit geplant, können nicht alles Übel oder jede Unannehmlichkeit in jeder einzelnen Wirkung ausschließen.

Es ist von einigen behauptet worden, die Gerechtigkeit beruhe auf menschlichen Konventionen und gehe aus freiwilliger Wahl, Übereinkunft oder Zusammenarbeit der Menschen hervor. Wenn hier unter *Konvention* ein *Versprechen* gemeint ist (was der gebräuchlichste Sinn des Wortes ist), so kann nichts absurder als diese Behauptung sein. Die Einhaltung von Versprechen ist selbst einer der wesentlichsten Teile der Gerechtigkeit, und wir sind sicherlich nicht deshalb verpflichtet, unser Wort zu halten, weil wir unser Wort gegeben haben, es zu halten. Wenn aber unter »Konvention« ein Sinn für gemeinschaftliche Interessen verstanden wird, den jeder in seiner eigenen Brust spürt, den er bei seinen Mitmenschen bemerkt und der ihn in Übereinstimmung mit anderen zu einem allgemeinen Plan oder einem System von Handlungen hinführt, das auf öffentlichen Nutzen abzielt; dann muß zugegeben werden, daß in diesem Sinn Gerechtigkeit auf menschlichen Konventionen beruht. Denn wenn zugestanden wird (was in der Tat augenscheinlich ist), daß die besonderen Folgen eines einzelnen Aktes der Gerechtigkeit sowohl für die Gesamtheit als auch für einzelne Individuen schädlich sein können, so folgt daraus, daß jeder Mensch, wenn er diese Tugend anerkennt, den ganzen Plan oder Entwurf im Auge behalten und von seinen Mitmenschen erwarten muß, daß sie sich ebenso verhalten und ebenso handeln werden. Wenn sein Blick nur bis zu den Folgen jeder einzelnen seiner Handlungen reichen würde, könnten sein Wohlwollen und seine Menschlichkeit, ebenso wie seine Selbstliebe, ihm oft Verhaltensmaßnahmen vorschreiben, die von denjenigen, die mit den strengen Regeln des Rechts und der Gerechtigkeit übereinstimmen, sehr verschieden wären.

So führen zwei Männer die Ruder eines Bootes nach einer gemeinsamen Konvention aus einem gemeinsamen Interesse, ohne irgendein Versprechen oder einen Vertrag; so werden Gold und Silber zu Maßen für den Güteraustausch gemacht; so werden Rede, Worte und Sprache durch menschliche Konvention und Übereinkunft festgelegt. Alles, was für zwei oder mehr Personen vorteilhaft ist, wenn alle ihren Teil erfüllen, aber ganz nutzlos wird, sobald es nur einer tut, kann auf keinem anderen Prinzip beruhen. Es gäbe sonst für keinen von ihnen ein Motiv, sich auf dieses Verhaltensschema einzulassen.*

Das Wort *natürlich* wird üblicherweise in so vielen Bedeutungen gebraucht und hat einen so unbestimmten Sinn, daß es zwecklos scheint, darüber zu streiten, ob die Gerechtigkeit natürlich sei oder nicht. Wenn Selbstliebe, wenn Wohlwollen beim Menschen natürlich sind; wenn Verstand und Voraussicht es ebenfalls sind; dann kann dieselbe Bezeichnung auf Gerechtigkeit, Ordnung, Treue, Eigentum und Gesellschaft angewendet werden. Die Neigungen der Menschen und ihre Bedürfnisse bringen sie dazu, sich zusammenzuschließen; ihr Verstand und ihre Erfahrung sagen ihnen, daß dieser Zusammenschluß unmöglich ist,

* Diese Theorie über den Ursprung des Eigentums und folglich auch der Gerechtigkeit ist im wesentlichen dieselbe, die Grotius[73] skizziert und sich zu eigen gemacht hat. »Es ergibt sich hieraus, weshalb man von der Gütergemeinschaft erst bei den beweglichen Sachen und später bei den unbeweglichen abgegangen ist. Die Menschen begnügten sich nicht mehr, von wilden Früchten zu leben, Höhlen zu bewohnen, nackt zu gehen oder in Baumrinde und Tierfelle sich zu kleiden, sondern sie verlangten nach einer feineren Lebensweise, und es wurde deshalb die Arbeit nötig, welche der einzelne deshalb auf den einzelnen Gegenstand verwendete. Die Früchte der Arbeit wurden aber nicht zusammengebracht, weil die Orte, wohin die Menschen, getrennt, auseinandergegangen waren, zu weit entfernt voneinander lagen und weil es an der Gerechtigkeit und Liebe fehlte, ohne welche bei der Hervorbringung und Verzehrung der Früchte die erforderliche Billigkeit nicht möglich war. Man sieht zugleich, wie die Güter in das Eigentum übergegangen sind. Es geschah nicht durch den bloßen Willen; denn dann hätten die anderen nicht wissen können, was jeder für sich haben wollte und dessen sie sich also zu enthalten hätten; auch hätten dann mehrere dieselben Sachen wollen können; vielmehr geschah es durch eine Art Vertrag, teils ausdrücklich, wie bei der Teilung, teils stillschweigend, wie bei der Besitzergreifung.« [Hugo Grotius] *De jure belli et pacis.* Lib. II. cap. 2. § 2. art. 4 und 5.

wenn sich keiner einer Regel unterwirft und Rücksicht auf das Eigentum anderer nimmt: Und aus der Verbindung dieser Affekte und Überlegungen hat sich, sobald wir bei anderen dieselben Affekte und Überlegungen wahrnehmen, das Gefühl der Gerechtigkeit zu allen Zeiten unfehlbar und sicher, in einem stärkeren oder schwächeren Grad bei jedem menschlichen Individuum entwickelt. Was bei einem so klugen Lebewesen mit Notwendigkeit aus der Betätigung seiner intellektuellen Fähigkeiten entspringt, kann mit Recht als natürlich gelten.*

Bei allen zivilisierten Völkern hat es beständig das Bemühen gegeben, in den Entscheidungen über das Eigentum alle Willkür und Parteilichkeit auszuschalten und die Rechtsprechung auf solche allgemeinen Ansichten und Erwägungen zu gründen, die allen Mitgliedern der Gesellschaft als gerecht erscheinen können. Denn abgesehen davon, daß nichts gefährlicher wäre, als das Gericht daran zu gewöhnen, auch nur in dem unbedeutendsten Fall auf persönliche Freundschaft oder Feindschaft Rücksicht zu nehmen, so ist gewiß, daß die Menschen, wenn sie glauben, es habe keinen anderen Grund für die Bevorzugung ihres Gegners gegeben als persönliche Gunst, geneigt sind, den heftigsten Widerwillen gegen die Behörden und Richter zu hegen. Wenn daher die natürliche Vernunft keine bestimmte Beziehung zum Allgemeinwohl entdeckt, nach welcher ein Eigentumsstreit entschieden werden kann, werden häufig positive Gesetze aufgestellt, um diesen Mangel zu ersetzen und das Verfahren

* »Natürlich« kann entweder das Gegenteil sein zu *ungewöhnlich*, zu *wunderbar* oder zu *künstlich*. In den ersten beiden Bedeutungen sind Gerechtigkeit und Eigentum zweifellos natürlich. Aber insofern sie Verstand, Bedachtsamkeit, Planung, soziale Einheit und gesellschaftliche Verbindung der Menschen voraussetzen, kann vielleicht jene dritte Bedeutung strenggenommen nicht auf sie angewendet werden. Hätten die Menschen nie in Gesellschaft gelebt, so hätte man Eigentum nie gekannt, und weder Gerechtigkeit noch Ungerechtigkeit hätten jemals existiert. Aber eine Gesellschaft menschlicher Wesen wäre ohne Verstand und Bedachtsamkeit unmöglich gewesen. Niedere Tiere, die sich zusammenschließen, werden durch den Instinkt geleitet, der die Stelle des Verstandes einnimmt. Aber alles das sind nur Wortstreitigkeiten.

aller Gerichtshöfe zu bestimmen. Wo diese versagen, was häufig vorkommt, werden Präzedenzfälle herangezogen; und eine frühere Entscheidung, obwohl selbst ohne ausreichenden Grund gefällt, wird nun von Rechts wegen für eine neue Entscheidung zu einem ausreichenden Grund. Fehlen direkte Gesetze und Präzedenzfälle, werden unvollkommene und indirekte zu Hilfe genommen; und der Streitfall wird unter sie nach Analogieschlüssen und Vergleichen eingeordnet, nach Ähnlichkeiten und Entsprechungen, die oft mehr eingebildet als wirklich sind. Im allgemeinen kann man sicherlich behaupten, daß sich die Jurisprudenz in dieser Hinsicht von allen anderen Wissenschaften unterscheidet und daß man bei vielen ihrer verwickelteren Streitfragen nicht eigentlich sagen kann, daß Wahrheit oder Falschheit auf einer der beiden Seiten liegt. Wenn der eine Anwalt den Fall durch eine spitzfindige Analogie oder einen Vergleich unter ein früheres Gesetz oder einen Präzedenzfall bringt, so ist der gegnerische Verteidiger nicht in Verlegenheit, eine entgegengesetzte Analogie oder Vergleichsmöglichkeit zu finden; und das vom Richter gefällte Urteil ist oft mehr auf Geschmack und Einbildung gegründet als auf irgendein stichhaltiges Argument. Der öffentliche Nutzen ist der allgemeine Zweck, dem alle Gerichtshöfe dienen; und auch dieser Nutzen erfordert eine stabile Norm für alle Streitfragen; wo sich aber mehrere fast gleichwertige und indifferente Normen anbieten, entscheidet ein sehr geringfügiger gedanklicher Unterschied zugunsten der einen oder anderen Partei.*

* Die Interessen der Gesellschaft erfordern unbedingt, daß die Besitztümer getrennt und unterschieden werden und daß diese Trennung beständig und dauernd ist; das ist der Ursprung von Gerechtigkeit und Eigentum. Welcher Besitz den einzelnen Personen zugeteilt wird, das ist, allgemein gesprochen, ziemlich gleichgültig und wird oft nach sehr oberflächlichen Betrachtungen und Erwägungen entschieden. Wir werden einige Einzelheiten nennen.

Würde sich aus mehreren selbständigen Mitgliedern eine Gemeinschaft bilden, so wäre die naheliegendste Regel, auf die man sich einigen könnte, die, den *gegenwärtigen* Besitz zum Eigentum zu erklären und jedem ein Recht auf das

Wir können, ehe wir dieses Thema abschließen, noch bemerken, daß nachdem die Gesetze der Gerechtigkeit im Hinblick auf den allgemeinen Nutzen festgelegt worden

zuzugestehen, worüber er gegenwärtig verfügt. Das Besitzverhältnis, das zwischen der Person und dem Gegenstand besteht, bringt auf natürliche Weise ein Eigentumsverhältnis mit sich. Aus einem ähnlichen Grund wird Besitznahme und Erstbesitz zur Grundlage von Eigentum.

Wo jemand Arbeit und Mühe auf einen Gegenstand verwendet, der vorher niemandem gehört hat, wie z. B. wenn er einen Baum fällt und bearbeitet, ein Feld bestellt, etc., so verursachen die von ihm vorgenommenen Veränderungen eine Beziehung zwischen ihm und dem Objekt und veranlassen uns naturgemäß, es mit ihm durch die neue Relation des Eigentums zu verbinden. Diese Ursache stimmt hier mit dem öffentlichen Nutzen überein, der in der Ermutigung von Fleiß und Mühe besteht.

Vielleicht wirkt in diesem Fall auch persönliches Wohlwollen gegenüber dem Besitzer mit den anderen Motiven zusammen und veranlaßt uns, ihm das zu belassen, was er sich durch seinen Schweiß und seine Arbeit erworben hat. Denn obgleich Wohlwollen gegenüber einzelnen unter keinen Umständen der Ursprung von Gerechtigkeit sein kann, weil die letztere Tugend oft zur ersteren im Widerspruch steht, so kann dennoch, wenn einmal die Regel des gesonderten und dauernden Besitzes aufgrund der unabweislichen Bedürfnisse der Gesellschaft sich gebildet hat, Wohlwollen gegenüber einzelnen und eine Abneigung, anderen weh zu tun, in einem besonderen Fall der Anlaß für eine besondere Eigentumsregel sein.

Ich neige stark zu der Ansicht, daß das Recht der Erbfolge oder des testamentarischen Erbes sehr von diesen Verknüpfungen der Einbildungskraft abhängt und daß die Beziehung zum Vorbesitzer, der eine Beziehung zum Gegenstand geschaffen hat, die Ursache dafür ist, daß nach dem Tod eines Menschen das Eigentum auf einen Verwandten übergeht. Es ist wahr, daß der Fleiß durch den Übergang von Besitz auf Kinder und nahe Verwandte mehr gefördert wird; aber zu dieser Überlegung wird nur eine zivilisierte Gesellschaft gelangen, wogegen das Erbrecht sogar bei den wildesten Barbaren beachtet wird.

Der Erwerb von Eigentum durch *Zuwachs* kann auf keine andere Weise erklärt werden als durch Zuhilfenahme der Beziehungen und Verknüpfungen, die durch die Einbildungskraft hergestellt werden.

Das Eigentumsrecht an Flüssen wird nach den Gesetzen der meisten Völker und aufgrund einer natürlichen Richtung unseres Denkens den Eigentümern ihrer Ufer zuerkannt, ausgenommen bei so gewaltigen Flüssen wie dem Rhein oder der Donau, die zu groß erscheinen, um als Zuwachs dem Eigentum der angrenzenden Gebiete zuzufallen. Doch sogar diese Flüsse werden als Eigentum der Nationen betrachtet, deren Gebiete sie durchfließen, da die Vorstellung von einer Nation umfassend genug ist, um ihnen zu entsprechen und für die Einbildungskraft Träger einer solchen Relation zu werden.

Der Zuwachs an Land, das an einen Fluß grenzt, gehört dem Land, sagen die Rechtsgelehrten, vorausgesetzt, er komme durch *Anschwemmung* zustande, sind, das Unrecht, die Härte und der Schaden, die irgendeinem Individuum aus der Übertretung derselben erwachsen, sehr starke Beachtung finden und eine wichtige Quelle jenes allgemeinen Tadels sind, der jedes Unrecht oder jede Ungerechtigkeit begleitet. Nach den Regeln der Gesellschaft gehören dieser Mantel, dieses Pferd mir, und *sollen* dauernd in meinem Besitz bleiben; ich zähle auf ihren sicheren Genuß; beraubt man mich derselben, so enttäuscht man meine Erwartungen, erregt man mein Mißfallen in doppelter Weise und beleidigt jeden Betrachter. Es ist ein öffentliches Unrecht, insofern als die Regeln der Gerechtigkeit verletzt werden; es ist ein persönlicher Schaden, insofern als einem Individuum Unrecht geschieht. Und obwohl die zweite Erwägung nicht zum Tragen käme, wenn die erstere nicht schon früher aufgestellt worden wäre (denn andernfalls wäre die Unterscheidung zwischen *mein* und *dein* in der Gesellschaft unbekannt), so besteht doch kein Zweifel, daß die Rücksicht auf das allgemeine Wohl durch die Achtung vor dem individuellen wesentlich verstärkt wird. Was die Gemeinschaft schädigt, ohne irgendein Individuum zu verletzen, wird oft leichter hingenommen. Wo aber das größte öffentliche Unrecht auch mit einem erheblichen privaten Unrecht verknüpft ist, da ist es kein Wunder, daß der stärkste Tadel eine so ungerechte Handlungsweise trifft.

das heißt unmerklich und allmählich; Umstände, die die Einbildungskraft bei der Verknüpfung unterstützen.

Reißt sich ein beträchtlicher Teil eines Ufers auf einmal los und fügt sich dem anderen an, so wird es erst dann zum Eigentum *desjenigen*, an dessen Land es geschwemmt wurde, wenn es sich mit dem festen Land verwachsen hat und die Bäume und Pflanzen in beiden ihre Wurzeln ausgebreitet haben. Ehe dies nicht geschehen ist, stellt sich im Denken keine hinreichende Verbindung ein.

Kurz, wir müssen immer unterscheiden zwischen der Notwendigkeit einer Trennung und Dauerhaftigkeit menschlichen Besitzes und den Regeln, die einzelne Objekte einzelnen Personen zuerkennen. Die erste Notwendigkeit ist einleuchtend, gewichtig und zwingend; die letztere kann von einem eher schwachen und geringfügigen öffentlichen Nutzen abhängen oder von einem Gefühl des Wohlwollens gegenüber einzelnen und einer Abneigung, einzelnen weh zu tun, von positiven Gesetzen, Präzedenzfällen, Analogien und sehr subtilen Verknüpfungen und Wendungen der Einbildungskraft.

Anhang IV

Über einige Wortstreitigkeiten

Nichts ist üblicher, als daß Philosophen in das Gebiet der Sprachwissenschaftler eindringen und sich in einen Disput um Worte einlassen, wobei sie sich einbilden, Streitfragen von größter Wichtigkeit und Bedeutung zu behandeln. Um solche nichtigen und endlosen Auseinandersetzungen zu vermeiden, habe ich mich bemüht, den Gegenstand unserer vorliegenden Untersuchung mit größter Vorsicht zu bestimmen, und habe mir vorgenommen, einerseits einfach eine Liste jener geistigen Eigenschaften zusammenzustellen, die Gegenstand der Liebe und Achtung sind und einen Teil des persönlichen Ansehens ausmachen; und andererseits ein Verzeichnis jener Eigenschaften aufzustellen, die Gegenstand des Tadels und Vorwurfs sind und die den Charakter der Person, die ihn besitzt, herabsetzen; dazu fügte ich einige Überlegungen über den Ursprung dieser Gefühle des Lobes oder Tadels bei. Bei allen Gelegenheiten, wo auch nur das geringste Zögern entstehen könnte, vermied ich die Ausdrücke *Tugend* und *Laster*; denn einige jener Eigenschaften, die ich zu den Gegenständen des Lobes zählte, werden in der englischen Sprache eher als *Talente* denn als Tugenden bezeichnet, ebenso wie manche der tadelns- oder verurteilenswerten Eigenschaften häufig eher *Mängel* als Laster genannt werden. Man mag jetzt vielleicht erwarten, daß vor Abschluß dieser Untersuchung über die Moral die einen exakt von den anderen getrennt werden sollten; daß eine genaue Grenze zwischen Tugenden und Talenten und zwischen Lastern und Mängeln gezogen und der Grund und Ursprung dieser Unterscheidung erklärt werden sollte. Um mich aber von einer solchen Aufgabe zu dispensieren, die sich letzten Endes nur als eine sprachliche Untersuchung herausstellen würde, will ich die folgenden vier Erwägungen hinzufügen, die alles enthalten werden, was ich über die gegenwärtige Frage zu sagen beabsichtige.

Erstens finde ich nicht, daß in der englischen oder irgendeiner anderen modernen Sprache die Grenzen zwischen Tugenden und Talenten, Lastern und Mängeln genau festgelegt wären und daß eine präzise Definition der einen im Gegensatz zu den anderen gegeben werden könne. Wollten wir z. B. sagen, daß nur jene schätzenswerten Eigenschaften, die vom Willen abhängig sind, die Bezeichnung »Tugend« verdienen, dann würden wir bald an die Eigenschaften der Tapferkeit, des Gleichmuts, der Geduld, der Selbstbeherrschung neben vielen anderen erinnert werden, die beinahe in jeder Sprache unter diese Bezeichnung fallen, obwohl sie wenig oder gar nicht von unserer Wahl abhängen. Wollten wir behaupten, daß nur diejenigen Eigenschaften, die uns antreiben, unseren Platz in der Gesellschaft auszufüllen, Anspruch auf jene ehrenvolle Auszeichnung hätten, dann muß sogleich auffallen, daß es sich hier in der Tat um die wertvollsten Eigenschaften handelt und daß sie gewöhnlich die *sozialen* Tugenden genannt werden; daß aber ebendiese Bezeichnung voraussetzt, daß es auch Tugenden anderer Art gibt. Wollten wir uns an die Unterscheidung zwischen *intellektuellen* und *moralischen* Gaben halten und behaupten, die letzteren allein seien die wirklichen und echten Tugenden, weil nur sie zum Handeln führen, so würden wir finden, daß viele jener Eigenschaften, die gewöhnlicherweise intellektuelle Tugenden genannt werden, wie Klugheit, Scharfsinn, Unterscheidungsgabe oder Besonnenheit, ebenfalls einen beträchtlichen Einfluß auf das Verhalten ausüben. Auch die Unterscheidung zwischen dem *Kopf* und dem *Herzen* könnte man sich zu eigen machen; als Eigenschaften des letzteren können diejenigen bezeichnet werden, die bei ihrer unmittelbaren Ausübung von einem Gefühl oder einer Empfindung begleitet werden; aber Fleiß, Genügsamkeit, Mäßigung, Verschwiegenheit, Beharrlichkeit und viele andere lobenswerte Fähigkeiten oder

Gewohnheiten, üblicherweise »Tugenden« genannt, werden ohne ein unmittelbares Gefühl von der sie besitzenden Person ausgeübt und sind derselben nur durch ihre Wirkungen bekannt. Inmitten all dieser scheinbaren Verwirrung ist es ein Glück, daß der Frage, nachdem es sich nur um Worte handelt, unmöglich irgendeine Bedeutung zukommen kann. Eine moralphilosophische Abhandlung braucht nicht auf alle diese Launen der Sprache einzugehen, die in den verschiedenen Idiomen und zu verschiedenen Zeiten innerhalb desselben Idioms so wandelbar sind. Aber alles in allem scheint mir, obwohl stets zugegeben wird, daß es Tugenden vieler verschiedener Arten gibt, daß wir dann, wenn jemand *tugendhaft* genannt wird oder als ein tugendhafter Mensch bezeichnet wird, doch hauptsächlich seine sozialen Eigenschaften berücksichtigen, die tatsächlich die wertvollsten sind. Zugleich ist es gewiß, daß jeder merkliche Mangel an Mut, Mäßigkeit, Sparsamkeit, Fleiß, Verstand, innerer Würde sogar einen sehr gutmütigen, ehrlichen Menschen dieser ehrenvollen Bezeichnung berauben würde. Wer hat jemals gesagt, außer in einem ironischen Sinn, daß jemand ein Mann von großer Tugend, aber ein übergroßer Dummkopf sei?

Zweitens ist es aber kein Wunder, daß die Sprachen bei der Festlegung der Grenzen zwischen Tugenden und Talenten, zwischen Lastern und Mängeln nicht sehr genau sind, da wir selbst bei der inneren Bewertung derselben so wenig Unterschied machen. Es scheint in der Tat gewiß zu sein, daß das *Gefühl* bewußten Wertes, die Selbstzufriedenheit, die von einem Rückblick auf das eigene Verhalten und den eigenen Charakter herrührt; es scheint sicher, sage ich, daß dieses Gefühl, wofür es in unserer Sprache* keinen Namen gibt,

* Das Wort »Stolz« wird gemeinhin in einem negativen Sinn gebraucht; aber dieses Gefühl scheint indifferent zu sein und kann gut oder schlecht sein, je nachdem, ob es gut oder schlecht begründet ist, und je nach Beschaffenheit sonstiger Begleitumstände. Die Franzosen gebrauchen für dieses Gefühl den Ausdruck *amour propre*; aber da sie sowohl die Selbstliebe als auch die Eitelkeit

obwohl es von allen Empfindungen das häufigste ist, auf den Gaben des Mutes und der geistigen Fähigkeit, des Fleißes und des Scharfsinns ebenso wie auf allen anderen geistigen Vorzügen beruht. Wer fühlt sich andererseits nicht tief gedemütigt, wenn er an seine eigene Torheit und Zügellosigkeit denkt, und wer spürt nicht einen geheimen Stachel oder Selbstvorwurf, sooft er sich eines vergangenen Vorfalls erinnert, bei welchem er sich töricht und ungesittet benommen hat? Keine Zeit vermag die grausamen Vorstellungen seines eigenen unklugen Verhaltens oder der durch Feigheit oder Unverschämtheit selbstverschuldeten Demütigungen auszulöschen. Sie verfolgen ihn immer noch in seinen einsamen Stunden, dämpfen seine ehrgeizigsten Gedanken und bewirken, daß er sogar sich selbst in den denkbar verächtlichsten und hassenswertesten Farben erscheint.

Was verbergen wir auch vor den anderen ängstlicher als solche Fehler, Schwächen und Niedrigkeiten? Oder was fürchten wir mehr, als sie dem Spott und der Satire ausgesetzt zu sehen? Und sind nicht unsere Tapferkeit oder unser Wissen, unser Witz oder unsere Bildung, unsere Redegewandtheit oder unser Auftreten, unser Geschmack oder unsere Fähigkeiten die wichtigsten Gegenstände unserer Eitelkeit? Diese sind es, die wir sorgfältig, wenn auch nicht auffällig, zur Schau tragen; und gewöhnlich zeigen wir mehr Ehrgeiz, uns in ihnen hervorzutun, als selbst in den sozialen Tugenden, die in Wirklichkeit doch von so viel höherem Wert sind. Gutmütigkeit und Ehrlichkeit, besonders letztere, sind so unbedingt erforderlich, daß zwar jede Verletzung dieser Pflichten den schwersten Tadel erfährt, daß aber denjenigen alltäglichen Beweisen derselben, die für den Bestand der menschlichen Gesellschaft als wesentlich erscheinen, keinerlei besonderes Lob zuteil wird. Und hierin liegt meines Erachtens der Grund, warum die Menschen, obwohl sie oft so freimütig die Eigenschaften ihres Herzens loben, bei der

mit demselben Wort bezeichnen, entsteht daraus bei Rochefoucault[74] und vielen ihrer Moralphilosophen eine große Verwirrung.

Empfehlung ihrer Verstandesgaben zurückhaltend sind; denn man beobachtet, daß die letztgenannten Tugenden, weil sie für seltener und außergewöhnlicher gelten, häufiger ein Anlaß für Stolz und Eigendünkel sind; und wenn jemand damit prahlt, macht er sich dieser Gefühle verdächtig.

Es ist schwer zu sagen, ob man den Ruf eines Menschen am meisten schädigt, wenn man ihn einen Schurken oder wenn man ihn einen Feigling nennt, und ob ein abscheulicher Vielfraß oder Säufer nicht ebenso hassenswert und verächtlich ist wie ein selbstsüchtiger, knauseriger Geizhals. Man stelle mich vor die Wahl, und ich möchte eher, um meines Glücks und meiner inneren Zufriedenheit willen, ein freundliches, menschliches Herz haben, als alle übrigen Tugenden des Demosthenes und Philipp zusammengenommen; aber vor der Welt wollte ich lieber als ein Mann von umfassendem Genie und unerschrockenem Mut gelten und würde daraus stärkere Beweise allgemeiner Zustimmung und Bewunderung erwarten. Die Rolle, die ein Mensch im Leben spielt, die Aufnahme, die er in der Gesellschaft findet, die Achtung, die ihm seine Bekannten erweisen; alle diese Vorteile hängen ebensosehr von seinem gesunden Verstand und Urteil ab wie von irgendeiner anderen Charaktereigenschaft. Hätte jemand auch die besten Absichten der Welt und läge ihm jede Ungerechtigkeit und Gewalt auch noch so fern, so wäre er doch niemals imstande, sich größere Achtung zu verschaffen, besäße er nicht wenigstens einen bescheidenen Anteil an Talenten und Verstand.

Was bleibt also, worüber wir hier noch streiten können? Wenn Verstand und Mut, Mäßigung und Fleiß, Weisheit und Wissen anerkanntermaßen einen beträchtlichen Teil des *persönlichen Ansehens* ausmachen; wenn jemand, der diese Eigenschaften besitzt, sowohl mit sich selbst zufriedener ist, als auch auf Wohlwollen, Achtung und Dienste anderer mehr Anspruch hat als jemand, dem sie vollkommen fehlen; kurz, wenn die *Gefühle*, die diesen Begabungen, und diejenigen, die den sozialen Tugenden entspringen, einander ähneln, gibt es dann irgendeinen Grund, wegen eines *Wortes* so große Bedenken zu hegen und sich zu streiten, ob sie die Bezeichnung »Tugenden« verdienen? Man kann allerdings vorbringen, daß das Gefühl der Zustimmung, welches diese Gaben bewirken, abgesehen davon, daß es *untergeordneter* ist, sich auch noch etwas von demjenigen *unterscheidet*, das die Tugenden der Gerechtigkeit und Menschlichkeit begleitet. Doch das scheint kein ausreichender Grund dafür zu sein, sie unter gänzlich verschiedenen Klassen und Bezeichnungen einzureihen. Die Charaktere Caesars und Catos, wie sie Sallust[75] schildert, sind beide tugendhaft, im striktesten und engsten Sinn des Wortes; aber auf verschiedene Weise, und auch die Gefühle, die sie hervorrufen, sind nicht ganz dieselben. Der eine erweckt Liebe, der andere Achtung; der eine ist liebenswürdig, der andere ehrfurchtgebietend; den einen Charakter wünschen wir bei einem Freund zu finden, den anderen würden wir für uns selbst anstreben. Auf dieselbe Weise mag sich die Zustimmung, die der Mäßigung, dem Fleiß und der Sparsamkeit gewährt wird, etwas von derjenigen unterscheiden, die die sozialen Tugenden erfahren, ohne daß sie darum eine ganz andere Gattung ausmachen würde. Und tatsächlich können wir beobachten, daß diese Gaben, mehr noch als alle anderen Tugenden, nicht sämtlich dieselbe Art von Zustimmung nach sich ziehen. Verstand und Genie rufen Ansehen und Achtung hervor; Witz und Humor erwecken Liebe und Zuneigung.*

* Liebe und Achtung sind beinahe dieselben Gefühle und entstehen aus ähnlichen Ursachen. Die Eigenschaften, durch welche beide hervorgebracht werden, sind solche, die Freude vermitteln. Aber wenn diese Freude streng und ernst ist oder wenn ihr Gegenstand bedeutend ist und einen starken Eindruck macht, oder wenn er irgendeinen Grad von Demut oder Ehrfurcht erzeugt: in allen diesen Fällen wird das Gefühl, das aus der Freude entsteht, richtiger als Achtung denn als Liebe bezeichnet. Wohlwollen begleitet beide, ist aber mit der Liebe in einem stärkeren Ausmaß verbunden. Es scheint, daß Verachtung eine stärkere Beimengung von Stolz enthält als Achtung von Demut; und die Ursache dafür würde für jemand nicht schwierig zu finden sein, der die Gefühle genau studiert. Alle diese verschiedenen Mischungen, Zusammensetzungen und Schattierungen des Gefühls bilden zwar ein sehr

Die meisten Menschen, glaube ich, werden ganz von selbst und ohne lange zu überlegen der Definition des feinsinnigen und klugen Dichters zustimmen:

> Tugend (denn bloße Gutmütigkeit ist Narrheit)
> ist Verstand und Geist vereint mit Menschlichkeit.*

Welchen Anspruch hat ein Mensch auf unsere großzügige Unterstützung oder unsere guten Dienste, der sein Vermögen durch übermäßigen Aufwand, eitle Nichtigkeiten, chimärische Projekte, leichtsinniges Vergnügen oder übertriebenes Spiel verschwendet hat? Diese Laster (denn wir haben keine Bedenken, sie so zu nennen) bringen jedem, der ihnen verfallen ist, Verachtung und Elend ohne Mitleid.
Achäus[76], ein weiser und kluger Fürst, fiel einer verhängnisvollen List zum Opfer, die ihn Krone und Leben kostete, obwohl er jede erdenkliche Vorsicht angewandt hatte, um sich davor zu schützen. Deshalb wird er, sagt der Historiker, mit Recht geachtet und bemitleidet; nur seine Gegner trifft Haß und Verachtung.**
Die überstürzte Flucht und unbedachte Nachlässigkeit des Pompeius am Beginn der Bürgerkriege erschienen dem Cicero als so offenkundige Fehler, daß sich seine Freundschaft für diesen großen Mann gänzlich abkühlte. *Ebenso wie man findet*, sagt er, *daß Mangel an Reinlichkeit,*

interessantes Thema für spekulative Forschungen, liegen aber weit ab von unserer gegenwärtigen Absicht. Diese ganze Untersuchung hindurch erwägen wir stets im allgemeinen, welche Eigenschaften Gegenstand des Lobes oder Tadels sind, ohne auf die kleinen Unterschiede des Gefühls, die sie erzeugen, einzugehen. Es ist klar, daß alles, was verachtet wird, ebenso mißfällt wie das, was gehaßt wird; und hier bemühen wir uns, die Dinge nach ihren einfachsten Gestalten und Erscheinungsformen zu sehen. Diese Wissenschaften sind nur zu geeignet, dem gewöhnlichen Leser abstrakt zu erscheinen, trotz aller Vorsicht, die wir anwenden können, um sie von überflüssigen Spekulationen zu befreien und sie allgemeinverständlich zu machen.

* The Art of preserving Health. Book 4. [J. Armstrong: *The Art of Preserving Health*. A Poem. Bd. 4. London 1744. S. 267f.: »Virtue (for mere good-nature is a fool) / Is sense and spirit with humanity.«]

** Polybius, lib. VIII. cap. 2. [*Historien* VIII,2,8f.]

Anständigkeit oder Besonnenheit bei einer Geliebten unsere Neigung zu ihr entfremden. Denn so drückt er sich dort aus, wo er nicht als Philosoph, sondern als Staatsmann und als Mann von Welt zu seinem Freund Atticus spricht.*

Aber wenn derselbe Cicero als Philosoph argumentiert, erweitert er, nach dem Beispiel aller Moralphilosophen des Altertums, erheblich seine Begriffe von Tugend und schließt jede lobenswerte Eigenschaft oder Geistesgabe unter diese ehrenvolle Bezeichnung mit ein. Dies führt uns zur *dritten* Überlegung, die wir zu machen beabsichtigten, nämlich daß die alten Moralphilosophen, die besten Vorbilder, keine wesentliche Unterscheidung zwischen den verschiedenen Arten geistiger Vorzüge und Mängel machten, sondern alle auf dieselbe Weise unter der Benennung von Tugenden und Lastern abhandelten und sie ohne Unterschied zum Gegenstand ihrer moralischen Untersuchungen machten. Die in Ciceros Werk über die Pflichten** behandelte *Klugheit* ist jener Scharfsinn, der zur Entdeckung der Wahrheit führt und uns vor Irrtum und Fehlgriffen bewahrt. *Innere Größe*, *Mäßigung* und *Anstand* werden dort auch ausführlich besprochen. Und da dieser redegewandte Moralphilosoph der damals allgemein üblichen Einteilung in die vier Kardinaltugenden folgte, bilden unsere sozialen Pflichten in seiner allgemeinen Übersicht über den Gegenstand nur eine Gruppe.***

* Lib. IX. epist. 10. [Cicero, *Briefe an Atticus* IX,10,2.]

** Lib. I. cap. 6. [*Cicero, De officiis* I,5,16.]

*** Die folgende Passage bei Cicero ist es wert, zitiert zu werden, da sie für unseren Zweck die klarste und eindeutigste ist, die man sich vorstellen kann; und in einem Streit, in dem es hauptsächlich um Worte geht, kommt ihr wegen ihres Verfassers eine Autorität zu, gegen die es keine Berufung geben kann.
»Die Tüchtigkeit, die schon an sich zu loben ist und ohne die es nichts zu loben gibt, hat aber dennoch mehr als eine Seite, von denen sich die eine mehr, die andere weniger für eine Lobrede eignet. Da gibt es nämlich Qualitäten, die im menschlichen Charakter, in einer Art von Freundlichkeit und Wohltätigkeit zu liegen scheinen; andere bestehen in einer Eigenschaft des Geistes oder in Seelengröße und Festigkeit des Sinnes. Denn bei Lobreden hört man gern von Milde und von Gerechtigkeit, von Güte, treuer und tapferer Bewährung in

Wir brauchen nur die Kapitelüberschriften in der Ethik des Aristoteles durchzulesen, um uns davon zu überzeugen, daß er Mut, Mäßigung, Erhabenheit, Seelengröße, Bescheidenheit, Klugheit und männliche Offenheit ebenso zu den Tugenden rechnet wie Gerechtigkeit und Freundschaft.

Aushalten und *sich enthalten*, d. h. geduldig und mäßig sein, erschien einigen der Alten als ein zusammenfassender Inbegriff aller Moral.

Epiktet hat das Gefühl der Menschlichkeit und des Mitleids kaum jemals erwähnt, höchstens um seine Schüler davor zu warnen. Die Tugend der *Stoiker*[78] scheint hauptsächlich aus Charakterfestigkeit und einem gesunden Verstand zu bestehen. Bei ihnen sowie bei Salomon[79] und den Moralphilosophen des Ostens, sind Torheit und Weisheit gleichbedeutend mit Laster und Tugend.

»Die Menschen werden dich loben«, sagt David*, »wenn du dir selbst Gutes tust.« »Ich hasse einen Weisen«, sagt der griechische Dichter, »der nicht gegen sich selbst weise ist.«**

Plutarch läßt sich ebensowenig in seiner Philosophie wie in

gemeinsamen Gefahren. Von allen diesen guten Eigenschaften glaubt man ja, daß sie nicht so sehr für ihre Träger selbst wie für die Menschheit nützlich sind. Weisheit und Seelengröße, denen alle menschlichen Belange als gering und nichtig gelten, sowie eine gewisse Erfindungskraft des Geistes und selbst die Redekunst erregen nicht weniger Bewunderung, jedoch weniger Wohlgefallen. Von diesen Tugenden hat man nämlich den Eindruck, daß sie mehr zur Zierde und zum Nutzen der Gelobten als derer, vor denen wir sie loben, dienen. Man sollte aber trotzdem in eine Lobrede auch diese Art von Tugenden einbeziehen. Denn die Ohren der Menschen nehmen es ja hin, daß sowohl die gefälligen und angenehmen als auch die staunenswerten Seiten der Tugend gepriesen werden.« *De orat.* lib. II. cap. 89.

Ich nehme an, wenn Cicero heute lebte, würde es sich als schwierig erweisen, seine moralischen Gefühle in enge Systeme zu zwängen oder ihn davon zu überzeugen, daß nur solche Eigenschaften als *Tugenden* zuzulassen oder als Teil des *persönlichen Wertes* anzuerkennen wären, die in *The Whole Duty of Man*[77] empfohlen werden.

* 49. Psalm.

** Μισῶ σοφιστὴν ὅστις οὐκ αὑτῷ σοφός. EURIPIDES. [Euripides, *Fragmente* 905 (Nauck).]

seiner Geschichtsschreibung durch Systeme einengen. Wenn er die großen Männer Griechenlands und Roms vergleicht, stellt er vorurteilslos alle ihre Fehler und Vorzüge, welcher Art sie auch seien, einander gegenüber und übergeht nichts Wesentliches, was ihre Charaktere entweder herabsetzen oder erheben könnte. Seine Abhandlungen über Moral enthalten dieselbe freie und natürliche Beurteilung von Menschen und Sitten.

Das Charakterbild des Hannibal[80], wie es von Livius* entworfen wurde, wird für parteiisch gehalten, gesteht ihm aber dennoch viele hervorragende Tugenden zu. »Nie hat es einen genialeren Geist gegeben«, sagt der Historiker, »der für die entgegengesetzten Aufgaben des Befehlens und Gehorchens gleichmäßiger geeignet war; und es wäre daher schwierig zu entscheiden, ob er sich beim Feldherrn oder bei der Armee *beliebter* gemacht hat. Keinem hätte Hasdrubal lieber die Leitung irgendeines gefahrvollen Unternehmens anvertraut; unter keinem ließen die Soldaten mehr Mut und Zuversicht erkennen. Große Kühnheit im Angesicht der Gefahr, große Klugheit inmitten derselben. Keine Arbeit konnte seinen Körper ermüden oder seinen Geist besiegen. Kälte und Hitze waren ihm gleichgültig, Speise und Trank wollte er nur, um die notwendigen Bedürfnisse zu stillen, nicht um lüsterne Begierden zu befriedigen. Wachen und Schlafen übte er unterschiedslos bei Nacht und bei Tag. – Diese großen Tugenden wurden von großen Lastern aufgewogen: unmenschliche Grausamkeit, eine mehr als *punische* Falschheit; keine Wahrheit, kein Vertrauen, keine Achtung vor Eiden, vor Versprechen oder vor der Religion.«

Die Charakterisierung von Alexander VI., wie sie sich bei Guicciardini** findet, ist ziemlich ähnlich, jedoch gerechter und ist ein Beweis dafür, daß sogar die Neueren, wenn sie unbefangen reden, die gleiche Sprache wie die Alten

* Lib. XXI. cap. 4.

** Lib. I. [Guicciardini, *Storia d'Italia.*]

sprechen. »Dieser Papst«, sagt er, »besaß eine ungewöhnliche Begabung und Urteilskraft; eine bewundernswürdige Klugheit; eine erstaunliche Überredungsgabe; und bei allen wichtigen Unternehmungen eine unglaubliche Sorgfalt und Geschicklichkeit. Aber diese *Tugenden* wurden durch seine *Laster* unendlich aufgewogen; keine Treue, keine Religion, unersättliche Habgier, grenzenloser Ehrgeiz und eine mehr als barbarische Grausamkeit.«

Polybius* sagt, als er Timäus wegen seiner Voreingenommenheit gegen Agathokles tadelt, von dem er selbst zugibt, daß er der gottloseste und grausamste aller Tyrannen ist: »Wenn er, wie jener Historiker behauptet, Zuflucht in Syrakus suchte, weil er vor dem Schmutz, dem Rauch und den Mühen seines früheren Töpferhandwerks floh, und wenn er nach so unscheinbaren Anfängen in kurzer Zeit Herr über ganz Sizilien wurde, den Staat von Karthago in äußerste Gefahr brachte und schließlich in hohem Alter im Besitz herrschaftlicher Würde starb, muß man da nicht anerkennen, daß er ein erstaunlicher und außergewöhnlicher Mensch war und daß er große Talente und Fähigkeiten für Geschäfte und Unternehmungen besaß? Sein Geschichtsschreiber hätte daher nicht nur berichten sollen, was ihm zum Vorwurf und zur Unehre gereichte, sondern auch das, was ihm zum Lob und zur Ehre dienen könnte.«

Im allgemeinen können wir beobachten, daß die Unterscheidung zwischen »freiwillig« und »unfreiwillig« von den antiken Philosophen in ihren Abhandlungen über Moral wenig beachtet wurde, in welchen sie die Frage, *ob Tugend lehrbar sei oder nicht***, häufig sehr zweifelnd behandelten. Sie meinten mit Recht, daß Feigheit, niedrige Gesinnung, Leichtsinn, Ängstlichkeit, Ungeduld, Dummheit und viele andere charakterliche Eigenschaften lächerlich oder häßlich,

* Lib. XII. [*Historien* XII,15.]

** Vid. Plato in Menone, Seneca *de otio sap.* cap. 31. Ebenso Horaz: *Virtutem doctrina paret, naturane donet.* Epist. lib. I. ep. 18. [*Briefe* I,18,100.] [Pseudo-] Aeschines Socraticus, Dial. I.

verächtlich oder hassenswert erscheinen könnten, auch wenn sie vom Willen unabhängig wären. Es sei auch nicht anzunehmen, daß es immer in jedermanns Macht stehe, jede Art geistiger Schönheit zu erwerben, sowenig wie das bei körperlicher Schönheit möglich sei.
Und hier komme ich nun zur *vierten* Überlegung, die ich anstellen wollte, nämlich den Grund anzudeuten, warum moderne Philosophen bei ihren Untersuchungen über die Moral einen Weg eingeschlagen haben, der sich von dem der Alten so unterscheidet. In neuerer Zeit steht die Philosophie in allen ihren Disziplinen, besonders in der Ethik, in einer engeren Beziehung zur Theologie, als es jemals in der nichtchristlichen Welt zu beobachten war; und da sich diese letztere Wissenschaft auf keine Weise mit den anderen abzufinden vermag, sondern jeden Wissenszweig für ihre eigenen Zwecke zurechtbiegt, ohne viel Rücksicht auf die Phänomene der Natur oder auf die unbefangenen Gefühle des Geistes, so wurde daher das Denken und sogar die Sprache von ihrem natürlichen Lauf abgelenkt, und man hat versucht, Unterscheidungen festzulegen, wo die Verschiedenheit der Objekte gleichsam unmerklich war. Philosophen, oder vielmehr Theologen unter der Maske von Philosophen, haben die gesamte Moral auf dieselbe Art wie das bürgerliche Recht behandelt, das durch die Zwangsmittel von Belohnung und Bestrafung geschützt wird, und wurden daher notwendigerweise dazu veranlaßt, diesen Umstand des *Freiwilligen* und *Unfreiwilligen* zur Grundlage ihrer gesamten Theorie zu machen. Jeder möge *Ausdrücke* gebrauchen, in welchem Sinn es ihm gefällt; aber das eine muß vorläufig zugegeben werden, daß jeden Tag *Gefühle* des Tadels oder Lobes empfunden werden, deren Objekte außerhalb des Bereichs des Willens oder der Wahl liegen, und für die es uns obliegt, wenn nicht als Moralisten, so doch zumindest als spekulative Philosophen, eine befriedigende Theorie und Erklärung zu geben.
Ein Mangel, ein Fehler, ein Laster, ein Verbrechen; diese

Ausdrücke scheinen verschiedene Grade des Tadels und der Mißbilligung zu bezeichnen; sie sind aber alle im Grunde so ziemlich von derselben Art oder Gattung. Die Erklärung des einen wird uns leicht zu einem richtigen Verständnis der anderen führen, und es ist von größerer Wichtigkeit, sich den Dingen als den sprachlichen Benennungen zu widmen. Daß wir gegen uns selbst eine Verpflichtung haben, wird sogar von dem gewöhnlichsten Moralsystem eingeräumt; und es muß von Belang sein, diese Pflicht zu untersuchen, um zu sehen, ob sie mit jener, welche wir der Gesellschaft schulden, irgendwelche Verwandtschaft hat. Es ist wahrscheinlich, daß die Billigung, die der Befolgung beider zuteil wird, von ähnlicher Natur ist und auf ähnlichen Grundlagen beruht, welchen Namen wir auch immer diesen beiden Trefflichkeiten geben mögen.

Ein Dialog

Mein Freund Palamedes, der in seinen Prinzipien wie in seiner Persönlichkeit ein facettenreicher Mensch ist und der sich durch Studium und Reisen in beinahe allen Bereichen der intellektuellen und materiellen Welt umgesehen hat, überraschte mich kürzlich mit einem Bericht über eine Nation, bei der er, wie er mir erzählte, einen beträchtlichen Teil seines Lebens verbracht und wo er vor allem ein Volk äußerst zivilisierter und intelligenter Menschen gefunden hatte.

Es gibt, sagte er, ein Land in dieser Welt, Fourli genannt, wobei der Längen- und Breitengrad keine Rolle spielt, dessen Bewohner Denkweisen pflegen, die in vielen Dingen, besonders in der Moral, unseren eigenen diametral entgegengesetzt sind. Als ich zu ihnen kam, wurde mir klar, daß ich doppelt schmerzhafte Lernprozesse durchmachen mußte: zuerst in ihrer Sprache die Bedeutung der Wörter lernen, dann die Tragweite jener Ausdrücke und schließlich das Lob oder den Tadel, der mit ihnen einherging, kennenlernen. Nachdem mir ein bestimmtes Wort erklärt und die Charaktereigenschaft, die es ausdrückte, beschrieben worden war, zog ich daraus den Schluß, daß eine solche Benennung notwendigerweise der allergrößte Vorwurf der Welt sein müßte; und ich war äußerst überrascht, als ich es jemanden in einer öffentlichen Gesellschaft auf einen anderen anwenden hörte, mit dem er in engster Intimität und Freundschaft lebte. *Du bist der Meinung*, sagte ich eines Tages zu einem Bekannten, *daß* Changuis *dein Todfeind ist. Ich schlichte gerne Streitigkeiten und muß dir daher erzählen, daß ich ihn von dir in der freundlichsten Weise sprechen hörte.* Zu meinem großen Erstaunen fand ich aber, als ich die Worte des Changuis wiederholte, obwohl ich mich ihrer ausgezeichnet erinnern konnte und sie vollkommen verstanden hatte, daß sie als tödlichste Beleidigung aufgefaßt wurden und ich ganz ohne böse Absicht den Streit zwischen den beiden gänzlich unversöhnlich gemacht hatte.

Da ich glücklicherweise auf eine sehr vorteilhafte Weise zu diesem Volk kam, wurde ich unmittelbar der besten Gesellschaft vorgestellt; und weil Alcheic es wünschte, daß ich bei ihm wohne, nahm ich die Einladung bereitwillig an, zumal ich fand, daß er wegen seines persönlichen Wertes allgemein geachtet und tatsächlich von jedermann in Fourli als ein vollkommener Charakter angesehen wurde.

Eines Abends lud er mich zum Vergnügen ein, ihn zu einem Ständchen zu begleiten, das er Gulki zu geben beabsichtigte, einer Person, in die er, wie er mir erzählte, äußerst verliebt sei; und ich fand bald heraus, daß sein Geschmack keine Einzelerscheinung war, denn wir trafen viele seiner Rivalen, die aus demselben Grunde gekommen waren. Ich zog daraus den sehr naheliegenden Schluß, daß diese seine Geliebte eine der anziehendsten Frauen der Stadt sein müsse, und ich fühlte schon insgeheim die Neigung, sie zu sehen und mich mit ihr bekannt zu machen. Aber als der Mond aufzugehen begann, merkte ich zu meiner großen Überraschung, daß wir uns inmitten des Universitätsgeländes befanden, wo Gulki studierte; und ich schämte mich ziemlich, meinen Freund bei einer solchen Absicht begleitet zu haben.

Mir wurde nachher erzählt, daß die gesamte bessere Gesellschaft der Wahl Gulkis durch Alcheic voll zustimmte; und man erwartete, daß er, während er seine eigene Leidenschaft befriedigte, diesem jungen Mann denselben guten Dienst leisten würde, den er selbst Elcouf geschuldet hatte. Es scheint, daß Alcheic in seiner Jugend sehr schön gewesen und von vielen Liebhabern verehrt worden war, daß er seine Gunst jedoch hauptsächlich dem Weisen Elcouf geschenkt hatte, von dem man annahm, daß er ihm in hohem Maße den erstaunlichen Fortschritt verdankte, den er in der Philosophie und in der Tugend gemacht hatte.

Es überraschte mich einigermaßen, daß Alcheics Gattin (die

nebenbei zufällig auch seine Schwester war) in keiner Weise Anstoß an diesem Beweis der Untreue nahm.

Ungefähr zur selben Zeit entdeckte ich (denn man versuchte nicht, vor mir oder jemand anderem ein Geheimnis daraus zu machen), daß Alcheic ein Mörder und Landesverräter war und einen Unschuldigen getötet hatte, der sehr nahe mit ihm verwandt war und den er aufgrund der Bande der Natur und der Menschlichkeit zu schützen und zu verteidigen verpflichtet gewesen wäre. Als ich mit aller erdenklichen Vorsicht und Ehrerbietung fragte, was sein Motiv für diese Handlung gewesen sei, antwortete er kühl, daß er damals nicht unter so günstigen Umständen wie jetzt gelebt und in diesem besonderen Fall nach dem Rat aller seiner Freunde gehandelt hätte.

Nachdem ich gehört hatte, daß die Tugend des Alcheic so außerordentlich gefeiert wurde, gab ich vor, mich der allgemeinen Stimme des Beifalls anzuschließen und fragte nur aus Neugierde, als Fremder, welche von all seinen edlen Handlungen am meisten gelobt wurde; und ich fand bald heraus, daß alle Meinungen darin einig waren und der Ermordung des Usbek[81] den Vorzug gaben. Dieser Usbek war bis zuletzt Alcheics intimer Freund gewesen, hatte ihn in vielem vorbehaltlos unterstützt, hatte sogar bei einer besonderen Gelegenheit sein Leben gerettet und hatte ihn durch sein Testament, das nach dem Mord gefunden wurde, zum Erben eines beträchtlichen Teils seines Vermögens gemacht. Alcheic, so scheint es, hatte mit ungefähr zwanzig oder dreißig weiteren, die meisten davon ebenfalls Freunde Usbeks, eine Verschwörung geplant; sie fielen gemeinsam, als dieser nichts ahnte, über den unglücklichen Mann her, fügten ihm hundert Wunden zu und gaben ihm dies zur Belohnung für alle seine vorangegangenen Gefälligkeiten und Dienste. Usbek hatte nach der allgemeinen Ansicht der Leute viele hervorragende und gute Eigenschaften: gerade seine Laster waren glänzend, großartig und hochherzig. Aber diese Handlung des Alcheic erhebt ihn weit über Usbek in

den Augen all derer, die sein Verdienst beurteilen; und sie ist vielleicht eine der edelsten, die überhaupt jemals geschah.
Ein anderes Beispiel von Alcheics Verhalten, das, wie ich fand, auch sehr gelobt wurde, war sein Benehmen gegenüber Calish, mit dem er gemeinsam an einem Projekt oder Unternehmen von einiger Bedeutung gearbeitet hatte. Calish, ein jähzorniger Mensch, gab Alcheic eines Tages eine ordentliche Tracht Prügel, die dieser sehr ruhig ertrug, dann auf die Wiederkehr der guten Laune des Calish wartete und mit ihm immer noch in einem guten Einvernehmen blieb; dadurch brachte er die Angelegenheit, an der sie gemeinsam beteiligt waren, zu einem glücklichen Abschluß, und er gewann infolge seines bemerkenswerten Temperaments und seiner Zurückhaltung für sich selbst unsterblichen Ruhm.
Ich erhielt kürzlich einen Brief von einem Korrespondenzpartner in Fourli, aus dem ich erfuhr, daß Alcheic nach meiner Abreise in einen schlechten Gesundheitszustand geriet und sich mit Anstand erhängt hat; und daß er unter dem allgemeinen Bedauern und Beifall dieses Landes gestorben ist. Ein so tugendhaftes und edles Leben, sagt jeder Fourlianer, hätte durch nichts besser gekrönt werden können als durch ein so erhabenes Ende; und Alcheic hat dadurch, wie auch durch alle seine übrigen Taten, bewiesen, was während seines Lebens sein gleichbleibender Grundsatz war und dessen er sich auch rühmte, als seine letzten Augenblicke nahten, daß nämlich ein weiser Mensch jenem großen Gott Vitzli kaum unterlegen ist. Das ist der Name der höchsten Gottheit unter den Fourlianern.
Die Vorstellungen dieses Volkes, fuhr Palamedes fort, sind in bezug auf gute Manieren und Geselligkeit genauso außergewöhnlich wie in bezug auf die Moral. Mein Freund Alcheic gab einmal zu meiner Unterhaltung eine Abendgesellschaft, zu der die wichtigsten Gelehrten und Philosophen Fourlis geladen waren; und jeder von uns brachte sein Essen zu dem Ort mit, wo wir uns versammelten. Ich bemerkte, daß einer von ihnen schlechter versorgt war als der Rest, und

bot ihm einen Teil meines Essens an, das zufällig ein gebratenes Hühnchen war; und ich konnte nicht umhin, zu bemerken, daß er und alle anderen der Gesellschaft über meine Einfalt lächelten. Man erzählte mir, daß Alcheic einmal in seinem Verein so viel Einfluß gehabt hatte, daß er die Mitglieder dazu bewegen konnte, gemeinsam zu essen, und daß er für diesen Zweck ein Gebäude benutzt hatte. Er überredete jene, die, wie er beobachtete, am *schlechtesten* versorgt waren, ihr Essen der Gesellschaft anzubieten, woraufhin die anderen, die eine schmackhaftere Nahrung mitgebracht hatten, sich schämten, nicht dasselbe Angebot zu machen. Dies wird als ein so außergewöhnliches Ereignis angesehen, daß es inzwischen, wie ich erfahre, in der Lebensgeschichte des Alcheic, verfaßt von einem der größten Genies von Fourli, aufgezeichnet wurde.

Palamedes, bitte antworte mir, sagte ich, als du in Fourli warst, hast du dort auch die Kunst gelernt, deine Freunde lächerlich zu machen, indem du ihnen eigenartige Geschichten erzählst und sie dann auslachst, wenn sie dir glauben? Ich versichere dir, antwortete er, wäre ich geneigt gewesen, eine solche Lektion zu erlernen, hätte es nirgendwo auf der Welt einen geeigneteren Ort gegeben. Mein so oft erwähnter Freund tat von früh bis spät nichts anderes als zu spotten, zu necken und zu hänseln; und man konnte kaum jemals unterscheiden, ob er im Spaß oder im Ernst sprach. Aber du glaubst also, daß meine Geschichte unwahrscheinlich ist; und daß ich das Privileg eines Reisenden gebraucht oder eher mißbraucht habe. Sicherlich, sagte ich, hast du nur Spaß gemacht. Solch barbarische und wilde Sitten sind nicht nur unvereinbar mit einem zivilisierten, intelligenten Volk, wie du sagst, daß dieses eines war; sondern sie sind kaum vereinbar mit der menschlichen Natur. Sie übertreffen alles das, was wir jemals über die Mingrelianer und Topinambouer gelesen haben.

Sei vorsichtig, rief er, sei vorsichtig! Du bist dir dessen nicht bewußt, daß du eine Blasphemie äußerst und daß du deine

Lieblinge beschimpfst, nämlich die Griechen, und im besonderen die Athener, die ich die ganze Zeit über hinter den bizarren Namen, die ich gebrauchte, verborgen gehalten habe. Wenn du die Sache richtig bedenkst, dann ist an dem oben beschriebenen Charakterbild nicht ein Pinselstrich, der nicht bei einem Menschen von höchstem Ansehen in Athen gefunden werden könnte, ohne daß der Glanz seines Charakters dadurch im mindesten beeinträchtigt würde. Die Liebschaften der Griechen, ihre Heiraten* und das Aussetzen ihrer Kinder muß dir unmittelbar auffallen. Der Tod des Usbek ist das genaue Gegenstück zu dem des Caesar.

Das alles ist nichtig, sagte ich, indem ich ihn unterbrach: du hast nicht erwähnt, daß Usbek ein Usurpator war.

Das tat ich nicht, antwortete er, damit du die Parallele nicht entdeckst, auf die ich abzielte. Aber auch wenn wir diesen Umstand hinzufügen, hätten wir, entsprechend unseren moralischen Gefühlen, keine Bedenken, Brutus und Cassius als undankbare Verräter und Mörder zu bezeichnen, obwohl sie, wie du weißt, vielleicht die erhabensten Charaktere der gesamten Antike sind und obwohl die Athener ihnen Statuen errichteten, die sie neben jene des Harmodios und Aristogeiton[82] stellten, ihre eigenen Retter. Aber wenn du diesen Umstand, den du erwähnst, für so wesentlich hältst, um diese Patrioten freizusprechen, werde ich ihn durch einen anderen, den ich nicht erwähnte, ersetzen, der ihr Verbrechen auf gleiche Weise verschlimmern wird. Einige Tage vor der Ausführung ihres verhängnisvollen Vorhabens schworen sie alle Caesar die Treue; und während sie beteuerten, seine Person immer in heiligen Ehren zu halten, berührten sie den Altar mit den Händen, die sie schon zu seiner Vernichtung bewaffnet hatten.**

Ich brauche dich nicht an die berühmte und mit Beifall

* Die Gesetze Athens erlaubten einem Mann, seine Halbschwester väterlicherseits zu heiraten. Solons Gesetz verbot die Päderastie mit Sklaven als eine Handlung, die für so niedrige Personen von zu großer Würde ist.

** Appian, Bell. Civ. lib. III. Suetonius in vita Caesaris.

aufgenommene Geschichte von Themistokles[83] und seiner geduldigen Haltung gegenüber dem Spartaner Eurybiades, seinem befehlsführenden Vorgesetzten, zu erinnern, der während einer erhitzten Debatte im Kriegsrat seinen Stock gegen ihn erhob (das war das gleiche, als wenn er ihn geprügelt hätte). *Schlag mich!*, ruft der Athener, *schlag mich! Aber höre mich an.*

Du bist zu sehr gelehrt, um in meiner letzten Geschichte nicht den ironischen Sokrates und seine Athener Freunde zu entdecken; und du wirst sicherlich bemerken, daß sie ganz von Xenophon übernommen wurde, nur mit einer Änderung der Namen.* Und ich glaube, daß ich es recht überzeugend machen konnte, daß ein verdienstvoller Athener jemand sein konnte, der bei uns als ein Mann gelten würde, der Inzest begeht, als ein Vatermörder, Meuchelmörder, als ein undankbarer, eidbrüchiger Verräter und als etwas zu Abscheuliches, als daß man es aussprechen könnte; nicht zu erwähnen seine Ungehobeltheit und sein schlechtes Benehmen. Und nachdem er auf diese Weise sein Leben verbracht hätte, könnte sein Tod dem vollkommen angepaßt sein: Er könnte die Szene durch einen verzweifelten Akt des Selbstmordes beschließen oder mit der absurdesten Blasphemie auf den Lippen sterben. Aber dessenungeachtet werden zur Erinnerung an ihn Statuen, wenn nicht gar Altäre errichtet werden; Gedichte und feierliche Reden werden zu seiner Lobpreisung verfaßt werden; bedeutende Sekten werden sich stolz nach ihm benennen; und die allerfernste Nachwelt wird ihn weiterhin blind bewundern, obwohl sie, wenn ein solcher unter ihnen auftauchte, ihn zu Recht mit Entsetzen und Abscheu betrachten würden.

Ich hätte mir bewußt sein können, antwortete ich, daß du einen Kunstgriff anwendest. Du scheinst Vergnügen daran zu finden; und du bist in der Tat der einzige Mensch, den ich jemals kennenlernte, der mit der Antike wohlvertraut war

* Mem. Soc. lib. III. sub fine. [*Erinnerungen an Sokrates* III, gegen Ende.]

und doch die Alten nicht im höchsten Maß bewunderte. Aber anstatt ihre Philosophie, ihre Redegewandtheit oder ihre Dichtkunst anzugreifen, die üblichen Themen der Auseinandersetzung zwischen uns, scheinst du nun ihre Moral anzufechten und sie der Unkenntnis auf einem Wissensgebiet anzuklagen, das meiner Meinung nach das einzige ist, in dem sie nicht von den Modernen übertroffen werden. Geometrie, Physik, Astronomie, Anatomie, Botanik, Geographie, Navigationskunst: in diesen Bereichen beanspruchen wir mit Recht, ihnen überlegen zu sein; aber was können wir ihren Moralphilosophen entgegenhalten? Deine Darstellung der Angelegenheit ist irreführend. Du bist unnachsichtig gegenüber den Sitten und Gebräuchen verschiedener Zeitalter. Würdest du einen Griechen oder Römer nach dem englischen Gewohnheitsrecht vor Gericht stellen? Höre ihn an, wie er sich nach seinen eigenen Grundsätzen verteidigt, und dann sprich dein Urteil.
Es gibt keine noch so unschuldigen oder vernünftigen Sitten, die nicht als abscheulich oder lächerlich dargestellt werden könnten, besonders wenn man ein wenig Geschick und Eloquenz darauf verwendet, einige Umstände zu übertreiben und andere zu mildern, so wie es dem Zweck der Darstellung am besten dient. Alle diese Kunstgriffe können leicht umgekehrt auf dich angewandt werden. Wäre ich zum Beispiel imstande, die Athener davon in Kenntnis zu setzen, daß es eine Nation gibt, wo der Ehebruch, sozusagen sowohl der aktive als auch der passive, die höchste Gunst und Achtung genießt; wo jeder Mann von Bildung eine verheiratete Frau zu seiner Geliebten wählt, vielleicht die Ehefrau seines Freundes oder Kameraden, und sich etwas einbildet auf diese ehrlosen Eroberungen, genauso als ob er bei den *Olympischen* Spielen mehrere Male Sieger beim Boxen oder Ringen gewesen wäre; wo ein Mann auch stolz darauf ist, seiner eigenen Frau arglos Gelegenheiten zu geben, und sich gern Freunde schafft oder seine Interessen fördert, indem er ihr erlaubt, sich mit ihren Reizen zu

prostituieren, und ihr sogar ohne irgendein derartiges Motiv jede Freiheit und jeden Genuß gewährt; ich frage, was würden die Athener einem solchen Volk gegenüber empfinden, sie, die das Verbrechen des Ehebruchs ausschließlich im Zusammenhang mit Raub und Giftmord erwähnten? Was würden sie am meisten bewundern, die Schuftigkeit oder die niedrige Gesinnung eines solchen Verhaltens?

Sollte ich hinzufügen, daß dasselbe Volk genauso stolz auf sein Sklavendasein und seine Abhängigkeit ist wie die Athener auf ihre Freiheitsliebe; und daß jemand unter ihnen trotz Unterdrückung, Entehrung, Verarmung, Beleidigung oder Gefangennahme durch den Tyrannen es doch noch immer als die höchste Ehre ansehen würde, ihn zu lieben, ihm zu dienen und zu gehorchen und sogar für dessen geringsten Ruhm oder geringste Befriedigung zu sterben; diese edlen Griechen würden mich wahrscheinlich fragen, ob ich von einer menschlichen Gesellschaft sprach oder von irgendeiner minderwertigen, unterwürfigen Gattung.

An dieser Stelle könnte ich dann meinen Athener Zuhörern erzählen, daß es diesem Volk dennoch nicht an Mut und Tapferkeit mangelt. Würde sich jemand, sage ich, in privater Gesellschaft über andere, obwohl intim mit ihnen befreundet, witzelnd äußern, was eine Spöttelei ähnlich jener ist, mit welcher sich eure Feldherrn und Demagogen vor der ganzen Stadt tagtäglich amüsieren, können sie ihm nie vergeben; sondern um Rache zu nehmen, verpflichten sie ihn dazu, ihnen ein Messer durch den Leib zu stoßen oder sich selbst ermorden zu lassen. Und wenn ein ihnen vollkommen fremder Mensch von ihnen fordert, unter Gefährdung ihres eigenen Lebens, den Hals eines ihrer Busenfreunde zu durchschneiden, gehorchen sie sofort und erachten sich aufgrund dieses Dienstes als in hohem Maße pflichtbewußt und geehrt. Das ist ihr Ehrenkodex; das ist ihre bevorzugte Moral.

Doch obwohl sie so bereitwillig ihr Schwert gegen ihre Freunde und Landsleute ziehen, so wird doch keine Unehre, kein Schmerz, keine Armut jemals diese Menschen dazu bewegen, die Spitze des Schwertes auf ihre eigene Brust zu richten. Ein Mann von Stellung würde auf den Galeeren rudern, um sein Brot betteln, im Gefängnis schmachten, alle Qualen erdulden und doch an seinem elenden Leben festhalten. Eher als seinen Feinden durch eine hochherzige Verachtung des Todes zu entfliehen, würde er in Ehrlosigkeit denselben Tod von seinen Feinden hinnehmen, noch verschlimmert durch ihre triumphierenden Beleidigungen und die ausgesuchtesten Leiden.

Bei diesem Volk ist es auch durchaus üblich, fahre ich fort, Gefängnisse zu errichten, wo alle Künste der Peinigung und Folter an den unglücklichen Gefangenen sorgfältig studiert und praktiziert werden. In diesen Gefängnissen ist es auch üblich, daß ein Vater mehrere seiner Kinder einsperrt, so daß ein anderes Kind, von dem er zugibt, daß es keinen größeren oder eher geringeren Wert hat als die anderen, sein ganzes Vermögen genießen und in jeder Art von Wollust und Vergnügen schwelgen kann. Nach ihrer Meinung ist nichts so tugendhaft wie diese barbarische Voreingenommenheit.

Aber was bei dieser eigenartigen Nation noch verwunderlicher ist, sage ich zu den Athenern, ist die Tatsache, daß eine eurer launigen Gewohnheiten während der Saturnalien*, wenn nämlich die Sklaven von ihren Herren bedient werden, von ihnen während des ganzen Jahres ernsthaft fortgesetzt wird, und während ihres gesamten Lebens; zudem begleitet von einigen Umständen, die die Absurdität und Lächerlichkeit noch steigern. Eure sportlichen Wettbewerbe erheben nur für ein paar Tage jene, die die Vorsehung erniedrigt hat und die Fortuna, was den Sport betrifft, in der Tat für alle Zeiten über euch erheben mag; aber diese Nation verherrlicht im Ernst jene, die ihnen von Natur aus unterworfen und deren Minderwertigkeit und Schwächen ganz und gar

* Die Griechen feierten das Fest des Saturn oder Chronos genauso wie die Römer. Siehe Lukian, Epist. Saturn. [*Saturnalien* 18,20.]

nicht zu beheben sind. Die Frauen, obwohl ohne Tugend, sind ihre Meister und Herren; sie verehren sie, preisen sie und verherrlichen sie; ihnen erweisen sie die größte Ehrerbietung und den höchsten Respekt, und überall und immer wird die Überlegenheit der Frauen bereitwillig anerkannt, und jeder, der die geringsten Ansprüche auf Erziehung und Höflichkeit erhebt, unterwirft sich ihnen. Kaum irgendein Verbrechen würde so allgemein verachtet werden wie eine Verletzung dieser Regel.

Du brauchst nicht weiter fortzufahren, antwortete Palamedes, ich kann mir leicht vorstellen, auf welches Volk du abzielst. Die Pinselstriche, mit denen du sie gemalt hast, sind ziemlich zutreffend; und dennoch mußt du zugeben, daß kaum irgendein Volk der Antike oder Moderne gefunden werden kann, dessen nationaler Charakter im ganzen gesehen weniger dazu neigt, Ausnahmefälle darzustellen. Aber ich danke dir dafür, daß du mir bei meiner Argumentation aushilfst. Ich hatte nicht die Absicht, die heutige Zeit auf Kosten der Antike hochzuheben. Ich wollte nur die Unsicherheit all dieser Urteile über Charaktere darstellen und dich davon überzeugen, daß Sitte, Mode, Brauch und Gesetz die Hauptgrundlage aller moralischen Entscheidungen waren. Die Athener waren gewiß ein zivilisiertes, intelligentes Volk, wenn es jemals ein solches gegeben hat; und doch könnte einer ihrer verdienstvollen Männer in unserem Zeitalter mit Schrecken und Abscheu betrachtet werden. Auch die Franzosen sind ohne Zweifel ein sehr zivilisiertes, intelligentes Volk; und doch könnte einer ihrer verdienstvollen Männer bei den Athenern ein Gegenstand der höchsten Verachtung und Lächerlichkeit, oder sogar des Hasses sein. Und wodurch die Angelegenheit noch außerordentlicher wird: diese beiden Völker werden in ihrem Nationalcharakter als die einander ähnlichsten aller Völker der Antike und Moderne betrachtet; und während die Engländer sich damit schmeicheln, den Römern zu ähneln, ziehen ihre Nachbarn auf dem Kontinent zwischen sich selbst und jenen höflichen

Griechen eine Parallele. Welch großer Unterschied in den moralischen Empfindungen muß daher zwischen zivilisierten Nationen und Barbaren gefunden werden, oder zwischen Nationen, deren Charaktereigenschaften wenig gemeinsam haben? Wie können wir vorgeben, einen Maßstab für Urteile dieser Art festzulegen?

Indem man die Angelegenheit ein wenig höher hinaus verfolgt, erwiderte ich, und die ersten Prinzipien des Vorwurfs oder des Tadels untersucht, die jede Nation aufstellt. Der Rhein fließt nach Norden, die Rhône nach Süden; und doch entspringen beide aus *demselben* Berg und werden auch, in ihren verschiedenen Richtungen, von *demselben* Prinzip der Schwerkraft in Bewegung gesetzt. Die verschiedenen Neigungen des Bodens, auf dem sie fließen, verursachen den ganzen Unterschied ihres Laufes.

In wie vielen Einzelheiten wären ein verdienstvoller Mensch aus Athen und ein solcher aus Frankreich einander mit Sicherheit ähnlich? Verstand, Wissen, Scharfsinn, Beredsamkeit, Menschlichkeit, Treue, Wahrhaftigkeit, Gerechtigkeit, Mut, Mäßigung, Beständigkeit, innere Würde; alle diese hast du ausgelassen, um das Schwergewicht nur auf jene Punkte zu legen, in denen sie sich durch Zufall unterschieden. Sehr gut: ich bin gewillt, dir entgegenzukommen, und werde versuchen, diese Unterschiede aus den allgemeinsten bestehenden Prinzipien der Moral zu erklären.

Ich lege keinen Wert darauf, die Liebesbeziehungen der Griechen genauer zu untersuchen. Ich werde nur bemerken, daß sie, wie tadelnswert sie auch immer sein mögen, aus einer sehr unschuldigen Ursache entstanden, nämlich aus der Häufigkeit von gymnastischen Übungen bei diesem Volk; und sie wurden, obgleich absurderweise, als die Quelle von Freundschaft, Mitgefühl, gegenseitiger Zuneigung und Treue* empfohlen; Qualitäten, die bei allen Völkern und zu allen Zeiten geschätzt werden.

* Plat. Symp. [Platon, *Symposion* 196b–197e.]

Die Heirat zwischen Halbgeschwistern scheint keine große Schwierigkeit zu bereiten. Liebe zwischen näheren Verwandten widerspricht dem Verstand und dem öffentlichen Nutzen; aber der genaue Punkt, an dem wir haltmachen sollen, kann kaum durch den natürlichen Verstand entschieden werden; und er ist daher ein sehr geeignetes Thema für Kommunalgesetze oder Gebräuche. Wenn auch die Athener ein bißchen zu weit in die eine Richtung gingen, so hat doch das kanonische Recht sicherlich die Angelegenheit weit ins andere Extrem getrieben.*

Hättest du in Athen Eltern gefragt, warum sie ihr Kind des Lebens beraubten, das sie ihm vor so kurzer Zeit geschenkt hatten, würden sie antworten: »Weil wir es lieben und weil wir die Armut, die es von uns erben würde, als größeres Übel betrachten als den Tod, den es nicht zu fürchten, zu fühlen oder abzulehnen imstande ist.«**

Wie kann die öffentliche Freiheit, das wertvollste aller Güter, aus den Händen eines Usurpators oder Tyrannen wiedererlangt werden, wenn ihn seine Macht vor einem öffentlichen Aufstand und unsere Skrupel vor persönlicher Rache schützen? Daß seine Verbrechen nach dem Gesetz Kapitalverbrechen sind, gibst du zu; und muß die äußerste Verschlimmerung seines Verbrechens, nämlich daß er sich selbst über das Gesetz erhebt, ihm vollkommenen Schutz verleihen? Du kannst mit nichts anderem antworten als damit, die schlimmen Folgen eines Mordanschlags darzulegen, die, hätte sie jemand den Alten eindeutig auseinandersetzen können, ihre Empfindungen in diesem bestimmten Punkt eindeutig geändert hätten.

Und wiederum, um dein Augenmerk auf das Bild zu richten, das ich von den heutigen Sitten gezeichnet habe: es ist fast genauso schwierig, gebe ich zu, die Galanterie der Franzosen zu rechtfertigen wie die der Griechen, ausgenom-

* Siehe *Untersuchung*, IV. Abschnitt.

** Plut. de amore prolis, sub fine. [Plutarch, *Moralia* (Über die Liebe zur Nachkommenschaft), letzter Satz.]

men nur, daß die erstere natürlicher und angenehmer ist als die letztere. Doch unsere Nachbarn, so scheint es, haben sich dazu entschlossen, einige der häuslichen Freuden den geselligen zu opfern und der Bequemlichkeit, der Freiheit und dem uneingeschränkten Umgang vor der strengen Treue und Beständigkeit den Vorzug zu geben. Diese Ziele sind beide gut, aber etwas schwierig miteinander zu vereinbaren; auch darf es für uns keine Überraschung sein, wenn die Bräuche der Nationen manchmal zu sehr auf die eine Seite neigen, manchmal auf die andere.

Die unverbrüchlichste Befolgung der Gesetze unseres Landes wird überall als eine außerordentliche Tugend anerkannt; und dort, wo die Menschen nicht in der glücklichen Lage sind, eine Gesetzgebung zu haben, sondern nur eine einzige Person, in diesem Fall ist die strikteste Loyalität der wahrste Patriotismus.

Es gibt sicherlich nichts, das absurder oder barbarischer sein kann als der Brauch des Duellierens; doch jene, die es rechtfertigen, sagen, daß es Höflichkeit und gute Manieren bewirkt. Und du magst beobachten, daß sich ein Duellant immer selbst achtet aufgrund seines Mutes, seines Ehrgefühls, seiner Treue und Freundschaft; Qualitäten, die zwar hier in der Tat in eine sehr eigenartige Richtung gelenkt, aber seit dem Bestehen der Welt allgemein geschätzt werden.

Haben die Götter den Selbstmord verboten? Ein Athener erkennt an, daß man ihn vermeiden sollte. Hat ihn die Gottheit erlaubt? Ein Franzose läßt gelten, daß der Tod den Schmerzen und der Ehrlosigkeit vorzuziehen ist.

Du siehst also dann, fuhr ich fort, daß die Prinzipien, auf deren Basis die Menschen moralische Erwägungen anstellen, immer dieselben sind, obwohl die Schlüsse, die sie daraus ziehen, oft sehr verschieden sind. Daß sie alle in bezug auf dieses Thema richtigere Schlüsse ziehen als bei irgendeinem anderen, obliegt keinem Moralphilosophen zu zeigen. Es genügt, daß die ursprünglichen Prinzipien des Tadels oder

Vorwurfs einheitlich sind und daß irrige Schlüsse durch begründetere Überlegungen und durch weiterreichende Erfahrungen korrigiert werden können. Obwohl viele Zeitalter seit dem Niedergang von Griechenland und Rom vergangen sind, obwohl sich in Religion, Sprache, Gesetzen und Brauchtum viele Änderungen ergeben haben, so hat doch keine dieser Revolutionen irgendeine erhebliche Neuerung bei den grundlegenden moralischen Empfindungen bewirkt, die über jene bei der äußerlichen Schönheit hinausgehen. Einige geringfügige Änderungen können vielleicht bei beiden beobachtet werden. Horaz* feiert eine niedrige Stirn und Anakreon nahe beieinanderliegende Augenbrauen**; doch der Apollon und die Venus der Antike sind noch immer unsere Modelle für männliche und weibliche Schönheit; genauso wie Scipios Charakter immer noch unser Maßstab für den Ruhm der Helden und der der Cornelia[84] für die Ehre der Mütter ist.

Es scheint niemals irgendeine Eigenschaft existiert zu haben, die von irgend jemandem als tugendhaft oder moralisch hervorragend empfohlen wurde, außer mit der Begründung, daß sie *nützlich* oder *angenehm* für einen Menschen *selbst* oder für *andere* ist. Denn welcher andere Grund kann jemals für Lob oder Zustimmung angegeben werden? Oder wo wäre der Sinn, einen *guten* Charakter oder eine *gute* Handlung zu rühmen, von denen gleichzeitig zugegeben wird, daß sie *für nichts gut* sind? Daher können alle Unterschiede in der Moral auf diesen einen allgemeinen Grundsatz reduziert und aus den verschiedenen Standpunkten erklärt werden, die die Menschen gegenüber diesen Umständen einnehmen.

Manchmal unterscheiden sich Menschen bei ihrem Urteil über die Nützlichkeit irgendeiner Gewohnheit oder Handlung; manchmal bewirken auch die besonderen Umstände

* Epist. lib. I. epist. 7; auch lib. I. ode 3.

** [Anakreon,] Ode 28. Petronius sieht in der Vereinigung dieser beiden Umstände Schönheit. [Petronius, *Satyrikon* 86.]

der Dinge, daß eine moralische Qualität nützlicher ist als die andere und ihr daher ein besonderer Vorzug gegeben wird.

Es überrascht nicht, daß während einer Periode des Krieges und der Unordnung die kriegerischen Tugenden mehr gefeiert werden als die friedlichen und daß sie eher die Bewunderung und Aufmerksamkeit auf sich ziehen. »Wie üblich ist es«, sagt Tullius*, »daß man beobachtet, wie Kimbern, Keltiberer und andere Barbaren mit unbeugsamer Ausdauer alle Strapazen und Gefahren des Schlachtfeldes ertragen, aber sofort unter Einfluß des Schmerzes und des Risikos einer erlahmenden Krankheit entmutigt werden; während andererseits die Griechen geduldig die Annäherung des Todes ertragen, wenn er mit Krankheit und Leiden bewaffnet ist, aber ängstlich vor ihm fliehen, wenn er sie gewaltsam mit Lanzen und Krummschwertern angreift!« So unterschiedlich ist sogar dieselbe Tugend des Mutes zwischen kriegerischen und friedlichen Nationen! Und in der Tat können wir beobachten, nachdem der Unterschied zwischen Krieg und Frieden der größte ist, der unter den Nationen und öffentlichen Gesellschaften entsteht, daß er auch die erheblichsten Veränderungen des moralischen Gefühls bewirkt und unsere Vorstellungen von Tugend und persönlichem Ansehen am meisten verändert.

Manchmal ist es auch möglich, daß Großmut, Geistesgröße, Verachtung der Sklaverei, unbeugsame Härte und Integrität den Umständen eines Zeitalters besser angepaßt sind als jenen eines anderen und daß sie einen günstigeren Einfluß sowohl auf öffentliche Angelegenheiten als auch auf die eigene Sicherheit und den persönlichen Fortschritt eines Menschen haben. Unsere Vorstellung von Wert wird sich daher mit diesen Veränderungen auch ein wenig mit ändern; und Labeo[85] wird vielleicht für dieselben Eigenschaften getadelt, wofür Cato sich die höchste Zustimmung erwarb.

* Tusc. Quaest. lib. II. [Cicero, *Gespräche in Tusculum*.]

Ein bestimmter Grad von Luxus mag für einen Bewohner der Schweiz schädlich oder verderblich sein, während er bei einem Franzosen oder Engländer nur die Künste begünstigt und den Fleiß fördert. Wir sollen daher in Bern weder dieselben Gefühle noch dieselben Gesetze erwarten, die in London oder Paris gelten.

Verschiedene Bräuche haben ebenso wie verschiedene Nützlichkeitserwägungen einigen Einfluß; und sie können dadurch, daß sie den Geist früh voreingenommen machen, eine übergeordnete Neigung erzeugen, entweder hin zu den nützlichen oder zu den angenehmen Eigenschaften, zu jenen, die auf das eigene Selbst Rücksicht nehmen, oder zu jenen, die sich auf die Gesellschaft ausdehnen. Diese vier Quellen des moralischen Gefühls bestehen noch immer; jedoch kann es vorkommen, daß besondere Umstände zu irgendeinem Zeitpunkt irgendeine von ihnen dazu veranlassen, im größeren Überfluß zu fließen als zu einer anderen Zeit.

Die Bräuche einiger Nationen schließen die Frauen von allem gesellschaftlichen Umgang aus, jene anderer verleihen ihnen eine so wesentliche Rolle in der Gesellschaft und in der Unterhaltung, daß überall außer dort, wo Geschäftsverhandlungen stattfinden werden, das männliche Geschlecht allein als fast vollkommen unfähig zum wechselseitigen Gespräch und zur Unterhaltung erachtet wird. Da dieser Unterschied der wesentlichste ist, der im Privatleben auftreten kann, muß er auch die größte Verschiedenartigkeit bei allen moralischen Gefühlen nach sich ziehen.

Von allen Nationen der Welt, wo Polygamie nicht erlaubt war, scheinen die Griechen diejenigen gewesen zu sein, die in ihrem Umgang mit dem schönen Geschlecht die meiste Zurückhaltung geübt und den Frauen die strengsten Gesetze der Sittsamkeit und des Anstands auferlegt haben. Einen starken Hinweis darauf finden wir in einer Rede des Lysias.*

* Orat. 33. [Lysias, *Reden* 33.]

Eine gekränkte, ruinierte, zugrundegerichtete Witwe beruft ein Treffen einiger ihrer nächsten Freunde und Verwandten ein; und obwohl sie, wie der Redner berichtet, niemals zuvor in der Gegenwart von Männern gesprochen hatte, wurde sie durch die Notlage ihrer Umstände gezwungen, ihnen ihren Fall darzulegen. Selbst das Öffnen ihres Mundes, so scheint es, machte in dieser Gesellschaft eine Entschuldigung notwendig.

Als Demosthenes gegen seine Erzieher einen Prozeß führte, um sie dazu zu bringen, ihm sein väterliches Erbe zurückzuerstatten, wurde es für ihn im Verlauf der Gerichtsverhandlung unumgänglich, zu beweisen, daß die Heirat der Schwester des Aphobus mit Oneter ganz und gar ein Betrug war und daß sie trotz ihrer Scheinehe zwei Jahre lang in Athen mit ihrem Bruder gelebt hatte, die ganze Zeit seit der Scheidung von ihrem früheren Ehemann. Und es ist bemerkenswert, daß, obwohl es sich um Leute von erstem Rang und Stand in dieser Stadt handelte, der Redner diese Tatsache auf keine Art beweisen konnte, außer dadurch, ihre Sklavinnen in den Zeugenstand rufen zu lassen, und durch die Aussage eines Arztes, der sie während ihrer Krankheit im Hause ihres Bruders gesehen hatte.* So reserviert waren die Sitten der Griechen.

Wir können dessen versichert sein, daß eine äußerste Sittenreinheit die Folge dieser Reserviertheit war. Dementsprechend finden wir, daß es außer den Fabelgeschichten von einer Helena oder einer Klytämnestra[86] kaum einen Hinweis auf irgendein Ereignis in der griechischen Geschichte gibt, das aus Intrigen von Frauen herrührte. Andererseits sind die Frauen heutzutage, besonders in einem Nachbarstaat, bei allen Geschäftsabschlüssen und allen Führungsangelegenheiten in Staat und Kirche beteiligt; und kein Mann kann Erfolg erwarten, wenn er sich nicht darum bemüht, sich ihre Gunst zu erhalten. Heinrich III. gefährdete seine Krone und ver-

* In Oneterem. [Lysias, *Rede gegen Oneter.*]

lor sein Leben genausosehr dadurch, daß er sich das Mißfallen der Damen zuzog als durch seine Nachsicht gegenüber der Ketzerei.[87]

Man braucht hier nicht zu verhehlen: Die Konsequenz eines sehr freizügigen Umgangs zwischen den Geschlechtern und ihres weitgehenden Zusammenlebens wird oft mit Intrigen und Galanterie enden. Wir müssen etwas vom *Nützlichen* opfern, wenn wir sehr ängstlich darauf bedacht sind, alle *angenehmen* Eigenschaften zu erlangen; wir können nicht so tun, als ob wir Vorteile jeglicher Art erreichen können. Beispiele von Freizügigkeit, die sich täglich vervielfachen, werden die Schande bei dem einen Geschlecht geringer erscheinen lassen und werden das andere Schritt für Schritt lehren, der berühmten Maxime La Fontaines über die Untreue der Frauen zu folgen; *daß sie, wenn man davon weiß, nur eine geringfügige Angelegenheit ist; wenn man nichts weiß, ist sie nichts.**

Einige Menschen neigen zur Ansicht, der beste Weg, alle Unterschiede auszugleichen und die rechte Mitte zwischen den *angenehmen* und den *nützlichen* Eigenschaften des weiblichen Geschlechts zu wahren, ist es, mit ihnen entsprechend der Sitte der Römer und der Engländer zu leben (denn die Bräuche dieser beiden Nationen scheinen in dieser Hinsicht ähnlich zu sein**); das heißt, ohne Galanterie*** und ohne Eifersucht. Aufgrund einer gleichartigen Überlegung müssen die Bräuche der Spanier und der Italiener im vorigen Jahrhundert (denn die gegenwärtigen sind sehr verschieden)

* Quand on le sçait, c'est peu de chose:
Quand on l'ignore, ce n'est rien. [*Contes*, 3. Teil, IV, 24 f.]

** Während der Kaiserzeit scheinen die Römer Intrigen und Galanterie mehr ergeben gewesen zu sein, als es die Engländer heute sind; und die Frauen von Rang bemühten sich, um ihre Liebhaber zu behalten, jene mit Tadel zu belegen, die der Hurerei oder niedrigen Liebschaften verfallen waren. Sie wurden »Ancillarioli« genannt. Siehe Seneca de beneficiis, Lib. I. cap. 9. Siehe auch Martial, lib. XII. epig. 58.

*** Die hier gemeinte Galanterie ist jene der Liebeleien und Liebschaften, nicht jene der Höflichkeit, die in England genauso wie überall sonst dem schönen Geschlecht entgegengebracht wird.

die allerschlimmsten gewesen sein; denn sie begünstigen sowohl die Galanterie als auch die Eifersucht.
Auch wird der Einfluß dieser verschiedenen Bräuche der Nationen nicht auf das eine Geschlecht beschränkt bleiben. Ihre Vorstellung vom persönlichen Ansehen der Männer muß ebenfalls etwas unterschiedlich sein, zumindest was Konversation, Anstand und Humor betrifft. Bei der einen Nation, wo die Männer viel für sich leben, wird natürlicherweise die Klugheit mehr Zustimmung finden, bei der anderen die Fröhlichkeit. Bei der einen wird Einfachheit der Sitten in höchster Achtung stehen, bei der anderen Höflichkeit. Die eine wird sich durch Verständigkeit und Urteilsfähigkeit auszeichnen, die andere durch Geschmack und Feinfühligkeit. Die Beredsamkeit der ersteren wird am meisten im Senat leuchten, die der anderen auf der Bühne des Theaters.
Das, sage ich, sind die *natürlichen* Auswirkungen dieser Bräuche. Denn es muß zugegeben werden, daß der Zufall einen großen Einfluß auf die Sitten einer Nation ausübt; und viele Vorgänge ereignen sich in der Gesellschaft, die nicht mit allgemeinen Regeln erklärt werden können. Wer könnte sich zum Beispiel vorstellen, daß die Römer, die mit ihren Frauen freizügig lebten, der Musik gleichgültig gegenüberstehen und Tanzen als unehrenhaft betrachten sollten, während die Griechen, die fast niemals eine Frau sahen, außer in ihren eigenen Häusern, ununterbrochen pfeifen, singen und tanzen würden?
Die Unterschiede des moralischen Gefühls, die natürlicherweise aufgrund einer republikanischen oder monarchistischen Regierung entstehen, sind ebenfalls offensichtlich, genau wie jene, die aus allgemeinem Reichtum oder Armut, aus Einigkeit oder Parteienstreit, aus Unwissenheit oder Bildung resultieren. Ich werde diese lange Abhandlung mit der Beobachtung beschließen, daß verschiedene Bräuche und Situationen in keinem wesentlichen Punkt die ursprünglichen Wertvorstellungen ändern (sosehr sie auch einige ihrer Konsequenzen verändern mögen) und daß sie haupt-

sächlich für junge Menschen maßgebend sind, die die angenehmen Eigenschaften anstreben und die versuchen mögen, zu gefallen. Die Manieren, die Zierde und die Grazie, die in diesem Alter erfolgreich sind, sind willkürlicher und beliebiger; aber der Wert reiferer Jahre ist beinahe überall derselbe und beruht hauptsächlich auf Integrität, Menschlichkeit, Fähigkeiten, Wissen und den anderen solideren und nützlicheren Eigenschaften des menschlichen Geistes.

Was du behauptest, antwortete Palamedes, mag in etwa begründet sein, wenn du an den Grundsätzen des täglichen Lebens und gewöhnlichen Verhaltens festhältst. Erfahrung und Lebenspraxis korrigieren bereitwillig jede größere Übertreibung in irgendeine Richtung. Aber was sagst du über die *künstlichen* Lebensweisen und Sitten? Wie bringst du die Maximen in Einklang, auf welche diese in verschiedenen Zeitaltern und in verschiedenen Nationen gegründet sind?

Was verstehst du unter *künstlicher* Lebensweise und Sitte? sagte ich. Ich erkläre, was ich meine, sagte er. Du weißt, daß die Religion in alten Zeiten sehr wenig Einfluß auf das tägliche Leben hatte und daß die Menschen, nachdem sie ihre Pflicht durch Opfer und Gebete im Tempel erfüllt hatten, der Meinung waren, daß ihnen die Götter ihr übriges Verhalten selbst überließen und durch jene Tugenden und Laster wenig erfreut oder verärgert würden, die nur den Frieden und das Glück der menschlichen Gesellschaft beträfen. In jenen Zeitaltern war es ausschließlich die Aufgabe der Philosophie, das gewöhnliche Verhalten und Betragen der Menschen zu regeln; und dementsprechend können wir beobachten, daß, nachdem dies das einzige Prinzip war, wodurch sich jemand über die Mitmenschen erheben konnte, es eine mächtige Überlegenheit über viele erlangte und sehr seltsame Maximen und Verhaltensweisen bewirkte. Heutzutage, wo die Philosophie die Verlockung der Neuheit verloren hat, hat sie keinen so weitreichenden Einfluß, sondern scheint sich hauptsächlich auf Spekulationen im stillen Kämmerchen zu beschränken, in derselben Weise, wie die Religion des Altertums auf Tempelopfer beschränkt war. Ihr Platz wird jetzt von der heutigen Religion ausgefüllt, die unser gesamtes Verhalten prüft und eine universelle Regel für unsere Handlungen, für unsere Worte, ja sogar für unsere Gedanken und Neigungen vorschreibt; eine um so strengere Vorschrift, als sie durch unendliche, obwohl weit entfernte Belohnungen und Bestrafungen überwacht wird; und kein Verstoß dagegen kann jemals verborgen oder verschleiert werden.

Diogenes ist das berühmteste Vorbild überspannter Philosophie. Suchen wir eine Entsprechung zu ihm in der heutigen Zeit. Wir werden keinen Namen eines Philosophen durch den Vergleich mit den Dominikanern oder Jesuiten oder irgendeinem heiliggesprochenen Mönch oder Ordensbruder entehren. Vergleichen wir ihn mit Pascal[88], einem vielseitig begabten Menschen und einem Genie wie Diogenes selbst; und vielleicht auch einem Mann von Tugend, hätte er seinen tugendhaften Neigungen gestattet, sich zu betätigen und zu zeigen.

Die Grundlage von Diogenes' Verhalten war ein Versuch, sich selbst zu einem möglichst unabhängigen Wesen zu machen und alle seine Bedürfnisse, Wünsche und Freuden auf sich selbst und auf seinen eigenen Geist zu beschränken; das Ziel Pascals war es, sich ein immerwährendes Bewußtsein von seiner Abhängigkeit vor Augen zu halten und niemals seine zahllosen Bedürfnisse und Schwächen zu vergessen. Der Mann der Antike behauptete sich durch Großmütigkeit, Prahlerei, Stolz und durch die Vorstellung von seiner eigenen Überlegenheit über seine Mitmenschen. Der Mann der heutigen Zeit verlieh dauernd seiner Demut und Erniedrigung Ausdruck, seiner Verachtung und seinem Haß gegen sich selbst; und versuchte, diese vermeintlichen Tugenden zu erlangen, soweit sie erreichbar sind. Die Strenge des Griechen war dazu da, ihn gegen Härte unempfindlich zu machen und zu verhindern, daß er jemals leide; jene des Franzosen wurde nur um ihrer selbst willen angenommen und um so viel wie möglich zu leiden. Der Philosoph gab sich den rohesten Vergnügungen hin, sogar in der Öffentlichkeit; der Heilige verweigerte sich selbst die unschuldigsten Vergnügen, sogar im persönlichen Bereich. Der erstere hielt es für seine Pflicht, seine Freunde zu lieben und sie zu beschimpfen und zu tadeln und zu schelten; der letztere bemühte sich, gegenüber seinen nächsten Verwandten absolut gleichgültig zu sein, seine Feinde zu lieben und Gutes über sie zu sagen. Das wichtigste Angriffsziel von Diogenes' Scharfsinn war jede Art des Aberglaubens, das heißt jede Art der zu seiner Zeit bekannten Religion. Die Sterblichkeit der Seele war sein Standardprinzip; und sogar seine Ansichten über eine göttliche Vorsehung scheinen freizügig gewesen zu sein. Der lächerlichste Aberglaube lenkte Pascals Glauben und Lebensführung; und eine extreme Verachtung dieses Lebens, im Vergleich zum künftigen, war die Hauptgrundlage seines Verhaltens.

In einem so bemerkenswerten Gegensatz stehen diese beiden Männer; und doch ist beiden in ihren verschiedenen Zeitaltern allgemeine Bewunderung entgegengebracht worden, und sie wurden als Vorbilder zur Nachahmung vorgeschlagen. Wo ist dann der allgemeine Maßstab der Moral, von dem du sprichst? Und welche Regel sollen wir für die vielen verschiedenen, nein, gegensätzlichen Empfindungen der Menschen aufstellen?

Ein Experiment, sagte ich, das an der Luft gelingt, wird nicht immer in einem luftleeren Raum gelingen. Wenn die Menschen von den Grundsätzen des gesunden Menschenverstandes abweichen und diese *künstliche* Lebensweise, wie du sie nennst, annehmen, dann kann niemand wissen, was ihnen gefallen oder mißfallen wird. Sie befinden sich in einer anderen Sphäre als der Rest der Menschheit; und die natürlichen Prinzipien ihres Geistes arbeiten nicht mit derselben Regelmäßigkeit, als wenn sie sich selbst überlassen wären, frei von den Illusionen des religiösen Aberglaubens und des philosophischen Enthusiasmus.[89]

Anmerkungen

1 Teilnehmer an dieser Kontroverse auf seiten der Rationalisten waren u. a. Samuel Clarke (1675–1729), John Balguy (1686 bis 1748) und Richard Price (1723–91); auf seiten der »Sentimentalisten« Shaftesbury (1671–1713) und Francis Hutcheson (1694 bis 1746).

2 Interessant ist in diesem Zusammenhang eine Passage aus den uns bekannten frühesten Notizen Humes: »The Moderns have not treated Morals so well as the Antients merely from their Reasoning turn, which carry'd them away from Sentiment.« (E. C. Mossner, Hrsg., »Hume's Early Memoranda. 1729–1740«, in: *Journal of the History of Ideas* 9, 1948, S. 517.)

3 Hume bezieht sich hier auf die Methode der empirischen Naturwissenschaft, wie sie Francis Bacon in seinem *Novum Organum* (1620) gegen die Methode der Peripatetiker verteidigt hatte. Die »andere wissenschaftliche Methode« war die des deduktiven Schließens, wie sie von Aristoteles entwickelt worden war.

4 Hume verwendet den Ausdruck *hypothesis* in zwei Bedeutungen: erstens in der heute üblichen Bedeutung (eine »Hypothese« ist eine zunächst unbewiesene Annahme von Gesetzlichkeiten oder Tatsachen mit dem Ziel, sie später durch Beweise zum gesicherten Bestand unseres Wissens zu machen); zweitens im Sinne von Newtons »Hypotheses non fingo«. *Hypothesis* hat dann etwa die Bedeutung von »empirisch unbegründbarer Begriffskonstruktion«. Im *Abriß* beispielsweise schreibt Hume nach wenigen Sätzen über den Autor des *Traktats:* »He talks with contempt of hypotheses.« Siehe auch J. Noxon, *Hume's Philosophical Development. A Study of his Methods*, Oxford ²1975, S. 27–54.

5 In allen Ausgaben zu Lebzeiten Humes war der Anhang II (»Über die Selbstliebe«) der erste Teil dieses Kapitels. Der jetzige Teil 1 war Teil 2, Teil 2 war Teil 3.

6 Hume hat Ciceros philosophische Ansichten überaus geschätzt. So schreibt er in einem Brief an Hutcheson (*Letters* I,34): »Upon the whole, I desire to take my Catalogue of Virtues from *Cicero's Offices*, not from the *Whole Duty of Man*. I had, indeed, the former Book in my Eye in all my Reasonings.« *The Whole Duty*

of Man war jenes religiöse Erbauungsbuch, das Hume in jungen Jahren als Leitbild für seine persönliche Entwicklung gedient hatte.

7 Zu den Epikureern siehe auch Humes Essay »The Epicurean« (Erstveröffentlichung: 1742), der nun in neuer deutscher Übersetzung erschienen ist, in: G. Müller, *David Humes Typologie der Philosophen und der Lebensformen*, Frankfurt a. M. 1980, S. 139–144.

8 Zu den Skeptikern siehe auch Humes Essay »The Sceptic« (Erstveröffentlichung: 1742), der ebenfalls in neuer deutscher Übersetzung erschienen ist, in: Müller (Anm. 7) S. 154–170.

9 Zarathustra (Zoroaster), altiranischer Religionsstifter des 7./6. Jahrhunderts v. Chr., lehrte, daß sich die Menschen durch ein reines und wahrhaftes Leben für Ahura Mazdah und für das Reich des Lichtes entscheiden müssen gegen Ahriman und sein Reich der Finsternis, das am Ende der Zeiten vom Reich des Lichtes überwunden wird.

10 Hume bezieht sich hier auf Bernard de Mandeville (1670–1733), der in seiner *Bienenfabel* zeigen wollte, daß private Laster von öffentlichem Nutzen seien. Siehe auch L. Schneider, *The Scottish Moralists on Human Nature and Society*, Chicago/London 1967, Kap. 4 (»Individual Actions and Unintended Social Outcomes«).

11 Eines der interessantesten Charakteristika der philosophischen Methode Humes besteht darin, daß er immer wieder versucht, auf Dinge aufmerksam zu machen, indem er sich ein Wesen vorstellt, das über selbstverständlich gewordene Kenntnisse des Menschen *nicht* verfügt. So stellt sich Hume beispielsweise in der Kausalanalyse die Frage, ob ein Wesen mit einem perfekten Verstandesapparat, aber ohne jede Erfahrung, Prognosen über unsere Welt erstellen könnte. Hume verneint dies und schließt daraus auf die Notwendigkeit empirischer Informationen. Dieses Wesen nennt er zumeist »Adam«, womit er darauf hinweisen dürfte, daß er diesen methodischen Gedankengang John Miltons *Paradise Lost* (1667) verdankt. Zur Rolle der Phantasie in Humes Philosophie siehe E. Topitsch / G. Streminger, *Hume*, Darmstadt 1981 (bes. S. 126–133).

12 Die Levellers (engl., »Gleichmacher«) strebten nach vollkommener bürgerlicher und religiöser Freiheit. Der Name dieser radikalen demokratischen Gruppe zur Zeit Cromwells tauchte erstmals

1647 auf. Siehe C. Hill, *Society and Puritanism in Pre-Revolutionary England*, London 1964.

13 Zum Problem des Naturrechts siehe beispielsweise John Locke, *Essays on the Law of Nature*, hrsg. von W. von Leyden, Oxford 1954, oder H. Welzel, *Naturrecht und materiale Gerechtigkeit*, Göttingen ^{4}1962.

14 »The safety of the people is the supreme law« – ist Humes Übersetzung von »Salus populi suprema lex esto« (Cicero, *De legibus* III,3).

15 Montesquieu war der erste große Gelehrte seiner Zeit, der das Genie Humes erkannt und seine Schriften in Frankreich bekannt gemacht hatte. Siehe E. C. Mossner, *The Life of David Hume*, Oxford ^{2}1980, S. 229.

16 Wenig ist bekannt über Humes Beziehung zu Nicolas de Malebranche (1638–1715). In dem Brief an seinen Freund Michael Ramsay vom 26. Juli 1737, in dem er ihm eine Bücherliste empfiehlt, die die Lektüre des *Traktats* erleichtern soll, nennt er jedoch »le Recherche de la Verité of Pere Malebranche« an erster Stelle, dann folgen »the Principles of Human Knowledge by Dr erkeley, some of the more metaphysical Articles of Bailes [Bayles] Dictionary; such as those [of] Zeno, & Spinoza. Des-Cartes Meditations would also be useful but don't know if you will find it easily among your Acquaintances. These Books will make you easily comprehend the metaphysical Parts of my Reasoning and as to the rest, they have so little Dependence on all former systems of Philosophy, that your natural Good Sense will afford you Light enough to judge of their Force & Solidity.« (Der Brief ist abgedruckt in: Mossner, Anm. 15, S. 626 f.) Zum Verhältnis von Hume und Malebranche siehe Ch. W. Hendel, *Studies in the Philosophy of David Hume*, Princeton ^{2}1963.

17 Siehe dazu auch die beiden Kapitel »Über die Quelle der Untertanenpflicht« und »Über die Schranken der Untertanentreue« im *Traktat* (T_2 289–306).

18 *in foro humano:* vor dem Forum der Öffentlichkeit; *in foro conscientiae:* vor dem Forum des Gewissens.

19 Hume zeigt hier, daß Werte (etwa Gerechtigkeit) keine empirisch beobachtbaren Eigenschaften sind. Vgl. dazu den Abschnitt »Humes Kritik am Rationalismus« in der Einleitung zur vorliegenden Ausgabe.

20 Hume hatte die Schriften Pierre Bayles *Dictionnaire historique et critique* (Rotterdam 1697) und *Œuvres diverses* (La Haye 1727–31) früh kennengelernt und geschätzt. Siehe Mossner (Anm. 2) S. 494 f.

21 Für die Existenz eines instinktiven Erbes im Rahmen von Eigentumserwägungen könnte jedoch das Revierverhalten bei einigen Tierarten sprechen.

22 Am Beginn des dritten Buches seiner *Principia* erwähnt Newton vier Regeln des Philosophierens (regulae philosophandi). Die von Hume erwähnte Regel ist die zweite: »Deshalb müssen wir, so weit als möglich, denselben Wirkungen dieselben Ursachen zuschreiben.« Als Beispiele erwähnt Newton das Licht des Feuers und der Sonne oder die Reflexion des Lichtes auf der Erde und auf den Planeten. In seinen Schriften kommt Hume nur noch an zwei weiteren Stellen auf Newton zu sprechen. In seiner *History of England* (Hrsg. von R. W. Kilcup, Chicago 1975, S. 381) schreibt er: »In Newton this island may boast of having produced the greatest and rarest genius that ever rose for the ornament and instruction of the species [. . .]. While Newton seemed to draw off the veil from some of the mysteries of nature, he showed at the same time the imperfections of the mechanical philosophy, and thereby restored her ultimate secrets to that obscurity in which they ever did and ever will remain.« Und in einem Brief vom 19. März 1751 schrieb Hume: »But what Arithmetic will serve to fix the proportion betwixt good & bad Wives, & rate the different classes of each? Sir Isaac Newton himself, who cou'd measure the courses of the Planets, and weigh the Earth as in a pair of scales, even he had not Algebra enough to reduce that amiable Part of our species to a just equation: and they are the only heavenly bodies, whose orbits are as yet uncertain.« (*Letters* I,158 f.)

23 Die Achaier bildeten einen lockeren Bund von 12 Staaten um das Heiligtum des Zeus Amarios bei Aigion am Peloponnes. Nach langer Unabhängigkeit kamen sie 417 v. Chr. unter die Herrschaft der Spartaner. In frühhellenistischer Zeit (281/280 v. Chr.) entstand der gegen Makedonien gerichtete Achaische Bund neuerlich mit dem Zentrum Aigion.

24 Vgl. dazu das Kapitel »Keuschheit und Schamhaftigkeit« im *Traktat* (T_2 322–326) und A. Baier, »Good Men's Women: Hume on Chastity and Trust«, in: *Hume Studies* 5,1 (1979) S. 1–19.

25 Siehe dazu C. D. Broad, *Five Types of Ethical Theory*, London ^{9}1967, S. 99–104.

26 Man wird in Humes Bemerkungen zum Phänomen der Einbildungskraft einen der wichtigsten Unterschiede zwischen der *Untersuchung* und dem *Traktat* sehen können. Während Hume in seinem späteren Werk die These verteidigt, daß es eine direkte Sympathie mit anderen gibt, spricht er im *Traktat* der Einbildungskraft die Aufgabe zu, uns in die Lage der anderen zu versetzen, um damit indirekt an deren Gefühlslage teilhaben zu können. So schreibt Hume im *Traktat*: »Unsere Einbildungskraft wechselt [...] leicht den Standpunkt ihrer Betrachtung. Wir betrachten uns so, wie wir anderen erscheinen, oder andere so, wie sie sich selbst fühlen. Dadurch machen wir Gefühle uns zu eigen, die uns [von Hause aus] nicht zugehören und an denen wir nur vermöge des Mitgefühls Anteil nehmen [...]. Mitgefühl aber ist, wie ich schon bemerkt habe, nichts anderes als die *Verwandlung einer Vorstellung in einen Eindruck durch die Macht der Einbildungskraft.*« (T_2 343, 165; Hervorhebung des Herausgebers.) In der *Untersuchung* hingegen versucht Hume gerade zu zeigen, daß es ein unmittelbares Mitempfinden gibt, das keiner rationalen Anstrengung bedarf. Zum Problem der Einbildungskraft bei Hume siehe G. Streminger, »Hume's Theory of Imagination«, in: *Hume Studies* 6,2 (1980) S. 91–118, und 7,1 (1981) S. 103. Das Beispiel mit dem Abgrund dürfte Hume dem längeren Abschnitt über die Einbildungskraft aus Blaise Pascals *Pensées sur la religion* (1669) entnommen haben (dt.: Blaise Pascal, *Gedanken*, hrsg. von W. Rüttenauer, Leipzig [o. J.], S. 139–145).

27 Zu dieser These, daß empirische Analysen zu einem größeren Wertbewußtsein führen können, siehe auch Humes Essay »Über die Regel des Geschmacks«. Man wird darin zugleich eine Rechtfertigung seines Ansatzes in der *Untersuchung* sehen können, nämlich eine moralphilosophische Abhandlung mit der Analyse faktischer Wertschätzungen zu beginnen.

28 Ein Beispiel für ein *experimentum crucis* ist nach Bacon das folgende (*Novum Organum* II,36): Es existieren zwei einander widersprechende Theorien von der Eigenschaft der »Schwere« eines Körpers. »Die Erforschung dieser Eigenschaft unterliegt zwei Möglichkeiten. Die schweren und gewichtigen Körper müssen entweder kraft ihrer Natur und ihrer inneren Gestaltung

nach dem Mittelpunkt der Erde *streben*, oder sie müssen dorthin von der körperlichen Masse der Erde selbst wie von einer Vereinigung von Körpern gleicher Art unaufhaltsam *gezogen* werden und in Übereinstimmung dazu sich selbst bewegen.« (Hervorhebung des Herausgebers.) Aus einer der beiden Theorien wird nun eine Hypothese gefolgert und mit schon bekannten Phänomenen verglichen: »Ist letzteres der Fall, so muß der Körper, je näher der Erde, desto stärker und heftiger von ihr angezogen werden, je entfernter, desto schwächer und langsamer – wie bei der Anziehung durch den Magneten. Dies könnte sich auch nur innerhalb bestimmter Entfernungen abspielen; was der Erde demnach so fern ist, daß sie keine Wirkung darauf ausüben kann, müßte frei schweben wie die Erde selbst und nicht herabfallen.« Nun das *experimentum crucis*: »Daher dürfte der Kreuzfall nun folgender sein: Man nehme eine Uhr, die durch Bleigewichte und eine andere, die durch Federkraft in Gang gehalten wird. Beide müssen völlig gleich gehen, keine schneller oder langsamer als die andere. Die Gewichts-Uhr bringe man auf einen sehr hohen Turm, die andere behalte man unten. Man beobachte, ob jetzt die auf dem Turm wegen der Minderung der Schwerkraft langsamer als vorher geht. Danach bringe man sie in einen tiefen Schacht, möglichst tief unter der Erde und beobachte, ob sie nicht jetzt wegen der verstärkten Schwerkraft schneller geht.« Schlußfolgerung: »Findet man, daß die Schwerkraft in der Höhe ab- und in der Tiefe zunimmt, so darf man die Anziehungskraft durch die körperliche Masse der Erde für die Ursache der Schwere ansehen.« Hume erwähnt Bacon sowohl in der Einleitung zum *Traktat* als auch im *Abriß* an hervorragender Stelle.

29 Jacopo Sannazaro (1456–1530) schuf durch seine Vergil zum Vorbild nehmende allegorische Hirtendichtung *Arcadia* (1504) das Muster der europäischen Schäferdichtung.

30 Nach Hume beginnt erst mit Thukydides (um 460 – um 400 v. Chr.) die echte Geschichtsschreibung (*Works* III,414), und er selbst hat sich in seiner *Geschichte Englands* eng an dessen Methode der Darstellung orientiert. – Francesco Guicciardini (1483–1540) war ein italienischer Historiker. Seine *Storia d'Italia* (1492–1532) wird von Hume in seiner *Geschichte Englands* öfter zitiert.

31 Tacitus, *Annalen* XVI.

32 Timon (5. Jh. v. Chr.) wurde als Typus des Menschenfeindes von der attischen Komödie verspottet. Von ihm handelt auch Shakespeares *Timon von Athen*.

33 Gemäß der streng dualistischen Religion des Persers Mani (215–275) tobt in der Welt ein Kampf zwischen dem Guten und dem Bösen, der Seele und der Materie, dem Herrscher des Lichtreiches und dem König der Finsternis. Welt und Mensch können nur gerettet werden, wenn die Lichtteile der einzelnen Substanzen, aufgerufen durch ›äonische Gesandte‹ des Lichtherrschers (wie etwa Buddha, Zoroaster, Mani, Jesus), wieder von der Materie getrennt werden und in das Lichtreich zurückkehren.

34 Seneca der Jüngere (4 v. – 65 n. Chr.) war (mit Burrus) Lehrer und Ratgeber Neros. In seiner Erziehung zur Tugend, zum rechten Verhalten gegenüber Leben und Tod, zur Freiheit und Glückseligkeit des Weisen ist Seneca der stoischen Ethik verpflichtet. Tigellinus hingegen, ein Emporkömmling unter Nero, empfahl Nero, seine Feinde zu exekutieren.

35 In den ersten Ausgaben war der Anhang IV (»Über einige Wortstreitigkeiten«) der erste Teil dieses Kapitels. Der jetzige Teil 1 war Teil 2, Teil 2 war Teil 3.

36 »Peripatetiker« nannten sich die Schüler des Aristoteles, nach dem Wandelgang (περίπατος), in dem die Vorträge gehalten wurden. Zur Lehre von der »wahren Mitte« (μεσότης) siehe Aristoteles, *Nikomachische Ethik*.

37 Oliver Cromwell (1599–1658), Führer der Puritaner im Bürgerkrieg gegen Karl I., den er 1649 hinrichten ließ. – Kardinal De Retz (1613–79), französischer Politiker und Gegenspieler von Kardinal Mazarin (1602–61). – Jonathan Swift (1667–1745), irischer Geistlicher und Schriftsteller, der Autor von *Gullivers Reisen*. »I have frequently had it in my Intentions«, schreibt Hume in seinem Brief vom 18. Februar 1751, »to write a Supplement to *Gulliver*, containing the Ridicule of Priests. 'Twas certainly a Pity that Swift was a Parson« (*Letters* I,153).

38 Vgl. Homer, *Odyssee* IX.

39 Charles de Marguetel Saint-Denis, Seigneur de Saint-Évremond (1613–1703), französischer Schriftsteller. – Der französische Marschall Turenne (1611–75) war einer der bedeutendsten Feldherrn seiner Zeit. Er wurde auf Befehl Ludwigs XIV. in der Königsgruft von Saint-Denis beigesetzt.

40 Fabius (gest. 203 v. Chr.), römischer Konsul, Diktator und Feldherr, der durch sein »Zaudern«, tatsächlich aber durch eine erfolgreiche Taktik des Überlegens und Abwartens im Zweiten Punischen Krieg, berühmt wurde.
41 Niccolò Macchiavelli (1439–1527), italienischer Politiker und Schriftsteller. Das Neue an seiner Lehre ist die These, daß Macht ein konstituierendes Element der Politik ist. Seine Lehre von der berechtigten Anwendung von Gewalt wurde von revolutionären Bewegungen immer wieder neu belebt.
42 Scipio der Ältere (235–183 v. Chr.) kämpfte gegen die Karthager und besiegte Hannibal 202 bei Zama (Nordafrika).
43 Die Kyniker waren die Anhänger der Lehren des Diogenes von Sinope (um 412 – um 323 v. Chr.); bissige Spötter über Konventionen und Wertgefühle anderer.
44 Die Schriften Vergils übten auf Hume einen besonderen und nachhaltigen Einfluß aus. In seiner Autobiographie schreibt er, daß er schon in seiner Jugend, anstatt Jus zu studieren, die Werke Ciceros und Vergils »verschlungen« habe (*Works* III,2). In einem Brief vom 4. Juli 1727, dem ersten uns bekannten Brief Humes, schreibt er, daß »Vergils Leben der Gegenstand meines Strebens« sei (*Letters* I,10). Und mit auf die Reise nach Frankreich nahm er vier Bücher: »a Virgil, a Horace, a Tasso, and a Tacitus« (*Letters* I,401).
45 Horaz, *Epistulae* I,18,89.
46 Vgl. dazu M. Scheler, *Wesen und Formen der Sympathie*, Bonn 1923. (Wesentlich erweiterte zweite Auflage von *Zur Phänomenologie und Theorie der Sympathiegefühle*, Halle a. d. S. 1913.)
47 Shakespeare, *Julius Caesar* I,2.
48 Louis II., Prinz von Condé, Herzog von Bourbon (1621 bis 1686), einer der wichtigsten Heerführer in den Kriegen Ludwigs XIV.
49 Gemeint ist Nicolas Boileau-Despréaux (1636–1711), der Historiograph Ludwigs XIV. und Übersetzer von Longinus.
50 Phokion (402–318 v. Chr.), der athenische Feldherr, wurde als Makedonenfreund zum Tode verurteilt.
51 Vitellius (15–69), römischer Kaiser.
52 Philipp II. (382–336 v. Chr.), König von Makedonien und Vater Alexanders des Großen.
53 Fénelons *Traité de l'existence et des attributs de Dieu* (1713)

studierte Hume schon in seiner Jugend. Siehe Mossner (Anm. 2) S. 502.

54 In Frankreich schlossen 1576 die Katholiken eine »Heilige Liga« gegen die Hugenotten, woraus in Paris die »Liga der Sechzehn« (»Ligue des seizes«, nämlich die Vertreter der 16 Stadtteile von Paris) hervorging; sie bekämpften Heinrich III. und mit spanischer Hilfe Heinrich IV.

55 Karl XII. von Schweden (1682–1718) kämpfte gegen August den Starken von Polen und Peter den Großen von Rußland. Humes Urteil dürfte von Voltaires Verurteilung des kriegerischen Abenteurers in dessen *Histoire de Charles XII* (1731) beeinflußt sein.

56 Darius I. (550–486 v. Chr.) und Xerxes I. (519–465 v. Chr.).

57 Lysias (um 459–380 v. Chr.), griechischer Redner; Isokrates (436–338 v. Chr.), athenischer Redner und Gegner des Demosthenes.

58 Augustus (63 v. Chr. – 14 n. Chr.), der Neffe Julius Caesars und erste römische Kaiser.

59 *pudor:* (lat.) Scheu, Ehrgefühl, Züchtigkeit.

60 Wenig ist bekannt über Humes Beziehung zu Michel de Montaigne (1533–92), dem großen französischen Essayisten. Hume hat sich selten schriftlich über ihn geäußert, obwohl sie einander in ihrem Skeptizismus und ihren moralphilosophischen Anschauungen nahestanden. Siehe dazu R. H. Popkin, *The History of Scepticism*, New York 1964.

61 Prinz Moritz von Oranien (1567–1625) kämpfte erfolgreich für die Unabhängigkeit der Niederlande gegen die Spanier unter der Führung Spinolas (1569–1630).

62 Iphikrates, athenischer Feldherr in der ersten Hälfte des 4. Jahrhunderts v. Chr., war nicht nur Heerführer für seine Vaterstadt, sondern stand auch im Dienste der Thraker und Perser.

63 Siehe Cicero, *De officiis* I; – *indecorum:* das Unschickliche, Unpassende.

64 Baldassare Castiglione (1478–1529) verdankt seinen Ruhm dem Buch *Il Cortegiano* (1528), das in Dialogform das Bild des idealen Hofmannes zeichnet und darüber hinaus das Menschenbild der Renaissance bestimmte. Seine Gestalt des *uomo universale*, des allseitig gebildeten, harmonischen Menschen, hat wesentlichen Anteil an der Formung des modernen Menschenideals, des *honnête homme* in Frankreich, des *gentleman* in Eng-

land, des *caballero* in Spanien. – Baltasar Gracián (1601–58) behandelt als Moralphilosoph pessimistischer Richtung Fragen der Bildung des Helden, des Politikers, des Weltmannes. Das durch Schopenhauers Übersetzung bekannt gewordene *Handorakel* ist eine Art Brevier der Lebensweisheit.

65 Solon (um 640 – um 559 v. Chr.), athenischer Staatsmann, Gesetzgeber, Dichter.

66 Humes Ausführungen sind hier unklar (Zl. 21–31). Er scheint zu meinen, daß Menschen durch eine Verwirklichung von Humanität vor sich selbst Achtung gewinnen. In diesem Sinn wäre Nächstenliebe die Grundlage der Selbstliebe.

67 Vgl. T_2 281 f.

68 Laios, der griechischen Sage nach Vater des Ödipus; Agrippina (16–59 n. Chr.), Mutter Neros.

69 Andrea Palladio (1508–80), italienischer Baumeister und Verfasser theoretischer Schriften über die Baukunst. Er hatte maßgeblichen Einfluß auf die Entwicklung der Baukunst des Klassizismus. – Claude Perrault (1613–88), französischer Baumeister, schuf die Ostfassade des Louvre.

70 Der römische Statthalter Verres wurde wegen Plünderung der Provinz Sizilien von Cicero angeklagt und vom Senat verbannt. Catilina (um 108–62 v. Chr.) wollte durch einen Umsturz zu Besitz und politischer Macht gelangen; die nach ihm benannte Verschwörung wurde von Cicero aufgedeckt, und einige seiner Anhänger wurden hingerichtet.

71 Atticus (109–32 v. Chr.) war ein hochgebildeter Mäzen, der erste uns bekannte »Verleger« und Buchhändler; ein vertrauter Freund Ciceros.

72 Die Quelle zu dieser Geschichte des Cyrus (600–529 v. Chr.) ist Xenophon, *Cyropaedia* I,3,17.

73 Hugo Grotius (1583–1645), niederländischer Gelehrter und Staatsmann; sein Hauptwerk *De jure belli ac pacis* (1625), das Hume im folgenden zitiert, beruht auf naturrechtlichen Anschauungen und wurde zur Grundlage des neueren Völkerrechts. Hume hatte es wahrscheinlich bereits während der Zeit im College kennengelernt.

74 La Rochefoucauld (1613–80), französischer Schriftsteller, Hauptwerk *Réflexions ou Sentences et maximes morales* (1665).

75 Sallust (86–35 v. Chr.), römischer Historiker.

76 Mit Achäus ist wahrscheinlich der General Antiochus' III., des

Königs von Syrien, gemeint, der 220 n. Chr. seine Unabhängigkeit erklärte und dafür einige Jahre später hingerichtet wurde.

77 Vgl. Anm. 6.

78 Epiktet (um 50–138 n. Chr.), stoischer Philosoph. Zu den Stoikern siehe auch Humes Essay »The Stoic« (Erstveröffentlichung: 1742), der in neuer deutscher Übersetzung erschienen ist, in: Müller (Anm. 7) S. 145–151.

79 Salomon (gest. um 925 v. Chr.), König der Israeliten. Die Überlieferung rühmt seine Weisheit und spricht ihm die Verfasserschaft einiger biblischer Bücher zu.

80 Hannibal (247–183 v. Chr.), karthagischer Feldherr; eroberte Spanien, zog im Zweiten Punischen Krieg über die Alpen, besiegte die Römer in mehreren Schlachten, unterlag jedoch 202 v. Chr. Scipio in der Schlacht bei Zama. Der im folgenden Zitat erwähnte Hasdrubal war sein jüngerer Bruder, Oberfeldherr in Spanien.

81 Der Name »Usbek« taucht auch in Montesquieus *Persischen Briefen* (1721) auf.

82 Harmodios und Aristogeiton ermordeten 514 v. Chr. den Tyrannen Hipparch und büßten dafür mit ihrem Leben. Antenor schuf ihnen zu Ehren die sogenannte Tyrannenmördergruppe, das erste politische Denkmal.

83 Themistokles (525–459 v. Chr.) setzte den Bau der athenischen Flotte durch, mit der er 480 bei Salamis über die Perser siegte; um 470 wegen angeblichen Hochverrats verbannt, trat er in die Dienste des Perserkönigs Artaxerxes I.

84 Cornelia (gest. um 110 v. Chr.) war die Mutter der Gracchen, altrömisches Frauenideal.

85 Labeo (42 v. – 22 n. Chr.), römischer Jurist unter Augustus. Mit Cato ist wahrscheinlich Marcus Porcius Cato Uticensis gemeint, der als Republikaner nach dem Sieg Caesars Selbstmord beging und als die Idealgestalt der Republik in der Kaiserzeit galt.

86 Klytämnestra, der griechischen Sage nach die Gemahlin des Königs Agamemnon, den sie nach der Rückkehr aus dem Trojanischen Krieg durch ihren Geliebten Ägisth töten ließ. Helena, im griechischen Mythos Tochter des Zeus, Gemahlin des griechischen Königs Menelaos. Sie wurde von Paris, dem Sohn des trojanischen Königs Priamos, entführt, was den Ausbruch des Trojanischen Krieges verursachte.

87 Heinrich III. (1551–89) erließ unter dem Einfluß der katholi-

schen Liga 1585 das Edikt von Nemours gegen die Hugenotten, wandte sich aber dann gegen die Liga und ließ ihre Führer, die Herzöge von Guise, ermorden. Heinrich III. wurde schließlich von einem Dominikaner umgebracht.

88 Blaise Pascal (1623–62), französischer Mathematiker und Philosoph; Gott ist nach Pascal nicht durch philosophisch-rationale oder theologische Spekulationen faßbar, sondern nur über die geschichtlich persönliche Existenz von Jesus Christus. Der Mensch bedarf zum Glauben der göttlichen Gnade, die er nicht erzwingen, sondern nur erhoffen kann. »Wir müssen es einmal sagen, weil es uns schon lang' auf dem Herzen liegt: *Voltaire, Hume, la Mettrie, Helvetius, Rousseau* und ihre ganze Schule haben der Moralität und der Religion lange nicht so geschadet als der strenge, kranke *Pascal* und seine Schule.« (J. W. Goethe, *Sämtliche Werke*, hrsg. von K. Burdach und E. von der Hellen, Bd. 36, Stuttgart [1903], S. 56.)

89 Hume meint also, daß es in moralischen Belangen dann zu einem Konsens zwischen den Menschen kommen wird, wenn die »künstliche Lebensweise« des »Aberglaubens« und des »Enthusiasmus« zurückgedrängt ist. Aus einem ethischen Anliegen wurde Hume Religionskritiker.

Literaturhinweise

I. Schriften Humes

Die vollständigste Ausgabe der Werke Humes ist jene von T. H. Green und T. H. Grose: David Hume, *The Philosophical Works*, 4 vol., London: Longmans, 1874–75 (Neudr. Aalen: Scientia, 1964). Die Briefe Humes wurden von J. Y. T. Greig (*The Letters of David Hume*, 2 vol., Oxford 1932) und R. Klibansky / E. C. Mossner (*New Letters of David Hume*, Oxford 1954) herausgegeben. Diese Ausgaben werden im vorliegenden Band mit *Works, Letters* und *New Letters* abgekürzt.

1. *A Treatise of Human Nature: Being an Attempt to introduce the experimental Method of Reasoning into Moral Subjects*, Buch I (»Of the Understanding«) und Buch II (»Of the Passions«) erschienen 1739, Buch III (»Of Morals«) 1740. Die Standardausgabe ist jene von L. A. Selby-Bigge (Erstausg. Oxford 1888), die, an mehreren Stellen korrigiert, von P. H. Nidditch 1978 neu ediert wurde. Dieses Werk wird mit *Traktat* (bzw. *T*) abgekürzt und nach der deutschen Übersetzung von Th. Lipps zitiert, die ursprünglich in zwei Bänden erschienen war, wobei der Übersetzer Buch II und III in einem Band zusammengefaßt hatte. In der von R. Brandt besorgten einbändigen Neuausgabe der Übersetzung (Hamburg 1973) beginnt deshalb etwa in der Mitte eine neue Seitenzählung. Um Mißverständnisse zu vermeiden, wird aus dem *Trakat über die menschliche Natur* mit zwei Indexziffern und der jeweiligen Seitenzahl zitiert.
2. *An Abstract of a Book lately Published; entituled, a Treatise of Human Nature, &c. Wherin the Chief Argument of that Book is farther Illustrated and Explained*, London 1740. Hume hatte diesen kurzen Abriß geschrieben, um auf seinen *Traktat* aufmerksam zu machen. Er wurde von J. M. Keynes und P. Sraffa neu herausgegeben (Cambridge 1938). In der vorliegenden Ausgabe wird er als *Abriß* zitiert.
3. *A Letter from a Gentleman to his Friend in Edinburgh: Containing some Observations on a Specimen of the Principles concerning Religion and Morality, said to be maintain'd in a Book lately Publish'd, intituled, A Treatise of Human Nature, &c.*, Edinburgh 1745. Diese Schrift wurde von E. C. Mossner und J. V. Price neu herausgegeben (Edinburgh 1967) und erschien nun gemeinsam mit

dem unter (2) angeführten *Abriß* auch in deutscher Übersetzung (Hamburg 1980).

4. *An Enquiry concerning Human Understanding*, London 1748. Bis zur 5. Auflage (1758) lautete der Titel: *Philosophical Essays concerning Human Understanding*. Die Standardausgabe ist jene von L.A. Selby-Bigge (Erstausg. Oxford 1894), die, an mehreren Stellen korrigiert, von P. H. Nidditch neu ediert wurde (Oxford 1975). Dieses Werk wird nach der Übersetzung von H. Herring in Reclams Universal-Bibliothek (Nr. 5489 [3], Stuttgart 1967) zitiert.

5. *An Enquiry concerning the Principles of Morals*, London 1751. Dieser Titel wird in der vorliegenden Ausgabe mit *Untersuchung* abgekürzt; der Übersetzung liegt die Ausgabe von L. A. Selby-Bigge und P. H. Nidditch (1975) zugrunde.

6. *The History of England, From the Invasion of Julius Caesar to the Revolution in 1688*, Edinburgh/London 1754–61. Von der *Geschichte Englands* existiert gegenwärtig weder eine Gesamtausgabe noch eine deutsche Übersetzung. Eine Auswahl wurde von R. W. Kilcup (Chicago 1975) herausgegeben.

7. *Four Dissertations* (»The Natural History of Religion«, »Of the Passions«, »Of Tragedy«, »Of the Standard of Taste«), London 1757. Von diesen *Vier Abhandlungen* wurde nur der Essay »Über die Regel des Geschmacks« in letzter Zeit ins Deutsche übersetzt (in: J. Kulenkampff, *Materialien zu Kants »Kritik der Urteilskraft«*, Frankfurt a. M. 1974, S. 43–63).

8. *My own Life* (geschrieben im April 1776 und im darauffolgenden Jahr von Adam Smith herausgegeben). Humes Autobiographie wurde ebenso wie die *Vier Abhandlungen* in die Gesamtausgabe aufgenommen.

9. *Essays Moral, Political, and Literary*, London 1741 ff. Die Standardausgabe der Essays Humes, zudem mit einer vorzüglichen Einleitung von T. H. Grose, ist immer noch Band III und IV der Gesamtausgabe.

10. *Dialogues concerning Natural Religion*, London 1779. Die *Dialoge über natürliche Religion* wurden posthum von Humes Neffen herausgegeben. Die Standardausgabe ist immer noch jene von N. Kemp Smith (Indianapolis 1947). Eine neue deutsche Übersetzung wurde von N. Hoerster angefertigt für Reclams Universal-Bibliothek (Nr. 7692 [2], Stuttgart 1981).

II. Gesamtdarstellungen der Philosophie Humes

Ayer, A. J.: David Hume. Oxford 1980.
Capaldi, N.: David Hume: The Newtonian Philosopher. Boston 1975.
Craig, E.: David Hume. Eine Einführung in seine Philosophie. Frankfurt 1979.
Hendel, C. W.: Studies in the Philosophy of David Hume. Princeton 1925.
Kemp Smith, N: The Philosophy of David Hume. A critical study of its origins and central doctrines. London 1941.
Kreimendahl, L.: Humes verborgener Rationalismus. Berlin 1982.
Laing, B. M.: David Hume. London 1932.
Laird, J.: Hume's Philosophy of Human Nature. London 1932.
MacNabb, D. G. C.: David Hume: His Theory of Knowledge and Morality. London 1951.
Metz, R.: David Hume: Leben und Philosophie. Stuttgart 1929.
Noxon, J.: Hume's Philosophical Development: A study of his methods. Oxford 1973.
Passmore, J. A.: Hume's Intentions. Cambridge 1952.
Penelhum, T.: Hume. London 1975.
Streminger, G.: David Hume, Reinbek bei Hamburg [in Vorb.].
Stroud, B.: Hume. London 1977.
Topitsch, E. / Streminger, G.: Hume. Darmstadt 1981.

III. Literatur zur Moralphilosophie Humes

Ardal, P. S.: Passion and Value in Hume's Treatise. Edinburgh 1966.
Atkinson, R. F.: Hume on the Standard of Morals. In: Merrill, K. R. / Shahan, R. S.: David Hume: Many-sided Genius. Norman, Oklahoma, 1976. S. 25–44.
Bonar, J.: Moral Sense. London / New York 1930. [Kap. 7–8.]
Broad, C. D.: Five Types of Ethical Theory. London 1930. [Kap. 4.]
Broiles, R. D.: The Moral Philosophy of David Hume. Den Haag 1964.
Forbes, D.: Hume's Philosophical Politics. Cambridge 1975.
Giżycki, G.: Die Ethik David Hume's in ihrer geschichtlichen Stellung. Breslau 1878.

Glathe, A. B.: Hume's Theory of the Passions and of Morals: A Study of Books II and III of the »Treatise«. Berkeley 1950.
Harrison, J.: Hume's Moral Epistemology. Oxford 1976.
Harrison, J.: Hume's Theory of Justice. Oxford 1981.
Hill, K. C.: Interpreting Literature. Chicago/London 1966 [Kap. 4.]
King, J. T.: The Place of the Language of Morals in Hume's Second »Enquiry«. In: Livingston, D. W. / King, J. T.: Hume. A Reevaluation. New York 1976. S. 343–361.
Mackie, J. L.: Hume's Moral Theory. London 1980.
Mercer, P.: Sympathy and Ethics: A study of the relationship between sympathy and morality, with special reference to Hume's »Treatise«. Oxford 1972.
Miller, D.: Social Justice. Oxford 1976. [Kap.5.]
Müller, G.: David Humes Typologie der Philosophen und der Lebensformen. Frankfurt a. M. 1980.
Neu, J.: Emotion, Thought and Therapy. A Study of Hume and Spinoza and the Relationship of Philosophical Theories of the Emotions to Psychological Theories of Therapy. London 1977.
Rohbeck, J.: Egoismus und Sympathie. David Humes Gesellschafts- und Erkenntnistheorie. Frankfurt a. M. / New York 1978.
Schaefer, A.: David Hume. Philosophie und Politik. Meisenheim 1963.
Stewart, J. B.: The Moral and Political Philosophy of David Hume. New York / London 1963.
Tweyman, St.: Reason and Conduct in Hume and his Predecessors. Den Haag 1974.

IV. Bibliographie

Hall, R.: Fifty Years of Hume Scholarship. A Bibliographical Guide. Edinburgh 1978.

Personenregister

Sachregister

Inhalt